# DEVENIR PÈRE

Remerciements à Jean-Christophe, Jean-Marc et Shujan

Direction : Stephen Bateman
Direction éditoriale : Pierre-Jean Furet
Responsable éditoriale : Caroline Rolland
Maquette : Domino
Adaptation et mise en page : Domino
Coordination rédactionnelle: Nelly Benoit
Lecture-corrections : Maryem Taje, Anne Vallet

Illustrations : Christophe De Angeli, pages 67-68, 98-102, 152, 208-210, 240-242 –
Anne Cinquanta et Christophe De Angeli, pages 153, 363-364

PR RENÉ FRYDMAN
CHRISTINE SCHILTE

# DEVENIR PÈRE

• MARABOUT •

# Avant-propos

Ce livre, ce sont les pères que je rencontre quotidiennement qui me l'ont demandé. En effet, rien jusqu'alors n'était réellement destiné à les accompagner, de l'élaboration de leur désir d'enfant à la naissance d'un petit être en chair et en os. Car pour eux, la maternité est vécue de manière spécifique, même s'ils la vivent de l'extérieur, ils ne veulent plus être de simples spectateurs. Cet enfant est biologiquement la moitié d'eux-mêmes et sentimentalement la totalité de l'amour qu'ils portent à une femme.

Tant que les naissances ont eu lieu à la maison, le père a joué un rôle familial et social important. Longtemps, la tradition voulait que le père enveloppe son enfant qui venait de naître dans sa chemise, lui offrant un premier vêtement plein de sa chaleur et de son odeur. Il le reconnaissait ainsi socialement comme sien. Cette chemise pouvait être considérée comme une enveloppe de substitution à celle de l'utérus maternel que l'enfant venait de quitter. L'enfant glissait ainsi du giron maternel aux bras protecteurs paternels.

Et puis, pour des questions évidentes de santé, l'accouchement est devenu l'affaire de la médecine. Médecins et sages-femmes ont écarté les hommes du temps de la naissance. Mais c'était sans compter sur les transformations de la société. La place de plus en plus grande prise par le travail des femmes et la contraception ont bousculé les rapports hommes-femmes. Les femmes ont pénétré l'univers masculin ; les hommes ont découvert de nouvelles capacités émotionnelles et affectives. Les fonctions maternelles et paternelles ont trouvé un nouvel équilibre, les pères s'imaginant un rôle original auprès de l'enfant. Et si parfois ils tâtonnent, c'est tout simplement parce que leur propre père ne peut leur servir de modèle.

Dans mon service hospitalier, comme dans la majorité des maternités, les pères sont généralement très présents aux consultations, aux échographies et aux accouchements avec une participation, plus ou moins effective, selon la personnalité de chacun, selon l'histoire de chaque couple. La naissance est un moment tellement fort émotionnellement, surtout la première fois, que l'on peut comprendre leur difficulté à se trouver *un rôle qui soit d'emblée adapté. C'est sans doute un problème d'expérience. Ainsi, j'ai remarqué que souvent les pères qui n'ont pas souhaité assister à la naissance de leur premier enfant sont présents à celle du second, acceptant même parfois d'être acteurs en coupant le cordon du nouveau-né. Ils découvrent alors avec surprise, voire avec fierté, qu'ils ont franchi une étape importante dans leur vie d'homme et de père. Il n'y a pas de modèle idéal de comportement, chacun trouve le sien.*

*Je suis toujours attendri de constater le soin que les pères mettent à donner le premier bain, la délicatesse et l'affection dont ils font preuve dans les premiers instants de vie du bébé. Ils s'approprient momentanément cet enfant, leur enfant, que jusqu'alors ils n'avaient pu imaginer et connaître qu'au travers de ce que leur compagne leur a confié pendant neuf mois.*

*Je crois aussi que l'évolution des rapports entre le médecin et ses patients permet aux pères de mieux participer à la grossesse de leur compagne. L'accouchement n'est plus l'aboutissement presque mystérieux de la relation amoureuse d'un homme et d'une femme. Aujourd'hui, la médecine est participative, les futures mamans comme les futurs papas posent des questions précises aux praticiens, s'informent largement, grâce aux médias, et désirent profondément prendre en main leur destin dans le cadre de la maternité.*

*Les pères, dans l'ensemble, vivent la grossesse de leur compagne de manière plus sereine qu'elle, ce qui ne les empêche pas d'éprouver des émotions intenses chaque fois qu'ils rencontrent leur enfant, des échographies jusqu'à l'accouchement. Être père une seconde fois n'émousse en rien leurs sentiments, la découverte de la vie reste merveilleuse.*

*Pendant neuf mois, l'homme et la femme cheminent côte à côte : elle marche au milieu du chemin, lui légèrement sur le bas-côté. Il est là pour la soutenir, l'encourager à avancer, la prévenir des faux pas.*

*Ce livre est un guide qui va vous permettre de mieux préparer votre propre itinéraire afin que votre « promenade » commune se déroule en toute quiétude et sécurité, et qu'elle soit l'aboutissement d'un amour partagé.*

Pr René Frydman

# Sommaire

# LE PREMIER TRIMESTRE

| Votre compagne | Votre bébé |
|---|---|

**1er mois**

- Le test de grossesse qu'elle fait dans la plus grande discrétion est positif.
- Sa silhouette n'a pas bougé, son ventre est toujours aussi plat.
- Elle veille à ce qu'aucun virus ou toxique ne vienne perturber le développement de l'embryon. Elle évite particulièrement l'auto-médication.
- Elle arrête de fumer et cesse toute prise d'alcool, y compris du vin.

- L'œuf, résultat de la rencontre de l'ovule et du spermatozoïde s'installe dans la muqueuse de l'utérus. Il développe ses connexions avec l'organisme maternel nourricier.
- Les premières cellules de l'embryon se multiplient rapidement et surtout se différencient pour donner naissance à tous les organes. Chaque processus de différenciation a un ordre bien établi et une date précise.
- L'ébauche du système nerveux se met en place puis celle des systèmes respiratoire, digestif et urinaire. Les premiers vaisseaux sanguins tissent un début de réseau, le plus gros d'entre eux donnera naissance au cœur.
- L'épiderme se forme avec les poils, les glandes sébacées et sudoripares.

**2e mois**

- Elle fait confirmer son espoir par un médecin dans les 6 à 8 semaines qui suivent le retard de ses règles. Ce premier rendez-vous est l'occasion d'un bilan médical approfondi.
- Elle envoie sa déclaration de grossesse à l'organisme de protection de santé dont elle dépend. C'est le début officiel de sa grossesse.
- Elle connaît déjà la date de naissance du bébé.

- Les organes des sens naissent et l'œil se forme.
- Il mesure 4 cm.

**3e mois**

- Elle change d'humeur, elle est un peu plus rêveuse, elle aime évoquer son enfance.
- Elle perçoit que quelque chose bouleverse son organisme. Au réveil, elle est barbouillée, nauséeuse ou a des vertiges.
- Elle a fréquemment sommeil alors qu'elle ne se sent pas particulièrement fatiguée.
- Sa silhouette s'est légèrement modifiée, sa poitrine a pris une taille de plus.
- Premier rendez-vous échographique, un moment important tant sur le plan médical que psychologique.
- Elle choisit la maternité où elle va accoucher.

- Ses membres sont développés, ses bras un peu mieux que ses jambes.
- Replié sur lui-même, l'embryon bouge légèrement de manière réflexe et dans la plus grande discrétion.
- L'embryon devient fœtus. Ses organes génitaux se différencient pour correspondre au sexe qui lui a été donné génétiquement.
- Le cordon ombilical est bien formé.
- Son foie se développe et ses reins sont achevés, la circulation sanguine s'organise.
- Il mesure 10 cm et pèse 45 g.

# DE LA GROSSESSE

## Vous

- Vous êtes fumeur ? Vous commencez votre sevrage.
- Vous vous faites vacciner contre la grippe pour ne pas contaminer votre compagne.
- Vous faites vérifier que vous n'êtes pas porteur.

Notez dans votre agenda
la date prévue de
l'accouchement
pour ne pas prendre trop
d'engagements
professionnels à cette
période.

- Premier rendez-vous médical. Votre présence s'impose : bien que, grâce au test de grossesse, vous connaissez la nouvelle, vous attendez, avec impatience et une légère appréhension, sa confirmation par le médecin.
- Vous vous installez doucement dans votre nouveau statut de papa. Vous êtes assez fier d'annoncer la nouvelle à votre meilleur ami en lui demandant bien sûr de garder le secret.

- Deuxième rendez-vous médical. La visite médicale du futur papa n'est pas obligatoire, mais vous décidez de vous y soumettre.
- Votre compagne a une nouvelle séduction même si, de temps en temps, elle refuse vos avances.
- Vous lui apportez son petit-déjeuner au lit pour lui éviter les nausées et les désagréments de l'hypoglycémie au réveil.
- Vous annoncez votre prochain bonheur à vos parents.
- Première échographie, premières émotions de père.
- Vous visitez en couple la maternité où va naître votre bébé.

Achetez un album photo
pour coller le premier cliché
échographique de votre
bébé, le début de son
« livre » de souvenirs
personnels.

# LE DEUXIÈME TRIMESTRE

| Votre compagne | Votre bébé |
|---|---|

**4ᵉ mois**

- Sa taille s'est épaissie presque d'un jour à l'autre et sa balance indique 1 ou 2 kg de plus.
- Elle prend soin de son corps en massant ses seins, son ventre et ses cuisses d'une crème anti- vergetures.
- Grande émotion : au cours de la visite médicale, elle entend les battements de cœur du bébé.
- Allongée, elle ressent les premiers mouvements du fœtus.
- Son sommeil est souvent ponctué d'insomnies.
- Son alimentation est riche en fer, elle prend un supplément.
- Elle ressent parfois des contractions.
- Elle se plaint relativement souvent de crampes et ses jambes se marquent de petites varices.
- Elle se sent en pleine forme, a bonne mine, est rayonnante.

- Tous ses organes sont formés, mais ils ne fonctionnent pas encore de manière autonome.
- Il gambade dans sa bulle de liquide amniotique.
- Ses premiers cheveux poussent.
- Ses muscles s'allongent, ses cartilages s'épaississent et se soudent pour former le squelette.
- Son appareil visuel se développe, ses paupières sont toujours fermées.
- Les cellules nerveuses de son cerveau continuent à se multiplier.
- Début du fonctionnement de toutes les glandes qui gouvernent le corps humain.
- Il mesure 20 cm et pèse 200 g.

**5ᵉ mois**

- Les mouvements du bébé sont beaucoup plus nets, et celui-ci se manifeste notamment lorsque les bruits sont forts.
- Deuxième échographie : elle découvre son profil, ses mains, ses pieds... et son sexe si elle veut le connaître.
- La recherche d'un prénom commence.
- Son ventre se marque.
- Elle débute les cours de préparation à la naissance. Au programme : mouvements de gym et respirations.

- Il est capable de mouvements volontaires.
- Ses sens s'installent, le toucher d'abord puis le goût et l'ouïe, il entend la voix de ses parents.
- Son cerveau et la moelle épinière sont achevés.
- Au bout de ses doigts, ses empreintes digitales se dessinent.
- Il mesure 25 cm et pèse 500 g.

**6ᵉ mois**

- Elle avertit son employeur.
- Elle achète sa première « tenue » de future maman.
- Elle est soucieuse de son équilibre alimentaire.
- Ses seins ont pris de l'ampleur, ils sont fermes et elle les porte haut.
- Elle travaille régulièrement son muscle périnéal.
- Elle est inquiète de savoir si elle mènera à bien sa tâche.
- Visite médicale obligatoire et importante.
- Elle choisit d'accoucher sous péridurale.

- Il respire de manière automatique, son arbre bronchique croît en développant des alvéoles pulmonaires.
- Il pèse 1 kg et mesure 30 cm.

# DE LA GROSSESSE

## Vous

- Vous entendez pour la première fois son cœur battre, quelle rapidité ! quelle émotion !
- Depuis un mois, vous attendiez ce moment : vous le sentez bouger en posant votre main sur le ventre de votre femme.

Le ventre se masse en tournant à partir du nombril de plus en plus largement vers les hanches, les fesses en massages circulaires, les jambes en remontant le long des muscles de la cheville à la cuisse, les cuisses de l'intérieur vers l'extérieur, de bas en haut, toujours avec des mouvements circulaires.

- Si vous le souhaitez, vous savez si c'est un garçon ou une fille. Vous vous sentez de plus en plus père et lui cherchez un prénom.
- Vous rêvez beaucoup, de drôles d'histoires avec un enfant pour héros. La disparition de vos parents hante aussi vos songes.
- Vous vous renseignez sur les aliments riches en fer : vive le foie de veau, les huîtres, les lentilles et le chocolat !
- Vous vous initiez aux gestes de massage.
- Vous allez en couple vous détendre à la piscine. Votre compagne se laisser flotter sur un matelas ou fait la planche.
- Vous retrouvez une sexualité proche de celle de vos premiers temps de vie commune.
- Vous parlez de temps en temps à votre bébé, votre joue posée sur le ventre de votre compagne.

- Vous assistez à un cours de préparation à la naissance.
- Vous vous renseignez sur la péridurale.
- Vous vous occupez des tâches domestiques les plus pénibles.
- Vous vous mettez aux grillades, légumes verts et fruits.
- Vous faites les courses et n'oubliez pas les produits laitiers.
- Vous prenez goût aux promenades dans la campagne.
- Vous êtes attentif à ses inquiétudes, vous l'entourez de beaucoup d'affection, vous essayez d'être disponible.
- Il y a une plus grande connivence entre vous et votre père.
- Vous vous sentez un peu plus fatigué qu'à l'ordinaire, un peu plus fragile, il se pourrait même que vous ayez pris du poids.

Pensez à lui faire cadeau d'un joli vêtement de future maman et d'une petite brassière ou de petites chaussures pour la naissance.

| Votre compagne | Votre bébé |
|---|---|

**7e mois**

Votre compagne
- Son ventre s'est bien arrondi, sa taille a disparu.
- Son teint est resplendissant.
- Elle se plaint de douleurs dorsales.
- Elle dort mal et se promène la nuit à la recherche d'un autre lit pour se rendormir.
- Elle prend son congé de maternité.
- Elle apprécie de plus en plus la sieste.
- Elle pense à organiser sa vie pour après la maternité (mode de garde).
- Elle installe la chambre du futur bébé.
- Elle essaie la préparation à l'accouchement en piscine.

Votre bébé
- Ses yeux sont sensibles à la lumière, ses paupières s'ouvrent, ses globes oculaires bougent lentement.
- Les traits de son visage se dessinent.
- Un réseau de fins vaisseaux sanguins apparaît nettement sous sa peau transparente.
- Il perçoit les variations des bruits, tant ceux venus de l'extérieur que ceux de l'organisme de sa mère.
- Il est capable de faire des gestes aussi précis que de mettre son doigt dans sa bouche pour le sucer.
- Il avale du liquide amniotique exerçant ainsi les fonctions de son tube digestif. Il lui arrive aussi d'avoir le hoquet.
- Il pèse 1,7 kg et mesure 44 cm.

**8e mois**

Votre compagne
- Son ventre est bien visible, sa poitrine s'est épanouie.
- Elle dresse une liste de prénoms.
- Elle ressent de légères contractions.
- Elle a fréquemment des points de côté.
- Elle s'essouffle facilement, surtout en montant les escaliers.
- Elle choisit définitivement son mode d'accouchement.
- Elle adapte ses gestes quotidiens à ses nouvelles proportions.
- Elle a absolument besoin de fabriquer quelque chose pour le bébé : elle se lance dans le tricot ou la couture.
- Elle choisit son mode d'allaitement.
- Elle compose la layette du futur bébé.
- Dernière visite obligatoire avant l'accouchement.
- Dernière échographie.

Votre bébé
- Il grandit, il grossit.
- Son sommeil s'organise en cycles.
- Il s'est placé tête en bas.
- Il ne bouge plus, à l'étroit dans l'utérus.
- Il pèse 2,4 kg pour une taille de 45 cm.

**9e mois**

Votre compagne
- Son ventre est impressionnant s'il est pointé vers l'avant, ou sa taille extrêmement large si son ventre a envahi ses hanches.
- Elle s'impatiente, sa grossesse lui pèse.
- Elle attend avec une certaine appréhension les premières vraies contractions.
- Elle vérifie qu'il ne manquera rien au bébé.

Votre bébé
- Tous ses organes sont en état de marche, certains fonctionnent déjà, d'autres marchent encore au ralenti ou sont en sommeil en attente de la naissance.
- Il attend le moment où se déclencheront les contractions qui le pousseront dehors.

# DE LA GROSSESSE

## Vous

- Vous avez pris du poids et pourtant vous ne mangez pas plus.
- Votre sexualité se modifie, les câlins et les caresses sont plus fréquents que des relations sexuelles abouties.
- Vous voyagez avec modération en voiture, et, pour les longues distances, vous utilisez le train ou l'avion et vous y trouvez un certain charme.
- Vous accompagnez votre compagne pour choisir les meubles de la chambre de votre futur bébé.
- Vous entreprenez quelques travaux de bricolage.
- Vous parlez régulièrement avec votre bébé.
- Vous jouez déjà avec votre bébé en exerçant des pressions sur le ventre de votre compagne.
- Vous massez régulièrement le dos de votre compagne.

Ayez en mémoire le numéro de téléphone de la maternité, celui du médecin traitant, de vos beaux-parents et de vos amis les plus proches. Profitez de son absence pour faire à fond le ménage de l'appartement et pour faire le plein des placards.

- Vous confrontez votre liste de prénoms à celle de votre compagne, c'est le temps des concessions.
- Vous décidez d'assister ou non à l'accouchement.
- Vous tapissez la chambre du futur bébé et vous posez le revêtement de sol.
- Vous accompagnez votre compagne pour l'achat d'un landau.

Apportez-lui à la maternité quelques douceurs ou des fruits frais, la dernière BD à succès pour occuper ses temps de légère solitude à la maternité. Achetez des fleurs pour son retour.

- Quand vous vous promenez avec elle, vous lui prenez le bras pour renforcer son équilibre.
- Vous laissez en permanence votre téléphone portable ouvert.
- Vous avez fait vérifier le bon état de votre voiture.
- Vous faites en sorte d'être libre à tout moment et le plus disponible possible le temps du séjour à la maternité.
- Vous lui achetez en secret un petit cadeau à lui offrir le jour de la naissance.
- Vous organisez avec votre compagne son temps d'absence : plein du congélateur, provisions de base pour faire tourner la maison au-delà de son retour.

# 1

# Vous désirez
# être père

Depuis quelque temps, l'idée de fonder une famille vous trotte dans la tête. Ce n'était pas jusqu'ici votre principale préoccupation.

Vous étiez occupé à vous intégrer professionnellement dans la société, vous étiez peut-être encore à la recherche de l'âme sœur, n'étant pas totalement certain que celle qui partage votre quotidien est la compagne qui cheminera à vos côtés toute votre vie.

L'idée de devenir père appartenait peut-être à vos projets d'avenir lointain, la vie quotidienne les repoussant pour après. La contraception permet à votre couple une certaine maîtrise de la fécondité et vous autorise à prévoir un enfant quand vous vous sentirez prêts.

Et voici qu'un beau jour, vous regardez d'une autre façon les bébés que vous croisez dans la rue : ils vous intéressent. Hier, en regardant votre compagne sortir de sous sa douche, vous l'avez imaginée avec le ventre rond et cette pensée vous a ému.

D'où viennent ces nouveaux sentiments ? Il existe toujours quelque chose de mystérieux dans la recherche du bonheur.

# LA PATERNITÉ :
# UNE LONGUE MATURATION

Tout doucement, l'envie de devenir père s'installe en vous. En effet, le désir d'enfant au masculin est le résultat d'une maturation psychique, souvent de plusieurs années.

> Il y a toujours dans le désir d'enfant au masculin la recherche d'une part d'éternité.

Il témoigne d'une bonne estime de soi et d'une vision optimiste du monde futur. Il amène à un nouvel engagement dans la vie, à assumer une nouvelle responsabilité. Plus jamais les choses ne seront comme avant, car, au-delà du fait de transmettre la vie, souhaiter être père signifie se sentir capable d'accompagner un petit être dans toutes les étapes de son développement, de l'aider à se construire et à s'épanouir. C'est se lancer dans une traversée au long cours qui exige du futur père de devenir adulte. Désirer un enfant est pour vous une histoire d'amour, vous souhaitez asseoir sur vos épaules quelqu'un que vous allez aimer et, qui, en retour, vous aimera.

## Pourquoi désirez-vous être père ?

Bien des raisons peuvent être avancées mais elles ne sont pas les mêmes pour tous.

Être père, quand on vit en couple, permet d'abord d'acquérir une certaine maturité, d'éprouver le plaisir de se rapprocher du modèle « classique » de la famille, celui que l'on a soi-même expérimenté avec ses parents ou celui dont on rêve s'ils n'ont pas été véritablement des modèles de parents.

Vous manifestez de cette manière la volonté de dépasser le temps puisque, par l'enfant, la vie se poursuit au-delà de la mort.

## Comment est née cette idée en vous ?

Mis à part les hommes qui pensent affirmer dans la paternité leur virilité, le désir d'enfant au masculin est le plus souvent en liaison étroite avec la vie familiale récente ou ancienne.

▶ **Vous avez fait le choix de passer à l'âge adulte.**

En devenant père, vous renoncez à une part d'enfance et à la protection de vos parents. Vous allez devenir à votre tour protecteur et non plus protégé. Ce sont notamment vos rapports affectifs avec votre mère qui se transforment : en devenant père grâce à une autre femme, vous mettez une distance entre vous et elle, elle ne sera plus votre unique référence en matière d'altruisme et d'amour maternel.

▶ **Vous voulez ressembler à vos parents, au moins les égaler
et parfois faire mieux.**

Votre désir d'enfant s'appuie sur les souvenirs des relations que vous avez entretenues avec votre père lorsque vous étiez petit garçon. Les câlins du soir, les histoires lues au creux de ses bras, la transmission des savoir-faire familiaux, et plus tard les connivences intellectuelles, entretiennent, dans votre cœur et dans votre tête, l'idée qu'être père est une expérience incomparable et qu'il serait dommage de ne pas la tenter.

### La naissance, un événement programmé

▶ Choisir le moment d'avoir un enfant est toujours périlleux car on porte la responsabilité de faire bouger d'un cran, dans l'arbre généalogique, chacun des membres de la famille.

▶ Il n'y a encore pas si longtemps, l'homme gardait la maîtrise de la fécondation.

▶ Il y avait aussi dans les couples une entente bien établie : chacun faisait «attention» à ne pas concevoir d'enfant.

▶ Aujourd'hui, la situation est inversée et la grossesse devient encore plus un cadeau fait à l'autre. La femme accepte la grossesse et offre un bébé à son conjoint.

▶ La maîtrise de la fécondation et l'organisation qui prévaut à la maternité font que cet enfant arrive sans surprise au moment voulu. Dans la grande majorité des couples, sa naissance est normale, réfléchie et attendue.

**▶ Ou au contraire être très différent d'eux.**

Paradoxalement, si vous n'avez pas le sentiment d'avoir vécu avec votre père une relation affective profonde, en raison de la trop grande retenue de ses sentiments ou de sa froideur naturelle ou encore plus simplement de son absence, vous construirez votre désir d'enfant sur vos regrets. Vous avez alors besoin de donner à cet enfant tout ce que votre père ne vous a pas fait partager. C'est en sorte une revanche sur une petite enfance qui n'a pas été vécue avec bonheur.

**▶ Vous avez la nostalgie de vos liens fraternels.**

Les relations entre frères et sœurs ont également leur importance, notamment lorsque l'homme est l'aîné d'une fratrie relativement nombreuse ou lorsqu'il a un grand écart d'âge avec son cadet. Très souvent, les relations fraternelles se sont établies sur un mode protecteur, le « grand » jouant le rôle de second parent pour le plus petit. Derrière le désir d'enfant, il y a la volonté de retrouver les sentiments affectifs forts établis avec un frère ou une sœur.

**▶ Vous êtes en rivalité avec un frère ou une sœur.**

La naissance d'un neveu ou d'une nièce est, parfois, un facteur déclenchant. C'est en voyant le plaisir d'être parent qu'éprouve votre frère ou votre sœur que naît l'idée de le devenir à votre tour. Ces beaux sentiments peuvent être teintés de jalousie : pourquoi lui ou elle et pas moi ?

**▶ Vous souhaitez combler une absence.**

Le désir de mettre au monde un descendant peut apparaître après la disparition d'un de ses parents, tout particulièrement de son père ou de son grand-père. Cet enfant comble un sentiment de vide.

Le professeur Cramer, pédopsychiatre ayant particulièrement étudié les fondements du désir d'enfant, pense que celui-ci sert de révélateur dans la recherche de ceux que l'on a perdus. L'enfant à naître et né est alors porteur de tous les bons et les mauvais côtés de celui qu'il a pour fonction de remplacer. Il portera sans doute son prénom en deuxième ou troisième rang.

## Première réunion de famille

▌Dans le cadre d'une union libre, le projet réel d'un enfant ou l'annonce d'une grossesse est souvent l'occasion pour les familles du futur père et de la future mère de se rencontrer pour la première fois. Une manière claire d'inscrire l'enfant dans une histoire familiale.

▌Le désir d'enfant pousse souvent ces couples à changer de statut, abandonnant l'union libre pour le mariage ou pour la déclaration de concubinage « notoire ».

▌Les pères ont tout à y gagner puisqu'ainsi leur droit et leur responsabilité vis-à-vis de l'enfant sont incontestables.

▌Le mariage établit automatiquement le partage de l'autorité parentale entre les deux époux tout comme la déclaration de concubinage, même s'il y a ensuite séparation (pp. 371, 374-375).

C'est par exemple ce qui explique la persistance d'un désir d'enfant, voire même sa concrétisation alors que la situation financière ou professionnelle du couple exigerait d'attendre un peu, ou encore les ratés plus ou moins conscients de la contraception. De même, le besoin d'enfant peut se faire ressentir lorsque l'on perd un frère ou une sœur ou lorsque l'on a le sentiment que ses parents sont en manque d'enfant. Le bébé est alors plus ou moins conçu pour remplacer l'enfant disparu ou celui qui n'est jamais né : il est offert à ses parents.

▶ **Vous désirez faire plaisir à votre compagne.**

Votre désir d'enfant se nourrit de celui de votre compagne. C'est l'évolution de la relation amoureuse au sein du couple qui va permettre la naissance du rêve d'enfant. Dans un premier temps, la relation amoureuse est exclusive, l'autre vous apporte tout ce dont vous avez besoin. Puis vient le temps où un prolongement des sentiments amoureux s'impose (dit temps de la désillusion....). C'est souvent alors que naît le besoin d'élargir la relation du couple, et très naturellement l'envie s'installe d'une vie à trois avec un bébé. Faire un enfant devient un des grands actes fondateurs du couple.

Bien sûr, votre compagne possède aujourd'hui beaucoup de pouvoirs dans le domaine de la reproduction grâce à la contraception. En décidant de s'engager dans une grossesse, elle réalise un souhait et vous fait un superbe cadeau, preuve de la puissance de son amour. De votre côté, l'enfant concrétise l'amour que vous lui portez.

## Petite histoire du désir de devenir père

Votre désir d'enfant n'est peut-être pas si nouveau que cela. Il est né alors que vous étiez vous-même enfant.

### ▶ Vers 2-3 ans

Les petits garçons, comme d'ailleurs les petites filles, rêvent d'être enceints. À cet âge où les jeux de «faire semblant» révèlent une imagination débordante, tout est possible d'autant plus, par exemple, que leur mère porte leur futur petit frère ou future petite sœur. Ils cachent sous leurs vêtements un coussin ou mieux une poupée. Ils s'amusent à déambuler le ventre en avant, à imiter des attitudes repérées chez leur mère ou à répéter des plaintes caractéristiques, et accouchent sans difficulté d'un beau bébé lorsque le jeu l'exige.

Leurs théories sur l'accouchement sont des plus farfelues, les plus fréquentes sont celles du bébé né par le nombril ou par l'anus, parfois même l'enfant pratique une ouverture dans la paroi du ventre et sort vite avant qu'elle ne se referme. Si les petits garçons font bien la différence entre le masculin et le féminin, ils n'en connaissent pas encore

### Et Freud : que dit-il ?

▶ Pour la psychanalyse freudienne, ce désir serait l'expression de celui de récompenser sa propre mère dans un système d'échange : sa mère lui ayant donné la vie, l'homme lui offre la vie d'un petit être qui lui ressemble.

▶ Il résulte d'une évolution psychique, du désir de grossesse du petit garçon, qui veut imiter la procréativité de sa mère, à l'identification masculine de l'adolescent qui, en renonçant à ce fantasme, choisit le rôle de géniteur.

▶ Devenir père, c'est renoncer à jamais aux idées incestueuses qui animent tout enfant en phase œdipienne.

bien sûr les données physiologiques et sont ignorants de la sexualité des adultes. Leur sexualité naissante les conduit à solliciter les filles pour jouer «au docteur» et à découvrir le plaisir de la masturbation.

### ▶ Vers 4–5 ans

À ce moment-là, lorsque le petit garçon a construit son identité sexuelle, qu'il a bien intégré ce qui différencie les sexes, il transforme son désir de grossesse. Très naturellement, notamment sous l'influence de son environnement, celui-ci devient un désir de paternité. Le petit garçon s'identifie à son propre père. C'est l'âge des innombrables questions et particulièrement celles portant sur l'art de faire les bébés. C'est l'occasion pour lui d'apprendre comment un jour, à son tour, il deviendra papa.

### ▶ Entre 6 et 11 ans

La grande majorité des garçons s'imaginent alors adultes, dans le rôle d'un père d'un ou de plusieurs enfants, le nombre d'enfants qu'ils souhaitent étant intimement lié à leur histoire personnelle familiale.

## À l'adolescence

Le désir de paternité se transforme alors, la puberté fait basculer le jeune homme de la fiction à la réalité : il a les capacités physiologiques pour devenir père. Les hormones mâles gouvernent alors une grande partie des émotions et des attirances affectives, bref elles stimulent la libido. La testostérone notamment aide à la naissance des fantasmes et à l'érotisation des situations.

> La naissance d'un enfant dans une famille bouscule toute la pyramide des âges. En l'espace de quelques mois, chacun vieillit un peu ou beaucoup selon les caractères.

L'adolescent traverse une période de non-désir d'enfant, marquée par l'utilisation de la contraception pour lui et sa compagne. Bien trop préoccupé à se trouver, il est naturellement narcissique et incapable de s'imaginer chargé de famille.

Mais pourtant, parmi tous les fantasmes qui l'agitent, celui de devenir père est l'un des plus récurrents. Paradoxalement, ce temps de profond travail psychique lui est indispensable, de façon à atteindre la maturité nécessaire pour pouvoir assumer le statut de parents.

C'est la rencontre de l'âme sœur, de la femme qu'il pense aimer pour la vie qui fait rejaillir l'idée, l'envie de devenir père dans la tête de l'homme, parfois après bien des années de célibat, faites de rencontres amoureuses plus ou moins solides.

➥ **Bien des conflits intérieurs bousculent le père lors de l'élaboration de son désir d'enfant. Éléments négatifs et éléments positifs se télescopent. Ces derniers l'emportent lorsque l'envie d'être père est puissante. Tout au long de la grossesse, les sentiments continuent à être ambivalents, preuve que la maternité est le résultat d'un vrai travail psychique.**

# DÉSIRER
# UN DEUXIÈME ENFANT

Votre désir d'un second enfant n'a pas les mêmes bases que celui du premier. Vous savez maintenant que vous pouvez être père tout comme votre propre père. Vous avez déjà une certaine expérience de ce qu'une grossesse produit comme bouleversements dans votre couple, vous vous êtes plus ou moins impliqué dans les soins de votre premier bébé et dans ses activités d'éveil et de jeux. Il y a de fortes chances pour que cette première expérience de père vous ait comblé.

> Généralement, la décision d'avoir un deuxième enfant est beaucoup plus réfléchie et préméditée que celle d'avoir un premier.

## Pourquoi vouloir recommencer ?

• **Êtes-vous influencé par un modèle social ?** Celui qui veut qu'une famille avec deux enfants constitue l'image idéale du bonheur et prouve la solidité du couple.

• **Souhaitez-vous que ce bébé soit un peu plus le vôtre ?** Mais il est possible que votre compagne, occupée par un nourrisson, vous laissera davantage d'initiative et de liberté avec l'aîné.

• **Vous ne concevez la famille qu'avec plusieurs enfants.** Issu d'une famille nombreuse et poussé par vos souvenirs d'enfance où dominent les connivences, les fous rires et les bêtises partagées, vous redoutez l'enfant unique porteur de l'image d'un enfant gâté, surprotégé et même parfois malheureux à cause de sa solitude.

• **Vous désirez avoir un enfant d'un autre sexe que le premier.** Les pères d'une fille souhaitent presque toujours un garçon qui leur ressemble afin de lui transmettre leur nom et leur «savoir» d'homme, les pères d'un garçon aiment à rêver d'une petite fille, tout le portrait de leur

## ZOOM

### Le bon écart entre les deux

Pour des raisons physiologiques, il est souhaitable que votre compagne ou épouse attende un an au moins avant d'entreprendre une autre grossesse. Sachez encore que deux enfants très rapprochés sont souvent cause de beaucoup de fatigue, il suffit pour s'en persuader d'observer le stress qui envahit les mamans de jumeaux quand elles n'ont pas la chance d'être aidées.

De plus, avoir un enfant d'à peine un an d'écart avec l'aîné vous oblige à être très attentifs à la fois envers le nourrisson et envers l'aîné qui traverse, vers 2 ans, une période normale de «turbulences». Vous et votre femme aurez déjà fort à faire pour aider celui-ci à surmonter sa phase d'opposition et à dominer ses colères. Votre enfant a alors besoin de toute votre disponibilité, faute de quoi il peut se sentir angoissé et insatisfait.

Vers 2 ans et demi-3 ans, tous les conflits se sont envolés, il est donc possible d'envisager la naissance d'un autre enfant. L'enfant de cet âge est globalement indépendant, il joue seul, mange seul, dort à heures régulières et commence à être propre. Cet écart d'âge n'hypothèque en rien la complicité future dans la relation fraternelle.

---

compagne et avec qui ils partageront de tendres câlins. Enfin, si ces pères n'ont eu que des frères, c'est l'espoir pour eux de découvrir, à travers une fille, une sensibilité jusqu'alors inconnue.

• **Vous êtes sujet à une préoccupation morbide.** Si un accident frappait le premier, il vous resterait un être à aimer et à chérir.

• **Vous avez envie de fonder une nouvelle famille avec une autre femme que pour le premier.** C'est pour vous l'occasion de lui montrer votre profond attachement puisque vous faites des projets d'avenir avec elle. De plus, il vous lie à elle, à vie, même si un jour vous décidez de ne plus faire route ensemble. Ce deuxième enfant est souvent encore chargé de réparer la blessure de l'échec du premier couple. Votre secret espoir est alors de fonder la famille «idéale» que vous estimez ne pas avoir encore connue.

## Des aînés attentifs

▶ Si l'aîné est un peu plus âgé, autour de 5 ans, il aura le sentiment que le nouveau bébé lui appartient aussi un peu. Il aimera lui donner à manger, le bercer, participer à ses changes. Comme ses parents, il s'attachera affectueusement à lui et sera fier de ses progrès.

▶ Les sollicitations de l'aîné encouragent d'une manière extraordinaire le bébé à grandir. Les aînés se montrent souvent bien plus patients que les parents pour tout ce qui concerne les apprentissages.

▶ De leur côté, les cadets vouent une telle admiration à leur aîné que leur faire plaisir et recevoir leurs compliments est un vrai bonheur pour eux.

• **Vous rêvez de gommer le temps qui vous sépare de votre compagne et vous serez tous deux de « jeunes parents ».** Ce désir d'enfant peut être d'autant plus exacerbé qu'il existe dans le couple une grande différence d'âge, l'homme étant plus âgé que sa conjointe. Ainsi l'homme âgé repousse le temps, prolonge sa relation amoureuse au-delà de la mort. Sur le plan psychologique, il semble que ce désir représente un moyen de concrétiser l'interdit de l'inceste qui plane toujours dans ce type de relations conjugales. Sur le plan social, c'est une légalisation d'un amour souvent incompris de l'entourage.

## VOUS ET VOTRE COMPAGNE

### Mieux connaître les intentions de l'autre

Lorsque la contraception était chose rare, les couples n'avaient pas à réfléchir sur leur désir d'enfant. Aujourd'hui, l'engagement dans une maternité se discute dans le couple et devenir parents relève d'une décision sagement réfléchie puisque cela signifie, dans la majorité des cas, arrêter une contraception qu'elle soit le fait de la femme ou de l'homme.

> On devient parents de la rencontre de deux désirs et de l'envie mutuelle de satisfaire la demande de l'autre.

Cette décision n'est pas toujours simple à prendre. Elle oblige toute future mère à examiner de près les raisons de son choix, à déterminer une période et à interroger son conjoint sur son propre désir. Une situation qui se complique toujours du fait que le désir d'enfant, comme tous les désirs, est teinté d'ambivalence.

#### ▶ Avez-vous pris la mesure des questions matérielles ?

Les futurs pères ont la réputation d'être plus pragmatiques que les futures mères, plus sensibles. Au besoin profond, parfois instinctif, qu'une femme ressent de porter un enfant dans sa chair, l'homme répond en examinant le quotidien. Les conditions financières sont souvent les premières à être débattues. Le couple pourra-t-il subvenir aux besoins d'une famille ? Les conditions de logement obligeront-elles à un déménagement ? La carrière professionnelle de la « mère potentielle », souvent alors en pleine ascension, ne va-t-elle pas en souffrir ? Ne devra-t-elle pas faire des sacrifices et vous, son conjoint, quels sont ceux que vous êtes prêt à faire ? Des questions qu'il est bon de se poser ensemble avant de fonder une famille.

#### ▶ Êtes-vous sûr de ses sentiments ?

Mais les points les plus délicats à examiner concernent sans aucun doute les sentiments qui unissent le couple. Faire un enfant demande beaucoup plus de réflexion que de se marier ou de prendre la décision de vivre ensemble. Il est à craindre qu'une relation peu solide aura bien du mal à perdurer suite à une grossesse. Les changements physiques chez la femme et psychiques chez l'un comme chez l'autre, qui se produisent alors, sont souvent révélateurs ou accélérateurs d'une mésentente latente.

### ▶ Êtes-vous prêts à devenir parents ?

Chaque membre du couple doit se sentir assez solide pour supporter l'anxiété naturelle de l'autre à devenir parent. Une prise de conscience qui ne se fait pas forcément au même moment dans le couple. Parfois tardive, au cours de la grossesse, elle explique la fuite de certains futurs papas et parfois le divorce de couples qui s'étaient crus assez solides pour s'engager dans la maternité. Pourtant, la relation dans le couple se trouve profondément changée par l'arrivée d'un enfant, elle se renforce.

Même si plus tard vous vous séparez, il restera une trace de votre amour : l'enfant conçu ensemble. Il n'existe pas de meilleure preuve d'amour que celle qui consiste à mêler les qualités et les défauts de chacun dans un autre être.

Il est indispensable que les deux membres du couple aient envie de ce bébé. Un bébé ne peut pas être programmé pour satisfaire un

## Des peurs qui aident à mûrir

▶ La peur d'être parent est un sentiment courant et normal. Elle se traduit de différentes manières : peur d'avoir un enfant anormal, de ne pas savoir s'en occuper, de perdre sa liberté, de voir l'harmonie du couple changer.

▶ Ces peurs sont souvent révélatrices de l'histoire de chacun. Elles sont utiles puisqu'elles témoignent d'un vrai travail psychique : cette projection dans le futur est déjà l'ébauche de l'idée d'un enfant possible.

▶ Plus les peurs sont multiples et profondes, plus elles dévoilent une personnalité fragile.

▶ En réalité, celui qui ressent la charge d'un enfant comme lourde possède une image de soi peu solide : il n'a pas encore acquis les ressources suffisantes pour s'imaginer dans le rôle de parent.

besoin unique de maternité ou pour contenter une envie profonde de paternité.

## Votre compagne hésite

Il peut arriver que, malgré votre désir d'enfant clairement exprimé, votre compagne ne partage pas votre enthousiasme. Vous aurez peut-être quelques difficultés à comprendre ses raisons. Elles peuvent être de nature fort différente, être plus ou moins clairement exprimées.

### ▶ Pour des raisons professionnelles

Ainsi, certaines femmes, qui ont acquis une bonne situation professionnelle soit à la suite d'études longues et ardues, soit parce qu'elles ont su montrer leurs convictions et leur talent, ne sont pas toujours prêtes à mettre en péril leur statut par quelques mois d'arrêt de travail. Elles savent aussi qu'élever un bébé, même si elles sont aidées, occupe beaucoup l'esprit et les rendra moins disponibles aux préoccupations professionnelles. Généralement, ces femmes mettent en sommeil leur désir d'enfant pour un temps plus ou moins variable selon les situations. Pour vous rassurer, sachez que lorsque leur désir d'enfant se réveille, il est tout à fait conscient, réfléchi et fort raisonnable, bref toujours bien établi.

🔾 Rien ne vous empêche de faire changer d'avis votre compagne en lui proposant de vous rendre disponible pour pouponner à sa place. Les pères sont de plus en plus nombreux à accompagner leur enfant à la crèche et à prendre en charge les courses et les promenades au square. Il vous est même possible, puisque le droit du travail le permet, de prendre un congé parental d'éducation (p. 377).

### ▶ Pour des raisons psychologiques

Pour certaines femmes encore, derrière l'inquiétude de devenir mères

## L'âge de la paternité

L'âge moyen de la paternité se situe à 33,7 ans. Êtes-vous en avance ou en retard ?

De plus en plus d'hommes deviennent pères à l'âge mûr, soit après une période de célibat endurci, soit en raison d'un second mariage avec une femme plus jeune qu'eux.

se cache la crainte de l'éloignement vis-à-vis des parents qu'implique toute maternité. Il semble qu'elles ne puissent imaginer l'existence de deux mères en même temps : devenir mère consiste alors pour elles à régler une dette à l'égard de leur propre mère en donnant la vie à son tour.

Pour d'autres, ce sont les relations avec leur mère qui les font douter de leur capacité à le devenir. Pour la plupart se pose le problème de la compétence, qui dissimule en réalité la question de savoir si elles ont le droit de prendre la place de leurs parents. D'autres femmes encore vivent de mauvaises relations avec leur mère, qui peuvent être à l'origine d'un refus de la maternité. Des conflits et des angoisses infantiles peuvent être ravivés à cette occasion, notamment les conflits œdipiens.

Enfin pour quelques-unes, le culte du corps l'emporte sur la raison : la maternité est redoutée parce qu'elle transforme le corps, risquant de l'abîmer.

Les conjoints sont généralement mal placés pour aider à la résolution de telles difficultés, il est souvent préférable d'avoir recours à un psychothérapeute. En permettant l'expression de blessures anciennes et enfouies, celui-ci rendra souvent possible l'éclosion du désir d'enfant.

## RÉPONSES À VOS QUESTIONS

*Depuis bientôt cinq ans, mon épouse prend la pilule car nous ne voulions pas d'enfant tout de suite après notre mariage. Aujourd'hui que nous sommes décidés à fonder une famille, cette longue contraception ne risque-t-elle pas de contrarier nos projets ?*

▶ **Quel que soit le type de pilule prise par votre épouse** – il en existe plusieurs types correspondant à des dosages hormonaux différents –, elle contient des substances chimiques proches des deux hormones, œstrogènes et progestérone, produites naturellement par les ovaires.

▶ **Les contraceptifs oraux ont pour but de bloquer l'ovulation** en agissant au niveau de l'hypophyse. Chaque plaquette étant destinée à protéger d'une fécondation pour la durée d'un cycle, dès le premier mois de l'arrêt de la contraception, le fonctionnement du complexe hypothalamus-hypophyse qui gouverne l'ovulation se remet en place naturellement et une ovulation a lieu. Tout est donc prêt pour permettre une fécondation.

▶ **Toutefois, il arrive parfois que les premiers cycles, après une contraception, soient sans ovulation** ou encore produisent des ovules de mauvaise qualité, s'il y a alors fécondation, l'œuf ne se développe pas et est naturellement éliminé. Chez 2 % seulement des

### Les autres contraceptifs

▶ Dès que le stérilet, dont la fonction est d'éviter la nidation de l'œuf dans la paroi utérine, est enlevé, la fertilité de votre compagne redevient immédiatement normale.

▶ Il ne bouscule en rien l'équilibre hormonal du corps. Il arrive même que certaines grossesses soient le résultat d'un « loupé » de cette contraception qui n'est pas fiable à 100 %.

Le patch contraceptif qui vient de faire son apparition dans les méthodes contraceptives, comme la pilule orale, dès le cycle suivant son retrait, la grossesse est possible.

femmes, le cycle a du mal à se réinstaller. C'est pourquoi les médecins conseillent d'attendre un ou deux cycles avant de concevoir un enfant après l'arrêt de la pilule, c'est simplement pour vérifier que les cycles ont bien repris un rythme naturel.

▶ **Le délai pour avoir un enfant après la prise de la pilule est allongé d'un mois environ par rapport au délai moyen qui est de 6 mois.** Si des troubles de l'ovulation persistent après l'arrêt de la pilule, il est probable, dans la majorité des cas, que ces difficultés étaient latentes avant même la prise du contraceptif.

▶ **Pour vous rassurer totalement**, sachez qu'il suffit parfois d'oublier une seule pilule pour constater quelque temps plus tard une grossesse qui se déroulera tout à fait normalement et que, depuis 1960, date de la vente des premières plaquettes aux États-Unis, une quantité innombrable de femmes sont devenues mères. De même les méthodes contraceptives comme le stérilet, le diaphragme ou l'utilisation d'un produit spermicide n'ont aucune conséquence sur la fertilité féminine ultérieure.

## L'un et l'autre

▶ Un trouble de fécondité masculine, notamment un sperme pauvre en spermatozoïdes, n'induit pas forcément des difficultés à avoir un enfant si, dans le couple, la femme possède une bonne fécondabilité.

▶ Bien des pères de famille ignorent ainsi toute leur vie leur difficulté « théorique » à procréer.

*Qu'est-ce qui peut contrarier le désir d'enfant d'un couple, et combien de temps en moyenne faut-il attendre pour concevoir un enfant ?*

Sachez que 90 % des couples mettent un an à satisfaire leur désir d'enfant. En moyenne 10 à 12 % des couples ont des difficultés à avoir un enfant.

▶ **Il n'est pas aussi facile qu'on peut le croire d'avoir un enfant dès lors qu'on le veut.** En fait, les couples ont en moyenne 25 % de chance de procréer chaque mois, soit au cours de chaque cycle. Mais ce chiffre est le résultat de statistiques médicales, en fait la fécondabilité ou probabilité mensuelle de conception est variable d'un couple à l'autre et d'une période de vie à une autre.

Ainsi, par exemple, plus les couples sont âgés, et particulièrement lorsque la femme a dépassé la quarantaine, plus la probabilité s'amoindrit à chaque cycle.

▶ **La diminution de la fertilité féminine en fonction de l'âge est bien connue mais elle n'épargne pas non plus les hommes** puisqu'on estime que la fécondabilité entre un homme de moins de 40 ans et un homme de plus de 60 ans diminue de 70 %.

Un homme de 25 ans a en moyenne sur un an de rapports fécondants 92 % de chance de devenir père. À plus de 35 ans, ses chances ne sont plus que de 85 %.

▶ **L'âge a aussi des conséquences sur la qualité du sperme.** Il devient moins fécondant en raison de la diminution du nombre de spermatozoïdes dans un éjaculat, de la modification de leur morphologie et de leur mobilité.

▶ **L'infertilité « médicale » touche pratiquement 14 % des couples** et un couple sur sept consulte pour ce problème. Les causes en sont relativement nombreuses et demandent toujours la consultation d'un médecin spécialiste. Le diagnostic, qu'il mette en évidence une difficulté masculine ou féminine, est toujours douloureux même si la médecine aujourd'hui est capable de résoudre un assez grand nombre de cas d'infertilité.

> Si la concrétisation du désir d'enfant n'est pas réalisée au bout d'une bonne année de rapports réguliers et bien programmés, il est préférable de consulter.

▶ **Les infertilités d'origine féminine (p. 345) sont les plus fréquentes** : 33 à 36 % des infertilités du couple. La raison ? Les fonctions de reproduction sont plus complexes chez la femme que chez l'homme. Les anomalies de fonctionnement sont aussi relativement fréquentes, le déroulement séquentiel du cycle féminin apporte sans doute davantage de fragilité. Pour la moitié des infertilités féminines, les causes sont des troubles de l'ovulation et des anomalies tubaires.

▶ **Les infertilités masculines (p. 329) sont mises en cause dans 20 % des difficultés du couple à procréer.** Un nombre insuffisant de spermatozoïdes et/ou des perturbations de leur capacité fécondante, une oligo-asthénozoospermie sont le plus souvent diagnostiqués, l'absence totale de spermatozoïdes, azoospermie, est très rare. Mais les infertilités mixtes (dues aux deux partenaires) touchent 39 % des couples. Dans 15 % des cas, l'infertilité reste inexpliquée, mais seulement 3 % des infertilités sont définitives.

# Êtes-vous prêt à devenir papa ?

**Vous souhaitez un enfant. Amusez-vous à évaluer votre désir et à mesurer ce que cet événement va changer dans votre vie.**

## Quel âge avez-vous ?

Moins de 25 ans. ❑            De 30 à 40 ans. ❑

De 25 à 30 ans. ❑            Plus de 40 ans. ❑

Plus vous êtes jeune, plus vous avez de chance de devenir rapidement papa. Mais ce n'est pas un critère suffisant.

En effet, si l'âge moyen de la paternité est de 33,7 ans, c'est que la décision demande un peu de réflexion. Les pères très jeunes, partagés entre le besoin de s'installer professionnellement et l'envie de fonder une famille, ont parfois le sentiment, quelques années plus tard de n'avoir ni profité de leur jeunesse, ni de la magie de vivre avec un jeune enfant.

Les pères âgés ont eux souvent pour motivation de vouloir rester jeunes, notamment s'ils ont avec leur compagne une grande différence d'âge.

## ▼ Sur le plan pratique

### Êtes-vous prêt à changer vos habitudes ?

|  | OUI | NON |
|---|---|---|
| • En arrêtant de fumer. | ❑ | ❑ |
| • En modérant votre consommation d'alcool. | ❑ | ❑ |
| • En renonçant aux grasses matinées du dimanche matin. | ❑ | ❑ |
| • En organisant votre activité professionnelle pour être rentré vers 18 heures. | ❑ | ❑ |
| • En rangeant vos affaires et notamment vos vêtements. | ❑ | ❑ |
| • En passant quelques heures le samedi ou le dimanche au square. | ❑ | ❑ |
| • En étant prêt à être réveillé toutes les nuits pendant 3 mois. | ❑ | ❑ |
| • En devenant un as du bricolage. | ❑ | ❑ |
| • En renonçant au moins pour 6 mois au cinéma ou au théâtre. | ❑ | ❑ |

*Vous avez 9 « oui », c'est parfait, tiendrez-vous toutes vos promesses sur le long terme ?*
*Vous avez 5 « oui », vous obtenez votre passeport de futur papa.*
*Vous n'avez que des « non », l'adaptation à votre nouvelle vie peut être délicate.*

EN SAVOIR UN PEU PLUS

## Êtes-vous prêt à changer de mode de vie ?

|  | OUI | NON |
|---|:---:|:---:|
| • En sortant moins le soir. | ❏ | ❏ |
| • En connaissant sur le bout des doigts le mode d'emploi du lave-linge. | ❏ | ❏ |
| • En oubliant les vacances sportives et les circuits aventures au bout du monde. | ❏ | ❏ |
| • En prenant l'initiative de tâches ménagères de manière autonome. | ❏ | ❏ |
| • En remplaçant votre voiture type « sport » par un break ou une mono-espace. | ❏ | ❏ |
| • En échangeant votre pièce bureau contre quelques étagères dans la salle de séjour. | ❏ | ❏ |
| • En faisant des économies placées sur un plan d'épargne logement ou sur une assurance-vie. | ❏ | ❏ |
| • En invitant un peu moins souvent vos amis pour un brunch match de foot télé et en renonçant à une troisième mi-temps bruyante. | ❏ | ❏ |

> *Vous avez 8 « oui », pourquoi n'êtes-vous pas déjà papa ?*
> *Vous avez 6 « oui », vous allez devoir faire quelques efforts mais la tâche n'est pas impossible. Vous n'avez que des « non », vous n'avez sans doute pas bien lu les questions.*

## ▼ Sur le plan psychologique

|  | OUI | NON |
|---|:---:|:---:|
| • Pensez-vous que l'amour que vous portez à votre compagne soit assez fort pour résister au temps ? | ❏ | ❏ |
| • Avez-vous constaté que vous n'aimiez pas trop changer vos habitudes ? | ❏ | ❏ |
| • Avez-vous pris votre autonomie vis-à-vis de vos parents ? | ❏ | ❏ |
| • Lorsque vous croisez une femme enceinte, êtes-vous attendri et admiratif ? | | |
| • Les obligations et les responsabilités vis-à-vis des autres vous paniquent -elles ? | ❏ | ❏ |
| • Faire carrière est-ce ou non votre préoccupation essentielle dans la vie ? | ❏ | ❏ |
| • Pensez-vous que la paternité va changer quelque chose en vous ? | ❏ | ❏ |

- Avez-vous peur de la part féminine qui existe en vous comme dans tout homme ? ❏ ❏
- Avez-vous peur de l'avenir ? ❏ ❏
- Avez-vous fait un peu de baby-sitting lorsque vous étiez plus jeune ? ❏ ❏
- Êtes-vous capable de retrouver dans votre mémoire une comptine ou une berceuse ? ❏ ❏
- Écoutez-vous volontiers vos collègues de bureau parler de leur enfant ? ❏ ❏

*Vous avez plus de « oui » que de « non », vous êtes un homme mûr et responsable tout à fait armé pour fonder une famille.*
*Vous avez plus de « non » que de « oui », pour l'instant vous désirez être père sans avoir tout à fait mesuré ce que cela signifiait. Vous avez neuf mois pour apprendre à devenir papa.*

... EN SAVOIR UN PEU PLUS

# 2

# Vous décidez de devenir père

*C'est décidé. Votre couple va fonder une famille. Vous avez peut-être même programmé la naissance de votre enfant.*

*Il naîtra au printemps pour se développer à la douceur des beaux jours ou au cœur de l'hiver dans la pureté d'un monde tout blanc, ou encore, féru d'astrologie ou de numérologie, vous avez choisi une date de naissance précise pour qu'il naisse sous les meilleurs auspices. Enfin, peut-être avez-vous déterminé pour cet enfant un lieu symbolique de conception afin que cet instant reste à jamais inscrit dans l'histoire familiale.*

*Bref, vous avez rangé vos préservatifs ou votre compagne a arrêté sa contraception. Vous constatez sans doute que depuis que vous avez pris votre décision, vos ébats amoureux ont légèrement changé, votre plaisir est renforcé par l'idée de faire un enfant.*

*Vous attendez avec une certaine impatience le jour où votre compagne vous annoncera un retard de règles. Prévoyants, vous avez même acheté ensemble un test de grossesse, qui vous permet de confirmer vos espoirs à tout moment.*

# UNE NOUVELLE IDENTITÉ

Votre désir d'enfant est passé à un autre stade dès lors que vous vous êtes engagé à devenir père. La paternité est une démarche avant tout intellectuelle puisque l'homme, à l'inverse de la femme, n'éprouve aucun bouleversement dans son corps : il s'imagine, il se rêve père avant de le devenir socialement.

> La paternité est souvent vécue comme une crise d'identité située dans l'âge adulte.

## Quel père serez-vous ?
## Quel rôle allez-vous vous donner ?

Avant même la conception de l'enfant, comme tout homme en attente de paternité, vous vous choisissez un rôle. Quel père serez-vous ? Un père lointain et détaché, sans doute pas puisque cet enfant vous le voulez du plus profond de vous-même. Un père maternant, papa poule ou initiateur et éducateur ? Votre histoire personnelle avec votre père, voire avec votre grand-père, gouverne pour une bonne part votre prise de position. La confrontation avec vos souvenirs, anciens et récents, est souvent bénéfique, confortant votre idée de la famille, mais parfois, au contraire, elle se révèle semée d'embûches.

Certains hommes traversent une véritable crise identitaire. Vous découvrirez peut-être mieux à cette occasion qui était votre père et quel type de relations vous avez noué ensemble. Devenir père est toujours le moment de repenser ou d'enrichir son identité. Mais c'est aussi accéder à un statut convoité pendant toute l'enfance et tout particulièrement à l'adolescence : le jeune homme devient père à son tour, reléguant son père tout-puissant au rang de grand-père.

## Vous avez neuf mois pour choisir

Il est peut-être plus difficile de devenir père que mère. Aujourd'hui, l'image du père est complètement bouleversée : le père tout-puissant et

## Trouver le bon modèle

En l'absence de père de référence, le futur papa peut se tourner vers un autre modèle d'identification masculin : un grand-père, un oncle ou un ami de sa mère qui a joué auprès de lui un rôle de père plus ou moins affirmé.

Cette démarche psychologique est faite aussi par les hommes qui estiment que leur père n'a pas été celui dont ils rêvent pour leur enfant.

autoritaire a quasiment disparu et celui, absent de la vie quotidienne et de l'éducation de ses enfants, est en voie de disparition. De nos jours, les pères sont à la recherche d'un nouveau statut. Devenir père, se sentir réellement investi de cette tâche constitue une prise de conscience qui se produit à des moments différents, selon les sensibilités.

Il y a ceux qui le sont dès la réponse positive au test de grossesse, ceux qui pleurent à la première échographie, ceux qui n'y croient qu'à l'accouchement et ceux qui le deviennent en jouant avec leur bébé.

 Vous serez peut-être étonné de votre difficulté à entrer dans ce nouveau rôle mais le métier de père comme celui de mère s'apprend par expérience, par tâtonnements : commettre des erreurs est une chose naturelle, largement partagée par tous les pères comme par toutes les mères.

## Des pères maternants

Les pères aujourd'hui osent et se montrent ostensiblement sensibles et affectueux avec leur nourrisson. Ils se découvrent une fonction maternante sans pour autant se sentir atteint dans leur masculinité.

Traditionnellement, les psychologues qui ont étudié «ces nouveaux pères» affirment que l'intérêt pour l'enfant s'installe après la naissance et plutôt lorsque l'enfant commence à connaître une certaine autonomie.

Depuis quelques années, on constate un mouvement vers plus de précocité dans les relations père-enfant.

Les médecins, les sages-femmes, les échographes disent qu'ils voient de plus en plus de pères aux consultations. Et ils n'y viennent pas sous la pression affective de leur épouse ou compagne, mais par intérêt pour le développement de la vie.

## ZOOM

### La fin du *Pater familias*

C'est à partir de la seconde moitié du XIX$^e$ siècle que le rôle du père a commencé à changer, sous l'effet de quelques lois : en 1889, une loi a permis la déchéance paternelle au profit de l'assistance publique et, un an plus tôt, une autre réprimait les mauvais traitements à enfant ; en 1935, la légitimité de la correction paternelle est supprimée, suivie trois ans plus tard de l'abolition de la puissance maritale.

C'est en 1970 que naissait la notion d'autorité parentale au détriment de « la puissance paternelle » et, deux ans plus tard, le législateur décidait que l'autorité parentale pouvait être exercée par les femmes non mariées. Aujourd'hui, en cas de divorce, elle est le plus souvent partagée entre la mère et le père.

L'autorité du père a aussi évolué du fait des revendications féminines. Les pères ont dû se trouver un autre statut. Vers les années 1970, ils sont devenus des « papas poules », n'hésitant plus à mettre la main à la pâte dans les soins à apporter au bébé.

Certains choisissent même de mettre en veilleuse quelques années leurs activités professionnelles, le temps d'un congé parental d'éducation. Et un grand nombre a adopté le nouveau congé de paternité de 14 jours, préférant parfois voir baisser leur salaire plutôt que de rater cette belle occasion de faire connaissance avec leur bébé.

Cette révolution dans l'art d'être papa est sans doute aussi très liée à l'émancipation féminine. Les mères ne se réalisent plus uniquement dans la maternité. Ce sont des femmes qui souvent ont fait des études et qui ont, comme leur conjoint, des activités professionnelles gratifiantes ou tout au moins satisfaisantes.

# DES MANIFESTATIONS INATTENDUES

Tous ces bouleversements intellectuels et émotionnels peuvent avoir des conséquences sur votre santé. Vous allez peut-être, comme de nombreux pères, surtout s'il s'agit de votre première paternité, traverser une période où vous collectionnerez les petits bobos, les troubles légers. Rassurez-vous, vous devenez père !

> Il est normal que vous ne révéliez pas à votre épouse tout ce qui se passe dans votre tête. La paternité a aussi sa part de secrets.

## Des petits bobos révélateurs

Depuis quelques années, les médecins étudient attentivement la santé des futurs papas. Leurs conclusions sont unanimes : au cours de la maternité de leur compagne, les pères sont victimes de légers troubles, plus ou moins psychosomatiques. Est-ce votre cas ?

Vous dormez mal, vous avez des problèmes digestifs avec parfois des nausées et des vomissements, vous manquez d'appétit, vous souffrez du dos, des reins ou du ventre, vous avez pris du poids. Certains futurs papas peuvent ainsi afficher presque 10 kg de plus en quelques mois. Les futurs papas semblent encore consulter plus que d'ordinaire les dentistes pour des extractions dentaires, ont de fréquents maux de gorge, une forte propension aux orgelets et aux problèmes dermatologiques.

On s'aperçoit encore que toutes ces petites maladies surviennent à des moments particuliers de la grossesse : les orgelets et les difficultés alimentaires se situent plutôt au début — un médecin anglais parle même d'envies, bien connues chez les futures mamans — , les maux de dents sont caractéristiques, notamment entre le 6e et le 9e mois, la prise de poids en fin de gestation. Pour les psychologues, toutes ces petites misères sont des manifestations de «couvade normale et banale».

La majorité des futurs papas n'expliquent pas ces symptômes soudains, ne faisant pas le lien avec leur paternité future, refusant même d'admettre que leur corps puisse être ainsi gouverné par leur psychisme. C'est sans doute dommage car ils montrent que l'homme est profondément transformé psychiquement par la paternité.

**⊾ Soyez conscient de ces bouleversements et vivez-les sereinement. Ils peuvent aider à une meilleure compréhension de ce que ressent votre compagne. Ils témoignent aussi de l'importance que vous donnez à votre futur rôle de père.**

## D'un point de vue psy

L'interprétation des manifestations de couvade, tant rituelles que somatiques, ne pouvait qu'intéresser les psychiatres et les psychanalystes. Pour eux, elles sont révélatrices d'un système de défense face à un certain nombre de conflits :

• Conflit avec la future maman dont le futur père jalouse la puissance créatrice : il y aurait identification de l'homme à la femme.

• Conflit avec soi-même : la couvade masculine peut être interprétée comme une crainte de la part féminine que tout homme porte en lui.

### Sous d'autres latitudes

▸ La couvade rituelle est décrite par les ethnologues comme un ensemble de comportements tout à fait particuliers en relation avec la naissance d'un enfant.

▸ Ces comportements sont codifiés et différents selon les ethnies, il s'agit le plus souvent d'interdits, soit dans les relations avec la future maman, soit de nature alimentaire.

▸ On observe d'autres rites au moment de l'accouchement et après la naissance de l'enfant. Le plus fréquent est la manifestation bruyante de douleurs virtuelles d'enfantement. L'homme est censé soulager son épouse qui accouche en prenant une part de sa douleur.

▸ Dans un grand nombre d'ethnies, les responsabilités qui incombent au père sont partagées entre plusieurs hommes. Ainsi peuvent cohabiter un père social, à qui incombe le soutien économique de la famille, un oncle éducateur et un amant géniteur.

• Conflit de rôle dans le couple : le futur père doit «materner» son épouse alors qu'elle était une épouse maternante. La couvade serait alors une forme de régression.

• Conflit avec le futur bébé : la couvade exprime une rivalité, le père devant partager l'affection et les soins de son épouse avec le nouveau venu. Pour certains psychanalystes, même, l'homme au travers de la couvade prend le rôle de l'enfant dans un processus de régression.

• Conflit œdipien avec son propre père : en devenant père à son tour, le fils se trouve confronté au complexe d'Œdipe qui veut que le jeune garçon désire la mort de son père pour prendre sa place auprès de sa mère.

## Êtes-vous un futur papa trop stressé ?

Bon nombre de pères traversent le moment de la maternité de leur compagne dans un climat étrange de suractivité et de surexcitation. Ils s'impliquent plus que de raison dans leur métier, quittant tôt leur foyer et rentrant tard.

## ZOOM

### Du côté des fantasmes

Certains scientifiques l'affirment, il n'y a aucune raison pour qu'un jour les hommes ne soient pas enceints. Mais, ajoutent-ils, ce sera une manipulation dangereuse pour l'homme comme pour l'enfant.

La raison de ce progrès tient simplement au fait qu'aujourd'hui ni l'utérus, ni la trompe, ni l'ovaire ne sont indispensables à la grossesse. On peut donc imaginer qu'il serait possible de placer un œuf fécondé en éprouvette dans la couche cellulo-graisseuse du péritoine (membrane séreuse tapissant les parois de l'abdomen et la surface des viscères digestifs qu'il contient).

Ensuite, il suffirait de renverser l'équilibre hormonal de l'homme par des injections d'hormones. Mais l'extraction du placenta après la naissance pourrait entraîner bien des complications.

Seul le clonage pourrait donner au père le pouvoir d'enfanter. Mais est-ce vraiment raisonnable d'être père de son semblable ?

Quant aux problèmes psychologiques qu'entraînerait un tel bouleversement de la nature, ils sont sans doute innombrables et totalement méconnus, les plus importants étant ceux liés à l'identité psychique. Heureusement, on est, là encore, dans le domaine de la science-fiction.

Ils s'adonnent avec frénésie à leur passion, certains passent tout leur temps de loisir à la pêche ou sur l'ordinateur, d'autres deviennent des « accros » du bricolage, décidant de tout rénover dans la maison et d'installer la chambre du futur bébé.

Les futurs papas ont encore particulièrement besoin d'activité physique, ils ne ratent plus aucun match de foot organisé entre copains ou parcourent des kilomètres sur leur vélo comme s'ils avaient l'ambition de participer au Tour de France.

S'ils ne se défoulent pas physiquement, ils font montre d'une agressivité que leur entourage ne leur connaissait pas : ils en viennent facilement aux mots pour tout et n'importe quoi, ce sont tout particulièrement des automobilistes irascibles, certains allant même parfois jusqu'au coup de poing.

**◥ Contrôlez vos réactions : selon les spécialistes ayant étudié la vie quotidienne des futurs pères, il semble que cette surexcitation, ce stress, soit à l'origine d'accidents de sport et de la route, plus nombreux que la normale. Mettez toute votre énergie au service de votre compagne.**

## Aimez-vous vous absenter plus souvent?

D'autres comportements, moins fréquents, ont encore attiré l'attention de ces spécialistes. Ils se sont aperçus que certains hommes qui allaient devenir pères avaient tendance à quitter leur foyer beaucoup plus qu'avant.

Les prétextes les plus fréquents sont les voyages d'affaires ou professionnels, les visites à leurs parents ou à leurs frères et sœurs éloignés. Ces escapades sont, dans quelques cas, l'occasion de relations extra-conjugales, même s'ils ont avec leur compagne une vie sexuelle satisfaisante.

Ces hommes sont ainsi absents régulièrement de chez eux des premiers mois de la grossesse de leur épouse aux premiers mois du bébé. Il arrive que la situation se complique encore lorsque le père potentiel décide de faire une véritable fugue, renonçant à tout ce qu'il avait commencé à construire. Ces hommes sont sans doute submergés par l'angoisse de devenir père ; craignant de ne pas savoir répondre aux attentes de leur compagne et de leur famille, ils préfèrent fuir. Bien sûr, de tels comportements ne surviennent pas par hasard : on devient parents à deux et le vécu psychologique de l'un rejaillit sur l'autre ; ils sont intimement liés à l'histoire personnelle et familiale de chaque homme. De plus, les attitudes les plus extrêmes touchent toujours des personnalités dont la fragilité est bien antérieure au projet de paternité.

## Une certaine fragilité

▸ Les psychiatres ont constaté que certains pères, fragiles psychiquement, peuvent être sujets à des troubles psychiques graves, à l'origine généralement des conflits infantiles non résolus que la future paternité fait revivre.

▸ Ils manifestent des symptômes psychiatriques variés allant de la dépression aux bouffées délirantes, en passant par des comportements sexuels déviants.

# PÈRE POUR
# LA DEUXIÈME FOIS

Votre profond désir d'un petit deuxième ne peut vous faire oublier de penser aux réactions de votre aîné. Bon nombre de pères sont inquiets à ce sujet, notamment si cette «aventure» leur est arrivée, enfants. Même si votre aîné dit être ravi de votre projet et réclame depuis quelque temps un petit frère ou une petite sœur, la survenue d'un autre bébé dans la famille est pour lui une épreuve extrêmement difficile. Comment allez-vous l'aider à surmonter son trouble ?

> Dès la première image échographique, l'aîné rencontre son cadet. Cette image peu flatteuse qui ravit ses parents le laisse perplexe.

## Votre aîné est jaloux

La jalousie est un sentiment naturel et normal qui aide l'enfant à se construire. La nier est le plus sûr moyen de la renforcer au point d'entraîner des troubles du sommeil et du caractère. Un enfant jaloux est un enfant malheureux que vous devez savoir écouter et consoler. La jalousie qu'éprouve votre enfant ne fait que traduire un sentiment d'angoisse. Il est persuadé que ses parents ne vont plus l'aimer. Selon l'âge de l'aîné, la jalousie aura un fondement différent.

❥ Faites bien comprendre à votre aîné que vous l'aimez énormément, que l'arrivée d'un bébé ne changera pas cet amour, que l'amour d'un papa et d'une maman est immense au point de pouvoir le partager entre plusieurs enfants à la fois. N'attribuez pas à votre aîné tous les sentiments de jalousie ou de «haine» que vous avez éprouvés lorsque vous-même êtes devenu aîné.

### Il réclame un autre bébé ? Pas si sûr !

▸ Penser que le désir d'un second enfant se fonde sur la demande de l'aîné est une idée fausse.

▸ Ses propos sont le plus souvent la répétition du discours des parents.

Par amour, il dit ce que ses parents ont tant de plaisir à entendre : lui aussi, tout comme eux, veut un petit frère ou une petite sœur.

## La famille idéale

L'enfant de moins de 6 ans a encore besoin de toute l'attention de ses parents et de la sécurité qu'elle lui apporte. L'enfant de plus de 6 ans a surtout besoin d'indépendance et de place, et c'est ce qu'il craint de perdre avec l'arrivée d'un cadet. La différence d'âge idéale entre les enfants d'une même famille est de 6 à 7 ans. La période œdipienne permet à l'aîné de s'identifier avec plus d'assurance au rôle parental. Les pulsions agressives cèdent alors la place à la tendresse.

# UNE RENCONTRE PARFAITE

L'histoire de votre bébé commence par une rencontre, celles des cellules sexuelles de ses parents : l'ovule et le spermatozoïde. Vous le savez sans doute, votre paternité n'est possible que grâce aux cellules reproductrices que sont les spermatozoïdes.

> On ne sait toujours pas ce qui détermine le choix de l'unique spermatozoïde fécondant.

## Les spermatozoïdes : les gamètes mâles

L'apogée de l'acte sexuel est marqué par l'orgasme. Chez l'homme, il se manifeste par une éjaculation qui projette puissamment et par saccades le sperme sur le col de l'utérus. Sauf problèmes particuliers (pp. 331-332, 334), et si vous êtes dans la force de l'âge, chacun de vos orgasmes libère un éjaculat qui compte de 300 à 400 millions de spermatozoïdes. Ceux-ci sont mêlés au sperme, liquide destiné à les nourrir et à les transporter. Les spermatozoïdes sont le résultat de transformations cellulaires : la spermatogenèse. Elle se produit dans les testicules, fixés dans les bourses. L'anatomie humaine veut que les bourses, donc aussi les testicules, soient implantées en dehors du corps. Cette particularité est essentielle car la température du corps, en quasi- permanence à 37 °C, est incompatible avec la spermatogenèse. Les testicules sont formés d'une multitude de petits tubes très fins et très longs, les tubes séminifères, enroulés comme les fils d'une pelote. Chaque testicule renferme 200 à 300 globules testiculaires, contenant eux-mêmes 1 à 4 tubes séminifères. Ceux-ci sont tapissés de cellules germinales qui se transformeront par différentes étapes en spermatozoïdes. La spermatogenèse se produit en 74 jours.

## En constant renouvellement

Les testicules ont encore pour fonction la production de testostérone, une hormone qui agit de la puberté à la fin de la vie. Son rôle est essentiel dans la spermatogenèse. Les fonctions des testicules sont, comme celles des ovaires chez la femme, sous le contrôle du cerveau, notamment de l'hypothalamus et de l'hypophyse.

Dans les testicules, les spermatozoïdes ne sont pas mobiles. Ils le deviennent en traversant les canaux de l'épididyme.

Ils sont alors transportés par un liquide : le plasma séminal. Celui-ci est produit par la prostate et les glandes séminales. Puis les spermatozoïdes traversent les 30 à 40 cm de canaux déférents pour être mis en attente dans les vésicules séminales placées de part et d'autre de la prostate.

Tout cela se fait en une quinzaine de jours et les spermatozoïdes se renouvellent tous les 30 jours environ dans les vésicules séminales. Chaque spermatozoïde a alors la même morphologie : une tête ovale en forme de poire où se trouve la cellule reproductrice porteuse du patrimoine génétique et un flagelle qui lui donne sa mobilité. C'est la plus petite cellule du corps humain, 50 microns.

Un chapeau coiffant la tête contient des enzymes qui lui permettront de pénétrer dans l'ovule.

## Au bon moment

▶ La grossesse est en fait le résultat d'une concomitance de deux événements : un rapport sexuel avec éjaculation vaginale et la libération d'un ovule par l'un des ovaires de la femme.

▶ La fécondation, rencontre d'un ovule avec un spermatozoïde ne peut donc pas se faire à n'importe quel moment du cycle, la période la plus favorable se situe 48 heures avant l'ovulation.

▶ La fécondation se produit pendant les quelques jours qui précèdent l'ovulation, mais rarement après puisque l'ovule ne vit en moyenne que 24 heures. Le maximum de chances se situe donc dans les trois jours qui précèdent l'ovulation.

▶ Être précis dans la date du rapport sexuel n'empêche en rien un peu de romantisme et beaucoup de tendresse.

▶ Plus chaque partenaire sera détendu, soucieux du plaisir de l'autre, plus vous aurez de chances que le rapport soit fécondant.

## De la puberté à la fin de la vie

Au cours d'un rapport sexuel, la plupart des spermatozoïdes de l'éjaculat ne parviennent pas dans les voies génitales de la femme. Seuls ceux qui y pénètrent acquièrent un pouvoir fécondant. La moitié environ d'entre eux présentent des défauts (tête double, pas de flagelle, peu rapides, peu mobiles), qui les rendent incapables de féconder l'ovule. Si, malgré tout, la fécondation a lieu, l'embryon ne se développera pas et le couple ignorera tout de cette fécondation «ratée».

## Une sélection rigoureuse

La remontée des spermatozoïdes est très rapide. Ils traversent le vagin en 5 minutes et atteignent les trompes en 1 heure, soit un parcours de 20 à 25 cm. Leur vélocité est décuplée par les contractions des muscles de l'utérus et des trompes.

La glaire cervicale élimine 99 % des spermatozoïdes. Sont écartés tout particulièrement ceux qui présentent des anomalies morphologiques. Une seconde sélection se fait dans la première partie de la trompe et c'est seulement plusieurs centaines de spermatozoïdes qui partent à l'assaut de l'ovule.

## L'union avec l'ovule

Pour que spermatozoïde et ovule se rencontrent et s'unissent pour former la première cellule de l'œuf, certaines circonstances sont indispensables. Ainsi, le rapport sexuel doit se produire en période d'ovulation de la femme ou dans les trois jours qui la précèdent. Les spermatozoïdes ont la capacité de vivre quelques jours dans les voies génitales de la femme. La rencontre se produit dans une partie de l'appareil génital féminin appelée «trompe» en raison de sa forme. L'ovule, libéré par un des ovaires, occupe la totalité du conduit tubulaire dont l'environnement de nature collante est un véritable piège pour les spermatozoïdes. Ceux-ci entourent l'ovule et libèrent des enzymes destinées à digérer la membrane qui le protège. Mais un seul spermatozoïde réussira à

## Qui fait quoi ?

▸ Des études biologiques tendent à montrer que c'est l'ovule qui séduit les spermatozoïdes grâce à une substance chimique les incitant à remonter dans les trompes.

▸ Seuls les spermatozoïdes totalement mûrs et sains peuvent percevoir ce signal. Ceux-ci seraient porteurs de substances semblables à celles qui permettent la réception des odeurs et qui leur donneraient la faculté de recevoir des signaux moléculaires émis par l'ovule.

▸ La fécondation se ferait grâce à l'ovule émettant des signaux et à la capacité des spermatozoïdes de les interpréter.

atteindre le cœur de l'ovule. Il fabrique une substance destinée à former alors une barrière chimique empêchant ses congénères d'entrer. C'est de la rencontre des deux gamètes mâle et femelle, porteurs chacun de 23 chromosomes, que naît la première cellule de 46 chromosomes, à l'origine de la multiplication cellulaire qui formera à son tour l'embryon. Cette première cellule est très particulière : son noyau est fait pour partie égale d'apports maternels et paternels alors que le cytoplasme qui l'entoure est presque exclusivement maternel.

## La multiplication cellulaire

Dix heures après la rencontre, l'œuf est définitivement formé et commence à effectuer des synthèses d'ADN. Pendant 24 heures, les cellules venues des gamètes mâle et femelle cohabitent côte à côte. Puis elles s'unissent et se divisent (p. 67).

Le noyau de la cellule première de cet œuf, 32 heures plus tard, compte déjà deux cellules parfaitement identiques. Deux à trois jours après, il se compose de 4 à 8 cellules.

Sa taille est toujours celle de l'ovule d'origine, mais il change de nom et devient la « morula ». Au cours de la division cellulaire, dite « mitose », les 46 chromosomes de chaque cellule se dupliquent en se recopiant fidèlement.

Au bout de 5 jours, l'œuf atteint la cavité utérine et 2 jours après, il s'implante dans la muqueuse utérine qui s'est préparée à l'accueillir grâce à l'envoi de messages chimiques. La morula se creuse et ses cellules se spécialisent (p. 68). Les plus petites se regroupent à la périphérie, les plus grosses se rejoignent au centre. La cavité ainsi libérée se remplit de liquide et un bourgeon saillant se forme à l'intérieur : c'est le futur embryon.

## Des circonstances qui forcent le hasard

Ce sont :

▸ l'âge de la mère — entre 35 à 40 ans, notamment si elle est de groupe sanguin AB —,

▸ la couleur de la peau — les familles noires américaines et d'Afrique occidentale —,

▸ le climat — il y a plus de jumeaux en Europe du Nord qu'en Europe du Sud,

▸ enfin l'hérédité — on connaît bien les familles « à jumeaux », les traitements de l'infertilité, en stimulant l'ovulation, provoquant la maturation de plusieurs follicules sur chaque ovaire, et créant le risque ou la chance de plusieurs fécondations simultanées.

## ZOOM

### Plusieurs enfants à la fois

Vous souhaitez un enfant, mais vous n'êtes pas tout à fait sûr d'en vouloir plusieurs à la fois. Rassurez-vous, les grossesses multiples naturelles sont une exception dans l'espèce humaine. Une grossesse sur 80 est gémellaire, une naissance est triple pour 100 naissances gémellaires.

Il existe deux types de jumeaux : « les faux » ou dizygotes et les « vrais » dits monozygotes. Le nombre d'enfants à naître, jumeaux, triplés ou plus se détermine au moment de la fécondation selon deux mécanismes.

D'une part, 70 % des enfants sont issus de deux ovules, libérés pratiquement au même moment et fécondés par deux spermatozoïdes différents, le plus souvent au cours du même rapport sexuel. Ces enfants ont des liens identiques à ceux de frères et sœurs classiques, et ne sont pas obligatoirement du même sexe. Les embryons se développent côte à côte et ont chacun leur membrane et leur placenta. Il n'y a aucune communication entre eux. Ils ont chacun leur patrimoine génétique.

D'autre part, 30 % ont pour origine la rencontre d'un seul ovule et d'un seul spermatozoïde, ils sont le résultat de la division de l'œuf après fécondation. Les raisons de ce phénomène sont encore aujourd'hui inconnues tout comme le moment précis où la division se fait. On sait simplement qu'elle doit se produire avant le 15e jour qui suit la fécondation pour que les deux embryons se développent correctement. Selon le cas, chaque enfant a ses annexes et son placenta propre mais ils peuvent aussi les partager.

Certains ont un placenta commun et des membranes personnelles. D'autres au contraire se développent dans le même sac amniotique. Cette promiscuité n'est pas sans poser quelques problèmes, notamment au niveau de la circulation sanguine, l'un des jumeaux recevant plus de sang que l'autre. Les « vrais jumeaux » ont le même sexe et se ressemblent comme deux gouttes d'eau. Leurs empreintes digitales sont presque superposables. En grandissant, ils ont souvent les mêmes goûts, les mêmes maladies et gardent toute leur vie un profond attachement.

## VOUS ET VOTRE COMPAGNE

## Avoir un enfant, oui mais quand ?

Entre le moment où vous et elle avez décidé d'avoir un enfant et celui tant désiré de la réalité de la grossesse, il peut s'écouler un temps plus ou moins long, variable d'un couple à un autre.

### ▶ Côté femme

La variation de la fécondité dépend non seulement du rythme des rapports sexuels mais aussi d'autres facteurs comme, par exemple la contraception antérieure. Ainsi, si votre épouse ou conjointe a utilisé précédemment une contraception orale avant d'envisager une grossesse, elle peut mettre un peu plus de temps à être enceinte. On estime qu'il faut ajouter un mois au délai normal.

De même, on constate que l'âge de la mère a une certaine importance. La fécondabilité de la femme augmente jusqu'à l'âge de 25 ans, reste stationnaire jusqu'à 35 ans et diminue ensuite. En théorie, la fertilité de la femme se situe entre 12 et 52 ans, avec des variables de près de 15 ans d'une femme à l'autre. En réalité, la période dans la vie d'une femme pour avoir un bébé n'est que d'une dizaine d'années, puisque l'âge moyen auquel elle a son premier enfant est aujourd'hui de 29 ans.

Il semble aussi qu'un certain nombre de facteurs génétiques entrent en compte. Les femmes issues de familles nombreuses semblent avoir moins de problèmes que les autres.

### ▶ Côté homme

La qualité du sperme a également son importance. Le seuil de fertilité se situe aux alentours de 60 millions de spermatozoïdes par millilitre, alors que la moyenne est de 98 millions par millilitre.

Mais d'autres paramètres sont également importants, telle la mobilité des spermatozoïdes : 72 % sont mobiles chez les sujets fertiles pour 59 % chez les hommes inféconds.

## Une période tout à fait propice

On connaît mieux aujourd'hui les facteurs qui influencent la réussite d'une grossesse comme la qualité de la glaire cervicale, l'ouverture du col et le jour du cycle.

Des études médicales montrent qu'il existe une période particulièrement féconde située trois jours avant celle signalée par le dernier point le plus bas de la courbe thermique du cycle (p. 63).

Cela remet donc en cause la valeur de ce jour jusqu'alors considéré comme particulièrement fécond. Il s'agit d'une période de quelques jours, située entre le 11e et le 15e jour du cycle.

Leur morphologie entre aussi en compte : 60 % des spermatozoïdes sont normaux pour les hommes fertiles contre 50 % quand il y a des difficultés. Et il existe des liens entre ces différents paramètres. Plus la concentration est élevée, plus la mobilité l'est ainsi que le pourcentage de spermatozoïdes bien formés.

Aussi conseille-t-on au couple en désir d'enfant d'avoir des rapports sexuels toutes les 48 heures dans les jours qui précèdent l'ovulation. En effet, les rapports trop fréquents risquent d'appauvrir la concentration de spermatozoïdes dans le sperme.

### ▌ Ce qui peut contrarier la conception

Chez un homme n'ayant pas de problème de santé particulier, certaines conditions influencent la quantité et la qualité du sperme.

#### • L'influence de l'âge

C'est à 30 ans environ que l'homme produit la qualité maximale de spermatozoïdes. Après cet âge, et en raison d'un phénomène de vieillissement, le nombre des capillaires entourant les tubes séminifères diminue, entraînant une modification dans la différenciation des cellules germinales. Avec l'âge, le sperme devient moins fécondant à cause de la diminution du nombre de spermatozoïdes, de leur morphologie et de leur mobilité, ce qui les rend plus ou moins aptes à la fécondation.

• **Un problème d'environnement**

Le stress, les modifications de l'environnement et des habitudes de vie ont sans doute une influence probable sur la quantité et la qualité des spermatozoïdes, c'est l'explication avancée pour justifier la diminution de la fertilité dans la population masculine des pays développés.

• **Le port de vêtements trop serrés**

Les sous-vêtements serrés et les pantalons trop ajustés seraient à l'origine de troubles de la spermatogenèse. En effet, ces vêtements, tout comme la pratique fréquente de bains très chauds, provoqueraient une hausse de température au niveau des testicules qui, pour une fonction optimale, doivent être dans un environnement de 34 °C. À 37 °C, la spermatogenèse n'est alors plus possible.

• **Des métiers à risque**

Les hommes qui exercent des métiers les obligeant à vivre dans des atmosphères très chaudes ont parfois des problèmes de fertilité. C'est notamment le cas des boulangers et des ouvriers de la métallurgie. De même, mais, pour d'autres raisons, les personnes qui manipulent fréquemment des éléments radioactifs peuvent aussi avoir quelques problèmes de reproduction.

## Une fois sur deux seulement

▌ Ne soyez pas trop déçu si, malgré vos efforts, votre compagne n'est pas immédiatement enceinte. Rassurez-la aussi, elle n'aucune raison de douter de sa fertilité.

▌ La non-fécondation est fréquente. La mauvaise qualité des gamètes mâles ou femelles peut en être à l'origine.

▌ Les spécialistes de la reproduction estiment qu'une conception sur quatre aboutit à la naissance d'un œuf porteur d'une anomalie chromosomique, d'où le nombre élevé de fausses couches.

▌ C'est notamment le cas lors de la fécondation d'un ovocyte par plusieurs spermatozoïdes ou lorsque l'union des gamètes mâle et femelle ne permet pas la naissance d'une première cellule parfaite.

### ▶ Côté couple

Enfin, la qualité de vie du couple n'est pas sans importance. Ce n'est pas un hasard si beaucoup de bébés sont conçus en période de vacances. Et l'on ne saurait trop recommander au couple désirant un bébé de mener une vie régulière d'où est exclu tout surmenage physique et intellectuel, d'avoir une alimentation saine et variée ainsi que de diminuer la prise d'excitants tels que l'alcool et le tabac.

> L'arrivée d'un enfant met souvent l'accent sur ce qui fait votre différence. C'est une richesse, même si elle provoque des conflits.

Pour le docteur Spira, épidémiologiste et chercheur, un couple n'ayant aucune difficulté a 30 % de chance de procréer sur un cycle, à raison de deux ou trois rapports sexuels au bon moment. La majorité des grossesses s'obtiennent dans les six mois qui suivent la décision de faire un bébé. Il semble qu'il soit plus difficile d'obtenir une grossesse après un long moment d'abstinence sexuelle. Après un délai d'infertilité de 5 ans, le temps nécessaire pour concevoir un bébé est de 3 ans.

De très nombreuses études médicales montrent qu'il existe une réelle corrélation entre les problèmes sexuels et l'infertilité des couples. Certaines femmes ressentent des douleurs au moment des rapports, d'autres ont beaucoup de mal à atteindre l'orgasme. Pour ces femmes, le plaisir sexuel est décevant et les rapports sexuels les moins fréquents possibles.

Un petit nombre d'entre elles se plaignent encore de vaginisme rendant la pénétration du sexe masculin impossible. Bien que des maladies expliquent ces douleurs, dans la majorité des cas, elles sont d'origine psychologique tout comme l'absence de libido chez certaines femmes. Ces difficultés ont bien sûr des conséquences sur la fréquence des rapports sexuels du couple. Mais, pour d'autres, les troubles de la fertilité sont dus à des rapports peu fréquents, par habitude.

## RÉPONSES À VOS QUESTIONS

*Depuis plusieurs mois, nous essayons de concevoir un bébé, pour l'instant en vain. Le fait que ma compagne ait des cycles de 25 jours pose-t-il un problème particulier ?*

▌ **La majorité des femmes ont des cycles de 28 jours**, mais, pour certaines, ils sont de 25 jours et parfois de 34 ; ce qui est important c'est leur régularité. Le cycle menstruel de la femme commence le premier jour des règles. Dans un cycle normal, l'ovulation se produit le 13e ou 14e jour.

Certaines femmes reconnaissent cette période, car elles ressentent des douleurs dans le bas ventre et constatent une augmentation de la sécrétion de la glaire. En théorie, la date d'ovulation ne peut être connue que rétrospectivement.

▌ **La méthode la plus simple est celle des températures.** C'est au matin, au réveil, et juste avant le lever, que la température doit être prise. Cette méthode demande un peu de temps puisqu'elle ne renseigne qu'à posteriori et ne peut qu'être une information pour le futur. Il s'agit d'établir une courbe de températures. D'une allure caractéristique, celle-ci se dessine en deux plateaux. Avant l'ovulation, la courbe se situe en dessous de 37 °C, entre 36,1 °C et 36,7 °C.

### Définir une normalité

▌ Cela n'est pas facile. Les rapports Kinsley pour les USA et Simon pour la France semblent indiquer que la moyenne normale des rapports sexuels se situe à deux coïts par semaine. Ce rythme permet au couple de ne pas rater l'ovulation.

▌ Le besoin instinctif de rapports sexuels est différent d'un être à un autre, tout comme les émotions érotiques.

▌ Chaque couple a donc une sexualité qui lui est propre et qui varie en fonction de nombreuses circonstances, notamment l'âge du couple et de chacun des partenaires.

Cette période correspond à la maturation de l'ovule et dure, en moyenne, 14 jours. Vers le milieu du cycle, la température monte de quelques dixièmes de degré et se maintient au-dessus de 37 °C jusqu'à la fin du cycle. C'est le deuxième plateau. L'ovulation se produit au moment de l'augmentation de la température.

> La maternité est entièrement inscrite dans le corps de la femme.

Si le décalage entre les deux plateaux est brusque, on considère qu'elle s'est faite le dernier jour de température basse.

Si le décalage est progressif ou réparti sur 2 ou 3 jours, elle a eu lieu le premier jour où la température a commencé à monter. Pour avoir une information fiable, il faut établir plusieurs courbes puis les superposer.

▶ **Il existe des tests d'ovulation vendus en pharmacie** pour les couples « pressés » de concevoir ou lorsque la femme a des cycles irréguliers. Ils donnent 24 heures à l'avance la date d'ovulation en détectant dans les urines certaines hormones, notamment « l'hormone lutéinisante » ou LH dont le taux augmente à l'approche de l'ovulation. Son pic marque la période la plus féconde du cycle. Les réponses les plus nettes à ces tests sont données avec les urines du matin, toujours particulièrement concentrées en hormones.

▶ **Enfin, des thermomètres dotés d'un microprocesseur** permettent de simplifier à l'extrême la méthode naturelle des températures. Grâce à la mémorisation des informations thermiques des cycles, ils repèrent le moment de l'ovulation.

*Comment calculer la date de naissance de notre bébé ?*

C'est généralement la question que se pose les couples dès qu'ils savent qu'ils attendent un heureux événement.

▶ **La date de l'accouchement est le résultat d'un calcul** pour lequel il est essentiel que vous connaissiez précisément la date des dernières règles de votre épouse ou compagne (début de l'aménorrhée). Le calcul est d'autant plus fiable que ses cycles sont réguliers. L'accouchement se déclenchera spontanément, entre 40 et 42 semaines d'aménorrhée (en comptant à partir du premier jour des dernières règles) ou encore 280 et 296 jours après l'arrêt des règles. Si on connaît la date du rapport fécondant avec certitude ou par intuition, le calcul peut se faire en comptant 9 mois pleins. Par exemple, si le rapport a lieu le 15 janvier, la date d'accouchement sera le 15 octobre. En fait, cette date est celle qu'il ne faut pas dépasser.

▶ **Le point zéro de la grossesse** est fixé au 14$^e$ jour d'un cycle de 28 jours. Une correction est apportée si le cycle est plus long ou plus court en sachant que c'est la dernière partie du cycle qui est de longueur constante. Ainsi, pour les femmes ayant des cycles de 25 jours, le point zéro se situe au 11$^e$ jour du cycle, pour celles qui ont des cycles de 34 jours, il est au 20$^e$ jour.

▶ **Pour les femmes ayant des cycles irréguliers**, ou s'il s'agit d'une grossesse non programmée, seul un médecin peut déterminer le terme, à trois jours près, à partir d'une échographie.

Dès 7 à 12 semaines d'aménorrhée, le terme de la grossesse peut être déterminé à quatre jours près selon les mesures de l'embryon. Bien sûr, la date ainsi indiquée ne tient pas compte des aléas de la grossesse qui peuvent être, par exemple, à l'origine d'une naissance prématurée.

## Naître avant l'heure

▶ Tous les enfants qui naissent avant la 37$^e$ semaine sont considérés comme des prématurés mais tous ne courent pas les mêmes risques vitaux.

▶ Plus ces enfants naissent tôt, plus ils sont petits, plus leur démarrage dans la vie est délicat.

▶ Il existe un seuil de grande dangerosité que les médecins fixent entre 26 et 32 semaines de gestation auquel s'ajoute un poids de naissance de 1 000 g à 1 500 g.

▶ Les grands prématurés se situent au-dessus de ce seuil, les «prématurissimes» en dessous.

▶ **Il existe aussi des facteurs familiaux et des facteurs ethniques** susceptibles de faire varier le calendrier. Ainsi, les femmes à la peau noire accouchent plus tôt. Certains facteurs physiques entrent encore en jeu : les femmes petites accouchent plus précocement que les femmes grandes. On sera attentif à ne pas dépasser la date du terme.

# Rencontre ovule–spermatozoïde

**L'histoire de votre bébé commence par une rencontre, celle de deux cellules tout à fait exceptionnelles. L'ovule et le spermatozoïde s'unissent pour former la première cellule de l'œuf. Cette union a lieu dans la partie de l'appareil reproducteur de la femme qui s'appelle la trompe.**

## L'ovulation

Au 13ᵉ ou 14ᵉ jour du cycle, un follicule d'un des deux ovaires libère un ovule. Sous l'effet d'hormones venues de l'hypothalamus et de l'hypophyse, un follicule grossit et multiplie ses cellules et se met à produire à son tour des hormones pour enfin s'ouvrir et laisser s'échapper une cellule reproductrice.

### 1 heure après

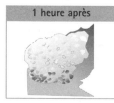

L'ovule est entouré de cellules folliculaires. Le follicule rompu poursuit son évolution et devient « le corps jaune» dont le rôle est de préparer la muqueuse utérine en produisant des hormones avant que le placenta ne prenne le relais.

## La rencontre

Dans les cinq heures qui suivent, l'ovule descend le long de la trompe à la rencontre des spermatozoïdes s'il y a eu un rapport sexuel complet le jour de l'ovulation ou dans les trois jours qui la précèdent. La rencontre se produit dans la partie moyenne de la trompe.

Les spermatozoïdes entourent l'ovule, libèrent au niveau de leur tête des enzymes destinées à digérer la membrane le protégeant. Un seul pénètre l'ovule et produit immédiatement une substance destinée à former une barrière chimique pour empêcher les autres spermatozoïdes de l'imiter.

### 18 heures après

L'œuf est formé et commence à effectuer des synthèses d'ADN. Pendant 24 heures, la cellule venue du spermatozoïde et celle venue de l'ovule cohabitent côte à côte. Puis elles s'unissent pour ne faire qu'une. Leurs 23 chromosomes se mêlent et donnent une cellule de 46 chromosomes porteurs du patrimoine génétique de chacun des parents.

Le noyau de la première cellule est fait pour partie égale d'apports maternels et paternels.

EN SAVOIR UN PEU PLUS...

EN SAVOIR UN PEU PLUS

| 32 heures après |

L'œuf compte déjà deux cellules. Se produit alors un phénomène extraordinaire : la mitose. Les 46 chromosomes de la première cellule se dupliquent en se recopiant fidèlement.

| À 5 jours |
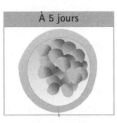

L'œuf prend le nom de Morula, poussé par les contractions de la trompe et par les cils vibratiles qui la tapissent, il atteint l'utérus maternel.

choisit une place pour s'implanter dans la muqueuse utérine, généralement le fond de l'utérus et les parois latérales, là où il y a le plus d'oxygène. Il s'installe progressivement dans la membrane de l'utérus grâce notamment à des substances chimiques produites par l'endomètre, couche de tissu tapissant l'utérus.

| En 2 à 3 jours |

L'œuf compte 4 à 8 cellules et envoie des messages chimiques à tout l'organisme de la mère pour qu'il se prépare à l'accueillir. Cet œuf reste de la taille de l'ovule d'origine.

| Aux 7e et 8e jours |
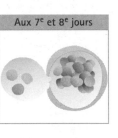

Au 7e jour, la morula qui devient blastocyte a la forme d'un disque dont les cellules se divisent en deux groupes. Les unes donneront naissance au fœtus, les autres au placenta. Juste avant de passer dans l'utérus, l'œuf se débarrasse de la capsule, ce qui lui donne un aspect ridé et collant. Croissance et différenciation cellulaire se font à un rythme accéléré, l'œuf grossit. Au 8e jour, l'œuf se

| Au 14e jour |

L'œuf est formé et commence à effectuer des synthèses d'ADN. Pendant 24 heures, la cellule venue du spermatozoïde et celle venue de l'ovule cohabitent côte à côte. Puis elles s'unissent pour ne faire qu'une. Leurs 23 chromosomes se mêlent et donnent une cellule de 46 chromosomes porteurs de patrimoine génétique de chacun des parents.

# Que transmettez-vous ?

*En concevant un enfant, vous lui transmettez une partie de votre patrimoine héréditaire.*

*Les liens génétiques unissant parents et enfant se mettent en place en même temps, dans les minutes qui suivent la fécondation. La première cellule et toutes celles qui vont naître ensuite à l'identique lors de la division cellulaire (pp. 67-68) ont la même origine : l'association des noyaux de deux cellules sexuelles pour n'en faire qu'un.*

*C'est ainsi que votre patrimoine génétique, représenté par les 23 chromosomes apportés par le spermatozoïde fécondant se mêle au patrimoine génétique de votre compagne en se combinant aux 23 autres chromosomes de l'ovule, n mélange subtil, notamment en raison de la présence ou non d'un chromosome Y, apanage de la masculinité.*

*Mais les lois génétiques sont encore plus complexes car l'enfant n'appartient pas pour moitié à son père et pour moitié à sa mère. Certains caractères sont dominants, d'autres réapparaissent au bout de quelques générations de silence. C'est pourquoi, dans une même famille, tout être est différent.*

# DES LIENS HÉRÉDITAIRES

On le sait maintenant, 35 000 gènes sont le support de l'hérédité dans l'espèce humaine. Ils sont répartis dans l'ensemble des chromosomes. Les gènes sont régis de façon très précise dans le temps et dans l'espace grâce à des séquences régulatrices placées à côté du gène, et qui le commandent en fonction de l'environnement. Presque tous les gènes vont par deux, l'un issu du père, l'autre de la mère, sauf les gènes qui correspondent aux caractéristiques sexuelles qui, eux, sont uniques.

> Toutes les informations génétiques d'un individu sont contenues dans l'ADN de ses chromosomes. Sur ces filaments se trouvent de petites graines, les gènes supports de l'hérédité.

## Comment se transmettent les caractères héréditaires ?

À l'origine de cet extraordinaire phénomène, il y a la cellule. L'organisme humain en compte un nombre incroyable. Chacune a une fonction hautement spécialisée dans l'organisme, et pourtant elles ont toutes la même structure : un cytoplasme et un noyau, fait d'une substance appelée chromatine.

Au moment de la division cellulaire, la chromatine change d'aspect et se fragmente en chromosomes porteurs de tout le matériel génétique dans leur ADN. Normalement, une cellule compte 46 chromosomes regroupés par paires. Chaque paire est constituée d'un chromosome maternel et d'un chromosome paternel. Cette configuration est possible parce que les spermatozoïdes, comme les ovules, sont des cellules très particulières et uniques dans le corps humain ; chacun ne compte que 23 chromosomes. Ainsi, de la rencontre d'un spermatozoïde et d'un ovule peut naître une cellule normale de 46 chromosomes.

## Pourquoi parle-t-on de liens du sang ?

Les caractéristiques du sang de l'enfant sont aussi transmises de manière héréditaire. L'enfant reçoit le groupe sanguin et le facteur

Rhésus, qui l'accompagne, de son père ou de sa mère. Si les futurs parents ne sont ni du même groupe sanguin ni du même facteur Rhésus, l'enfant peut se trouver dans une situation d'incompatibilité avec sa mère.

## Qu'est-ce que l'incompatibilité sanguine ?

On considère que 85 % du genre humain est de Rhésus positif et 15 % de Rhésus négatif, et l'on sait que ces deux Rhésus ne sont pas compatibles. En cas de transfusion, le sang de Rhésus négatif réagit en fabriquant des anticorps anti-Rhésus, les agglutinines. Lorsque mère et enfant n'ont pas le même facteur Rhésus (mère Rh– et fœtus Rh+), il est alors impératif que jamais le sang de la mère ne se mêle au sang fœtal, ce qui est généralement le cas.

Sinon, l'organisme de la mère, recevant un message inconnu et étranger, réagit en développant des anticorps qui malheureusement passent la barrière placentaire et peuvent s'attaquer aux globules rouges du sang de l'enfant provoquant chez lui une anémie plus ou moins grave. C'est un phénomène bien connu en ce qui concerne les facteurs Rhésus.

➥ **Quel est votre groupe sanguin ? Si vous êtes négatif, il n'y a pas de risque d'incompatibilité, elle n'existe que si vous êtes de Rhésus positif et votre épouse de Rhésus négatif.**

### Reconnu comme père

▎ Les liens avec votre enfant peuvent être facilement identifiés par l'étude d'un **caryotype**. Une simple prise de sang pour le père et l'enfant suffit. L'analyse des ADN compare la composition chromosomique du sang de l'un et de l'autre.

▎ C'est en confirmant ou en infirmant les liens héréditaires que la justice tranche quand elle doit examiner une demande de recherche en paternité.

▎ Cet examen n'a de valeur juridique que s'il est demandé par un magistrat dans le cadre d'une procédure.

▎ En France, les laboratoires ne font des recherches en paternité que dans le cadre d'une procédure juridique. Aux États-Unis, par exemple, les parents peuvent s'adresser directement à des laboratoires spécialisés.

## ZOOM

### Prévenir l'incompatibilité Rhésus

Longtemps, l'incompatibilité Rhésus fut redoutée. Aujourd'hui, ce n'est plus qu'une simple difficulté si une prévention a été mise en place. Elle s'adresse aux femmes de Rhésus négatif dont l'époux est de Rhésus positif. Une analyse de sang demandée aux futurs parents lors de la première consultation prénatale pose le diagnostic. Une future maman de Rhésus négatif doit être particulièrement suivie tous les mois à partir du 6e mois de grossesse. Parfois un traitement préventif est mis en place.

Celui-ci consiste à injecter à la mère des gammaglobulines anti-D en cas de saignements, de choc abdominal, ou de tout geste médical comme une amniocentèse pendant la grossesse. Cette injection est encore faite dans les 72 heures qui suivent l'accouchement. C'est ce qu'on appelle la vaccination anti-Rhésus +.

Les précautions prises pour une première naissance doivent être renouvelées pour une seconde. En effet, il faut savoir que les anticorps « anti-Rhésus » restent présents pour toujours dans le sang maternel. Il est important encore de penser à cette vaccination après une fausse couche pour prévenir tout problème lors de la grossesse qui va suivre. Aujourd'hui se développe une vaccination systématique des futures mamans à risque. Elle se pratique vers la 28e semaine de grossesse.

# LE JEU
# DES RESSEMBLANCES

Fille ou garçon, le futur bébé est porteur du patrimoine génétique de ses deux parents. Les ressemblances physiques sont le fruit de leur mélange. En fait, chaque chromosome du bébé comporte des gènes déterminant des caractéristiques héritées de sa mère ou de son père. Chacun correspond à un trait physique : la couleur des yeux et des cheveux, la taille et la morphologie en général.

> Même à l'échographie, certains parents voient des ressemblances, une manière de s'approprier leur futur bébé.

## Quels sont les caractères dominants ?

Un gène peut être responsable de plusieurs caractères et tous les gènes n'ont pas la même valeur. Les traits du visage sont influencés par l'hérédité. Mais certains caractères sont dominants, comme la forme du nez et du lobe de l'oreille, l'épaisseur des lèvres, le type de menton et les plis des paupières.

La couleur des cheveux est due à un seul gène, les teintes foncées et les cheveux crépus dominant les teintes claires et les cheveux bouclés. Il en est de même pour les yeux, le gène marron étant dominant sur le gène bleu. La couleur de la peau est liée à une hérédité complexe due à l'action combinée de plusieurs gènes, tout comme la taille ou la corpulence. Même les taches de rousseur sont héréditaires.

Par contre, la couleur de la peau est le résultat d'une hérédité complexe sous l'effet de l'action combinée de plusieurs gènes. Il en est de même pour la taille ou la corpulence.

Il est certain qu'aucun enfant ne ressemble pour moitié à sa mère et pour moitié à son père. Après plusieurs générations, les caractères héréditaires des grands-parents, des oncles et des tantes peuvent brusquement resurgir. Comment est-ce possible ? Reprenons l'exemple de la couleur des yeux. Un enfant naît avec les yeux marron, sa mère ayant les yeux bleus et son père les yeux marron (ou inversement). Il garde pourtant en réserve le gène «yeux bleus» de sa mère. Si devenu adulte, il conçoit un enfant avec un partenaire possédant aussi dans son hérédité le gène «yeux bleus» celui-ci pourra découvrir le monde avec de grands yeux bleus.

De plus, un caractère génétique ne s'exprime pas toujours, ou pas forcément, avec la même intensité au sein d'une même famille. Les facteurs environnementaux sont capitaux et peuvent modifier les données génétiques. L'alimentation est, par exemple, un important contrepoids aux données génétiques régissant la taille et explique pourquoi, au fil des générations, les enfants sont de plus en plus grands.

Les ressemblances sont donc le résultat de mécanismes compliqués dont beaucoup ne sont pas encore élucidés.

## Des ressemblances autres que génétiques

Au fils du temps, en regardant votre enfant grandir, vous vous apercevrez que les ressemblances ne sont pas forcément toutes d'ordre génétique. Il existe entre parents et enfants des similitudes d'attitudes corporelles, de gestes ou de voix qui sont plus de l'ordre de l'imitation et de l'identification au parent dont l'enfant a la même identité sexuelle. C'est par exemple ce qui explique des ressemblances entre parent et enfant adopté alors qu'ils n'ont aucun patrimoine génétique commun.

# LES MAUVAISES SURPRISES
# DE L'HÉRÉDITÉ

L'hérédité, c'est aussi la transmission d'anomalies dues à des modifications des chromosomes ou des gènes, apparues à un moment de l'histoire familiale en raison d'une mutation génétique. L'anomalie ne s'exprime pas forcément dès la première conception et peut sauter des générations. Les maladies génétiques se transmet-

> Chaque couple est susceptible de transmettre ou de participer à la transmission de 5 000 maladies génétiques.

tent de différentes façons. Il peut s'agir d'un gène dit récessif, celui-ci ne s'exprimant qu'à la rencontre d'un gène lui aussi récessif. Ainsi, un même gène pathologique apporté par la mère et par le père, dont l'un et l'autre sont porteurs sains, peut être à l'origine d'une maladie de l'enfant alors qu'il n'y avait aucun antécédent familial connu.

## Les anomalies génétiques

Certains gènes peuvent être porteurs d'une pathologie et n'être actifs que s'ils sont associés à un autre gène pathologique. On estime que chaque homme et chaque femme présente de 5 à 10 gènes porteurs d'une maladie dite récessive autosomique (autosomique veut dire portant sur les 22 chromosomes et non sur les chromosomes X et Y qui sont appelés

### Un dépistage précoce

▶ Une équipe de chercheurs américains a mis au point un diagnostic génétique avant la fécondation. Malheureusement, il ne concerne que les femmes qui connaissent les risques génétiques qu'elles font courir à leur descendance.

▶ L'examen de recherche de l'anomalie consiste à analyser les 23 chromosomes du globule polaire de l'ovule avant de le féconder in vitro. L'œuf ainsi formé est réimplanté dans l'utérus de la mère.

gonosomes). Des maladies peuvent s'exprimer en présence d'un seul gène malade, elles sont appelées autosomiques dominantes. Ce gène est alors transmis par un des parents, lui-même atteint de cette maladie. La maladie se transmet ainsi de génération en génération, tant chez les filles que chez les garçons.

En revanche, dans certaines maladies génétiques, les gènes «malades» sont portés par le chromosome X. Dans ce cas, il n'a un effet perturbateur que lorsqu'il est transmis à un garçon (le déficit génétique n'est pas compensé par un chromosome Y normal). Les filles ne sont pas malades, mais sont porteuses de cette anomalie et la transmettent, c'est le cas par exemple de l'hémophilie.

## Les anomalies chromosomiques

Elles sont de deux types : les anomalies de nombre et celles de structure des chromosomes.

Dans les anomalies de nombre, les gènes ne sont pas atteints mais c'est la répartition des chromosomes dans les cellules qui conduit à un déséquilibre génétique. La maladie la plus connue portant sur le nombre de chromosomes est la trisomie : l'enfant n'a pas 46 chromosomes mais 47, soit un de trop. Dans le cas de la trisomie 21, les cellules sont porteuses d'un chromosome 21 en trop qui s'ajoute au double exemplaire normal. Il existe aussi des trisomies 16 et des trisomies 18, liées à des anomalies des chromosomes 16 et 18. Mais il arrive qu'un chromosome d'une des paires soit manquant, on parle alors de monosomie. Dans les anomalies de structure, un chromosome peut se casser et un des éléments du chromosome peut disparaître ou s'échanger.

### Les translocations

▸ Parmi les anomalies de structure les plus fréquentes, on trouve, par exemple, les translocations entre deux chromosomes (13-14 ou 13-21).

▸ Le porteur d'une translocation équilibrée est sain mais il risque de transmettre à sa descendance un déséquilibre qui, lui, peut être dangereux pour la santé.

La plupart des aberrations chromosomiques sont accidentelles mais ont tendance à augmenter avec l'âge de la mère (pp. 87, 321). Elles ne permettent pas à l'embryon de se développer et sont souvent à l'origine d'une fausse couche précoce.

## ZOOM

### La part de l'hérédité dans certaines maladies

Sachez que l'on connaît de mieux en mieux les liens héréditaires qui sont à l'origine de maladies plus ou moins répandues.

• Ainsi, dans 70 % des cas, l'allergie est héréditaire avec des manifestations différentes d'une génération à l'autre. C'est le cas par exemple de l'eczéma atopique qui se caractérise par la combinaison d'eczéma, d'asthme, de conjonctivite et d'une rhinite.

• La luxation congénitale de la hanche peut être causée par une prédisposition génétique, notamment en Bretagne. Son dépistage fait systématiquement à la naissance permet la mise en place de soins précoces.

• La myopie a aussi une part héréditaire.

• L'obésité a une base génétique sur laquelle se greffent de mauvaises habitudes alimentaires familiales : un enfant dont un des parents est obèse a 40 % de risque de l'être, ce risque double lorsque les deux parents sont en surpoids.

• Le diabète maigre qui frappe les enfants et les gens jeunes est une maladie héréditaire autosomique récessive.

### Des maladies silencieuses

▸ Les anomalies génétiques peuvent s'exprimer de manière visible par une malformation physique, mais peuvent aussi agir en silence.

▸ Le gène atteint ne transmet pas correctement les messages aux cellules, les rendant incapables de remplir leur rôle. C'est ce mécanisme qui est à l'origine de l'hémophilie, des myopathies et de la mucoviscidose.

▸ Enfin, les gènes ne sont pas uniquement responsables des maladies héréditaires. En fait, quelques-uns d'entre eux, en contrôlant des fonctions essentielles telles que l'élimination des graisses ou la tension artérielle, prédisposent à certaines maladies.

# C'EST VOUS
# QUI DONNEZ LE SEXE
# À VOTRE ENFANT

L'identité sexuelle se détermine dès la rencontre d'un gamète paternel et d'un gamète maternel. Bébé fille ou bébé garçon ? C'est la nature du gamète masculin qui le décide. Sur les 23 chromosomes respectivement contenus dans le spermatozoïde et l'ovule, 22 sont semblables, seul le 23$^e$ est différent. Ce chromosome détermine le sexe de l'enfant. C'est donc toujours le père qui donne l'identité sexuelle. Voici comment.

> Parfois, on rêve de trouver une méthode simple pour déterminer le sexe de l'enfant à venir.
> Un progrès médical qui poserait des questions d'éthique et de limites.

## Le mariage des X et des Y

Chez la femme, tous les chromosomes sexuels de l'ovule sont X, chez l'homme certains spermatozoïdes sont porteurs, dans leur noyau, de chromosomes X, d'autres Y. Si le spermatozoïde fécondant est de nature Y, il sera responsable de la naissance d'un garçon, s'il est porteur de chromosomes X, ce sera une fille.

Théoriquement, il devrait y avoir autant de spermatozoïdes Y que de spermatozoïdes X. Mais la réalité est différente, on a observé en effet que les spermatozoïdes Y étaient plus nombreux et plus rapides que les X. Il devrait donc naître une majorité de garçons. On compte en effet 106 naissances de garçons pour 100 filles.

La répartition du hasard, ou peut-être une conformation particulière inconnue, expliquerait les familles de « filles » ou de « garçons ». Il serait également possible que, lors d'une diminution de la quantité et de la qualité du sperme, celle-ci se fait au détriment des spermatozoïdes Y, favorisant ainsi la procréation de filles.

## Devenir garçon, devenir fille

La présence du chromosome Y est encore déterminante dans l'élaboration des organes génitaux du fœtus. Au cours de la différenciation cellulaire qui conduit à la naissance de l'embryon, certaines cellules se sont déjà spécialisées en un début d'organe sexuel ; ce sont les gonades. Elles sont indifférenciées jusqu'à la 6e ou 7e semaine du développement de l'embryon, qu'il soit mâle ou femelle. Les gonades sont prolongées à ce stade de développement par deux systèmes de canaux, les canaux de Wolff et les canaux de Müller. C'est sous l'effet de la testostérone et de l'hormone antimüllerienne, dont la fabrication est contrôlée par le chromosome Y, que se produit la régression de l'ébauche des organes génitaux féminins.

## ZOOM

### L'Y au microscope

Depuis longtemps, le chromosome Y intéresse les généticiens à la recherche du gène de la masculinité. Leur travail a consisté, grâce à la génétique moléculaire, à isoler tous les gènes de ce fameux chromosome ne se trouvant pas sur un autre chromosome. Ils ont établi ainsi une véritable cartographie du chromosome Y. Ils ont fait de même pour le chromosome X, dressant aussi sa cartographie.

L'étude des deux cartographies a permis à deux équipes britanniques de découvrir « le gène qui implique le sexe masculin » (celui ou ceux, car il semble que ce gène soit sous l'emprise d'autres gènes qui induisent une cascade de réactions biochimiques conduisant à la différenciation masculine des gonades).

Ce gène a été baptisé SRY (Sex Determiny Region of the Y). Il est conservé au cours de l'évolution et se retrouve chez toutes les espèces de mammifères où la masculinité est déterminée par le chromosome Y. Il s'exprime particulièrement dans les cellules testiculaires.

Pour l'instant, l'état des recherches sur le chromosome X semble indiquer que le sexe féminin résulte de l'absence de ce gène, mais rien n'est encore certain.

## Des croyances fantaisistes

Pour Hippocrate, père de la médecine, le fœtus mâle est formé en trente jours, après le mélange des semences, le fœtus femelle a besoin, lui, de douze jours supplémentaires.

Dans l'Inde ancienne, les enfants doivent être conçus la nuit : les garçons les nuits paires du calendrier et les filles les nuits impaires.

Les Lapons, eux, regardent le ciel étoilé pour connaître le sexe du futur bébé. S'ils voient une étoile au-dessus de la lune c'est un garçon, en dessous, c'est une fille.

Au XVII<sup>e</sup> siècle, nombreuses étaient les croyances concernant la détermination du sexe de l'enfant. Ainsi prétendait-on qu'il dépendait de l'ovaire qui avait été à l'origine de la grossesse. L'ovaire gauche concevait des filles, l'ovaire droit des garçons...

Jusqu'à la fin du XIX<sup>e</sup> siècle, la thèse oviste fut très prisée : tout ce qu'il faut pour « faire un bébé » est contenu dans l'ovule et l'animalcule spermatique ne permet que son développement. Il y aurait même des familles d'animalcules avec des spermatozoïdes mâles et femelles, ces derniers étant parfois accompagnés de leurs petits.

## Pouvez-vous choisir le sexe de votre enfant ?

Le choix du spermatozoïde qui féconde l'ovule se fait en grande partie par hasard mais les spécialistes savent aujourd'hui que certaines circonstances influencent la proportion de spermatozoïdes X et Y dans le sperme.

De tout temps, les couples ont voulu « choisir » le sexe de leur futur bébé. Beaucoup de méthodes ont été imaginées, souvent contraignantes, rarement scientifiques, elles n'ont jamais fait leur preuve.

### ◗ Le régime alimentaire

Ne poussez pas votre compagne à se lancer dans la méthode du régime alimentaire à entreprendre plusieurs mois avant la conception. Il promet, au choix, fille ou garçon, selon ce que votre compagne met dans son assiette, et repose sur la prétendue importance des facteurs ioniques dans la détermination du sexe. Ce régime, qui enrichit l'alimentation en divers minéraux dans des proportions parfaitement définies, n'est en fait qu'une liste d'aliments défendus. Il est contraignant et aucune démonstration scientifique de son efficacité n'a jamais été faite.

### ▶ L'acidité vaginale

Autre méthode tout à fait aléatoire, celle qui consiste à modifier l'acidité vaginale. Elle agit sur l'acidité du vagin, la qualité de la glaire cervicale et la nature des différents spermatozoïdes.

### ▶ La date du rapport sexuel

Un rapport sexuel proche de la date de l'ovulation favoriserait les spermatozoïdes Y porteurs du caractère mâle, un rapport sexuel à distance de l'ovulation favoriserait la naissance de filles (toujours une chance sur deux).

### ▶ Le nombre de rapports sexuels

Plus les rapports sexuels seraient nombreux, plus il existerait de chances d'avoir une fille ; le sperme s'appauvrirait au détriment des spermatozoïdes Y. En revanche, si le rapport destiné à la fécondation est précédé d'une abstinence de quelques jours, spermatozoïdes Y et X sont en quantités égales.

---

### C'est pas sérieux !

▶ Les méthodes qui consistent à connaître le sexe de l'enfant à venir à partir de la forme du ventre de la future maman ou en évaluant l'étendue des taches qui apparaissent sur son visage sont à mettre au compte du folklore.

▶ La forme du ventre est essentiellement déterminée par le tonus musculaire des abdominaux, et les changements hormonaux responsables du masque de grossesse sont les mêmes que votre compagne attende un garçon ou une fille.

## Un tri scientifique

Déterminer le sexe de l'enfant est un vieux rêve qui ne se justifie vraiment que dans le cas de maladies génétiques touchant l'un ou l'autre sexe. Il est possible alors de faire appel à la méthode du tri des spermatozoïdes. Cette dernière (migration dans un milieu approprié) ne dépasse pas 60 % d'efficacité, donc guère mieux que la nature, et nécessite le recours à une insémination intra-utérine.

Dans cet objectif, celle-ci n'est pas autorisée en France.

# LE NOM ET LE PRÉNOM, UNE IDENTITÉ SOCIALE

Si vous souhaitez un enfant, c'est aussi pour qu'il porte votre nom. Un désir éprouvé par la majorité des hommes dans votre situation. Mais cette évidence n'est pas toujours acquise et dépend, pour beaucoup, du statut marital du couple et, pour un peu, de la volonté de la mère de l'enfant.

> Les parents ne choisissent vraiment le prénom de leur enfant que vers le 6e mois, quand l'échographie leur a révélé son sexe.

## Le nom du père

Depuis le 1er janvier 2005, les enfants nés d'un couple marié ou non, peuvent porter le nom de leur père ou de leur mère voire les deux dans l'ordre choisi par les deux parents mais dans la limite d'un seul patronyme pour chacun. Seule restriction à cette nouvelle loi : les enfants des mêmes père et mère doivent avoir les mêmes noms et toujours dans le même ordre. En cas de désaccord entre les parents, c'est le patronyme du père qui est définitivement placé en premier.

L'enfant qui porte uniquement le nom de sa mère peut par la suite prendre celui de son père lorsque celui-ci le reconnaît. Il faut pour cela que les parents en fassent conjointement la démarche auprès du greffier en chef du juge aux affaires familiales tant que l'enfant est mineur. Après 13 ans, le juge demandera son avis à l'enfant.

**⌦ Les parents qui décident de donner leurs deux noms à leur enfant devront faire une déclaration conjointe aux services de l'état civil, soit pendant la grossesse, soit au moment de la déclaration de naissance. Faute d'une telle démarche, c'est le nom du père qui prévaut. Pour préserver l'unité de la fratrie, les enfants ayant les mêmes père et mère devront avoir le même nom.**

## Un prénom chargé de sens

Mais le nom n'est pas la seule identité que vous donnez à votre enfant, le prénom aussi. Dans un premier temps, lorsque vous évoquiez votre futur bébé, vous parliez du « bébé », mais très vite, vous avez commencé à imaginer pour lui un prénom. C'est souvent un sujet de débat dans le couple car pour chacun il est porteur de références, voire de prédestination. L'enjeu est important car le prénom est un élément fort de la construction de la personnalité du futur bébé : avant même sa naissance, il permet une première identification, marque son originalité et le définit comme un être unique. Le choix du prénom est souvent le fruit de projections imaginaires des parents. Ils « attribuent » au bébé de manière consciente ou inconsciente un caractère physique ou psychique d'une personne qu'ils connaissent ou qu'ils admirent : héros de roman ou de film, artiste ou sportif. Parfois aussi le prénom transmet de génération en génération une part de l'histoire familiale. Attention, celle-ci n'est pas toujours facile à porter. Vous devez avoir pourtant à l'esprit que donner un prénom à son enfant est un acte important puisque, comme le nom, il donne à l'enfant une place dans la société. Il faut penser qu'il le suivra toute sa vie.

### Un choix délicat

Que privilégier? La mode, la sonorité, la signification subjective? C'est l'affaire de chacun, il est parfois difficile de se mettre d'accord dans un couple.

La méthode qui consiste à faire des listes et à procéder par élimination reste la meilleure. Il est bien rare qu'après moult discussions, les parents ne réussissent pas à se mettre d'accord.

Au pis, ils peuvent opter pour un prénom composé réunissant les deux prénoms favoris de chacun ou répartir leur choix entre le premier et le second prénom, laissant l'initiative du choix définitif à l'enfant devenu grand.

## ZOOM

### Les grandes tendances

Sur le plan juridique, il ne reste plus beaucoup d'interdits dans le choix des prénoms, et le temps où il fallait s'en tenir aux saints du calendrier est révolu. D'ailleurs, le métissage des parents l'exigeait. Mais cette grande liberté a ses désavantages, comment choisir dans le « tout possible » ?

Jouer l'originalité, c'est montrer que cet enfant est unique et précieux, mais c'est aussi parfois courir le risque que son prénom soit estropié phonétiquement et graphiquement en permanence ou se transforme en un diminutif. Bien des parents n'ont pas envie de puiser dans l'histoire familiale et cèdent à la mode. Il existe là aussi des tendances. Les prénoms courts comme Théo, Léo ou Léa, et tout récemment Mattéo ont la cote.

Les prénoms de la Belle Époque reviennent en force tels Hector, Basile ou Amélie, concurrencés par les prénoms méditerranéens comme Chiara, Lia, Paolo, Enzo, Fiona. Les prénoms composés gardent bien des adeptes mais non plus en association avec Marie mais avec Anne : Anne-Charlotte, Anne-Laure ou Lou-Anne, encore plus « mode ». Les prénoms à tendance celtique sont fort bien représentés avec Dylan, Ryan, Erwan et Killian tout comme les prénoms « antiques » : Périclès, Nathan, Adan, Mélissa et Alexandre.

Enfin les Sixtine, Maÿlis, Émelyne, Océane et Emma restent souvent l'apanage des milieux bourgeois. Mais certains prénoms dépassent toutes les modes, ce sont Marie et Louis.

## VOUS ET VOTRE COMPAGNE

### Vous craignez le handicap

Pour certains couples, le désir d'enfant se trouve perturbé par l'angoisse de l'enfant handicapé.

#### ▶ Quelles sont les situations à risque ?

• Si l'un de vous a dans sa famille une personne handicapée en raison d'une maladie héréditaire, cette crainte est tout à fait fondée. Un jour, dans votre famille ou dans celle de votre femme, une mutation génétique est apparue, souvent sans que l'on sache vraiment pourquoi. Cette anomalie ne s'exprime pas forcément dès la première conception et peut sauter des générations.

• Votre premier enfant souffre d'une maladie génétique et vous craignez d'en programmer un second.

• Vous avez plusieurs fois tenté une grossesse et toutes se sont terminées par un avortement précoce. L'embryon, porteur d'anomalie, est naturellement éliminé par un phénomène de rejet de l'organisme maternel.

• Vous vous êtes mariés entre cousins plus ou moins proches. Les mariages consanguins peuvent être à l'origine de malformations génétiques.

• Votre compagne a plus de 38 ans : l'âge de la mère est une des principales causes de trisomie chromosomique.

---

### L'hérédité a ses lois

▶ Ce sont les lois de Mendel qui régissent la transmission des maladies génétiques.

▶ Si l'un des membres du couple est atteint, l'enfant qu'il va concevoir aura 25 % de chance d'être indemne ou 25 % de risque d'être atteint.

▶ Il aura 50 % de possibilité d'être porteur de l'anomalie sans qu'elle se manifeste forcément pour cela.

▶ **Avant tout, une consultation en génétique**

Pour savoir si l'un de vous est susceptible d'être porteur du gène à l'origine de la maladie, la première démarche consiste à consulter un médecin spécialiste en génétique.

En vous écoutant, en vous interrogeant, celui-ci dresse, à partir des informations que vous lui donnez, et si besoin de celles venues de confrères ayant eu connaissance d'antécédents familiaux, une probabilité de handicap.

Puis il établit l'arbre généalogique de la famille à partir des antécédents connus. Si la probabilité d'une éventuelle transmission se confirme, il prescrit un caryotype à chacun des membres du couple. Cet examen analyse les cellules de quelques gouttes de sang et détermine une carte chromosomique. L'étude des chromosomes et des gènes qu'ils portent permet d'établir un diagnostic de probabilité de maladie génétique et de transmission.

Les conseils génétiques ont toutefois des limites : toutes les maladies ne sont pas encore identifiées même si les progrès de la génétique sont fulgurants, de plus il est indispensable d'avoir caractérisé une affection génétique pour pouvoir la combattre.

➤ Si, dans votre famille ou celle de votre épouse, il vous semble qu'il existe des secrets que l'on n'ose dire ou une personne qualifiée de «différente» sans plus de précision, n'hésitez pas à poser des questions. De même, attardez-vous sur les photos de famille, elles sont parfois révélatrices.

▶ **Rompre la transmission d'une maladie génétique**

Ce n'est pas parce que votre couple entre dans la catégorie des personnes à risque qu'il vous faut renoncer à devenir parents. Différents diagnostics prénataux sont proposés aux couples à risque.

Aux examens classiques qui doivent surveiller le bon déroulement de la grossesse et qui peuvent d'ailleurs révéler une difficulté dans le développement du futur bébé s'ajoutent des examens plus spécifiques motivés par des antécédents familiaux. À elles seules, les différentes échographies permettent déjà de diagnostiquer un retard de croissance et un certain nombre de malformations.

• **Depuis quelques années, la première échographie permet le dépistage de  malformations et d'anomalies chromosomiques.** Il est important qu'elle ait lieu à la date prévue par le suivi normal de la grossesse soit à la 12ᵉ semaine d'aménorrhée. En effet, c'est à ce stade que l'échographiste peut mesurer un signe particulier : « la clarté nucale » du fœtus. Il s'agit d'un œdème qui se forme sous la peau du fœtus au niveau de sa nuque, cette poche remplie d'eau apparaît claire sur l'image échographique.

Plus la nuque est épaisse, plus il y a de risque de malformations. Mais pour établir un bon diagnostic, il faut croiser cette information avec l'âge de la mère et le résultat du dosage « des marqueurs sériques » présents dans son sang. Cette analyse de sang est proposée au début du 2ᵉ trimestre de la grossesse. L'examen biologique consiste à doser certaines molécules qui, lorsqu'elles sont trop nombreuses, peuvent être associées, chez le bébé, à une maladie chromosomique comme la trisomie 21 ou 18, ou à une maladie cardiaque plus ou moins grave. Mais ces informations ne sont que des signes d'appel, seul un caryotype des chromosomes du fœtus permettra le diagnostic. Il peut se réaliser de deux manières : soit par amniocentèse, soit par analyse des villosités chorales.

Dans certains cas, on prescrit une autre échographie, deux à trois semaines plus tard, afin de repérer une éventuelle malformation cardiaque.

• **L'amniocentèse consiste à prélever un peu de liquide amniotique sous contrôle échographique.** Elle ne nécessite aucune anesthésie. Les cellules fœtales qu'il contient permettent d'établir un caryotype et de diagnostiquer une éventuelle maladie génétique. L'analyse du liquide amniotique aide encore au diagnostic d'atteinte virale, d'incompatibilité Rhésus ou de troubles métaboliques dans le développement du fœtus.

## Trisomie 21 et mucoviscidose

▹ Le dépistage anténatal est fait aujourd'hui à partir de l'analyse du trophoblaste ou du liquide amniotique.

▹ Ces examens devraient, dans un proche avenir, permettre de dépister les deux tiers des trisomies qui échappent à l'échographie.

▹ En France, les femmes âgées de 38 ans et plus peuvent ainsi accéder gratuitement à ce diagnostic anténatal.

▹ La mucoviscidose est la maladie génétique la plus fréquente en France (maladie qui provoque l'altération des sécrétions des muqueuses).

▹ Depuis peu, on est capable d'en reconnaître le gène, ce qui devrait permettre, d'après les antécédents familiaux, de qualifier certaines grossesses comme à risques génétiques.

▹ Dans ce cas, on fait appel à un diagnostic anténatal pour déterminer avec certitude si l'enfant est atteint ou non.

▹ Depuis 2002, un dépistage néonatal systématique permet une prise en charge précoce de cette maladie.

☇ Aujourd'hui, toutes les futures mamans peuvent bénéficier d'une amniocentèse, ce qui explique l'inflation du nombre de cet examen : une future maman sur cinq. Il faut pourtant toujours se rappeler qu'elle peut être à l'origine d'une fausse couche. Il est indispensable que vous et votre épouse pesiez le pour et le contre.

• La biopsie du trophoblaste — prélèvement d'une minuscule parcelle du placenta — permet de connaître le caryotype de l'enfant en un peu plus de 48 heures et de dépister certaines maladies métaboliques. Ce prélèvement donne encore des informations sur des anomalies du sang, causes de maladies telles que l'hémophilie, ou de maladies comme la myopathie, la mucoviscidose.

☇ Ces examens ne sont pas douloureux, mais psychologiquement difficiles pour la future maman, faites votre maximum pour être à ses côtés. Tenez-lui la main, elle a sans doute besoin d'être rassurée.

• **Le dépistage hormonal apporte aussi des informations sur la santé du futur bébé.** Ainsi, un taux anormalement élevé d'hormone bêta-HCG dans le sang maternel peut faire craindre une anomalie du placenta, souvent associée à une anomalie fœtale. Ce dosage pour être utile doit se faire entre la 10e et la 15e semaine de grossesse.

• **Le dosage d'une substance protéique, l'alpha-fœtoprotéine, dans le sang maternel permet un autre type de diagnostic.** Lorsque son taux augmente de manière importante, on peut craindre une malformation digestive, rénale ou plus fréquemment du système nerveux central, notamment un spina bifida (anomalie de la moelle épinière). Deux examens à quinze jours d'intervalle indiquent un taux élevé, il convient alors de recourir à une amniocentèse.

Un taux plus ou moins élevé d'HCG, croisé à un taux anormalement faible d'alpha-fœtoprotéines, peut faire craindre une trisomie 21.

---

### Des analyses de plus en plus sophistiquées

On est aujourd'hui capable de dépister un certain nombre d'anomalies chromosomiques en croisant les informations données par certaines échographies et certains dosages biochimiques. Le protocole consiste à faire : une échographie à 12 semaines d'aménorrhée, une recherche des marqueurs sériques en dosant les bêta-HCG et une nouvelle échographie, dite morphologique, à 22 semaines. La combinaison de tous ces examens donne au médecin une idée du risque encouru et lui permet de prescrire une amniocentèse. Récemment un autre protocole s'est révélé encore plus performant. Il consiste à faire un dosage de bêta-HCG associé à un dosage d'alpha-fœtoprotéines, simplement à partir d'un peu de sang de la mère.

Des examens biologiques de sang avec hémoculture permettent de savoir si l'enfant est en contact avec un germe susceptible de perturber son développement et ainsi de mettre en place un traitement adapté.

• **L'analyse du sang du fœtus est réalisée par des équipes spécialisées et pour des indications précises.** Elle peut se pratiquer dès la 18e semaine de grossesse jusqu'à la veille de l'accouchement. Elle consiste à prélever, in utéro, un peu de sang de la veine ombilicale de manière transabdominale. C'est ainsi que peuvent se diagnostiquer les principales maladies hématologiques, des anomalies héréditaires telles que l'hémophilie A et B et des maladies chromosomiques. Cet examen est le plus souvent réservé au diagnostic à faire dans l'urgence, on lui préfère dans les autres cas l'amniocentèse, moins dangereuse pour la poursuite de la grossesse.

Ainsi bon nombre de maladies héréditaires peuvent être diagnostiquées in utéro. Si le fœtus est atteint d'une maladie grave handicapante, les parents pourront demander une interruption médicale de grossesse.

➥ **Aujourd'hui, grâce aux progrès des analyses génétiques et à la fécondation in vitro, la médecine peut aider les couples susceptibles de transmettre des maladies héréditaires graves.**

▶ **Le diagnostic pré-implantatoire (DPI)**

Dans certains cas, pour interrompre la transmission d'une maladie génétique grave le couple peut avoir recours à une fécondation in vitro suivie d'un diagnostic pré-implantatoire.

Cette technique s'adresse à des parents porteurs non atteints. Tout commence par une fécondation in vitro au cours de laquelle le biologiste pratique une fécondation assistée en introduisant un spermatozoïde dans l'ovule. Trois jours plus tard, un certain nombre d'embryons sont formés, ils ressemblent à des petites grappes d'un millième de millimètre. Ils comptent 6 à 8 cellules.

> Avec le DPI, la médecine a fait un pas en avant, mais c'est insuffisant. Seule la thérapie génétique permettra demain une médecine de l'embryon.

Le biologiste prélève alors sur chacun une ou deux de leurs cellules : il fait un trou au laser dans la membrane qui entoure l'embryon et aspire les cellules à l'aide d'une pipette. Une cellule est utilisée pour l'analyse génétique, la deuxième pour vérifier le premier résultat. Mais le biologiste ne cherche pas au hasard, un diagnostic préalable auprès des parents a permis de déterminer auparavant le gène perturbateur. Cet examen est très encadré par la loi et fait appel à des biologistes hautement spécialisés dans certaines maladies. L'analyse chromosomique décèle la présence ou l'absence du gène perturbateur. Les embryons sont ainsi choisis, certains sont porteurs mais indemnes, d'autres sont atteints de la maladie, enfin d'autres encore sont totalement indemnes de la maladie que l'on recherche.

### ▶ Un examen hautement spécialisé

Le diagnostic est fait en quelques heures et permet de réimplanter dès le lendemain un ou plusieurs embryons sains. Les embryons sains qui ne sont pas immédiatement réimplantés sont congelés afin de laisser au couple l'opportunité d'une autre grossesse.

Les cellules enlevées lors de ces prélèvements ne gênent en rien le développement du fœtus puisqu'à ce stade elles sont « totipotentes », c'est-à-dire qu'elles ont la capacité de se renouveler rapidement et de donner naissance à toutes les autres cellules du corps humain. Normalement, un diagnostic pré-implantatoire est suivi d'un diagnostic prénatal, vers la 10e ou 12e semaine de grossesse, permettant de vérifier le bon développement de l'embryon. Ce diagnostic n'est programmé que s'il ne semble pas mettre en danger le déroulement de la grossesse.

### ▶ Les limites du DPI

Les couples candidats au DPI sont choisis par un collège de médecins en fonction de leur problème génétique. Le DPI ne gomme pas tout risque génétique puisqu'il ne recherche pas toutes les maladies identifiées.

Les couples transmettant des maladies qui n'ont à ce jour aucune explication génétique en sont malheureusement exclus. Pour d'autres, il existe une cause génétique mais on ne sait pas encore comment résoudre le problème. Enfin, il y a les cas où il est possible d'intervenir.

C'est le généticien qui fait la part des choses. Son travail commence toujours à partir de l'histoire vécue d'un enfant né atteint, qu'il ait survécu ou non. Si la réponse est dans l'histoire de la famille, une intervention peut se faire avant la grossesse.

> Si vous avez connaissance d'une maladie génétique dans la famille, n'hésitez pas à consulter.

## RÉPONSES À VOS QUESTIONS

*Mon premier enfant a hérité des yeux bleus de son grand-père maternel et de mes cheveux très foncés. Quelle est la probabilité que mon deuxième ait les mêmes caractéristiques ?*

▶ **Cette probabilité est infime.** En effet, ce n'est pas parce les frères et sœurs sont issus de l'ovule de la même mère et du spermatozoïde du même père qu'il sont porteurs d'un patrimoine génétique identique. Le processus de la reproduction constitue un très grand brassage génétique. Tout commence par la transformation des cellules germinales en spermatozoïdes et en ovules au cours de différentes étapes.

▶ **C'est notamment au moment de l'étape de la méiose des gamètes que se fait une bonne part du choix génétique** de chacune de ces cellules reproductrices. L'information génétique est brassée et les combinaisons sont innombrables et totalement aléatoires.

Dans sa vie, un homme produit 1 000 milliards de spermatozoïdes et une femme a une réserve de 300 000 à 400 000 ovules. Aucun n'est identique génétiquement.

## Plusieurs générations après

Le futur bébé ne ressemble pas uniquement à son père ou sa mère, les caractères héréditaires des grands-parents, d'oncles, de tantes peuvent resurgir après une ou plusieurs générations.

Ainsi, un enfant aux yeux marron, né d'une mère aux yeux bleus et d'un père aux yeux marron, ou inversement, garde en réserve ce gène «yeux bleus».

Si, devenu adulte, il conçoit un enfant avec un partenaire possédant lui aussi un gène «yeux bleus» (sans qu'il ait pour cela cette couleur d'yeux), l'enfant pourra naître avec de grands yeux bleus.

**Deuxième étape importante : la rencontre de l'ovule et du spermatozoïde où l'apport génétique de la mère se mêle à celui du père.** Dans un éjaculat, on compte 300 millions à 400 millions de spermatozoïdes «originaux» génétiquement, dont un seul s'unit à l'ovule. C'est dire que la probabilité que les enfants issus d'un même couple aient des patrimoines génétiques identiques est presque nulle, sauf s'il s'agit de vrais jumeaux, résultat de la division de l'œuf après fécondation.

De plus, si l'on prend l'exemple du visage, région du corps où tous les parents cherchent essentiellement les ressemblances, il est le résultat de **l'influence d'une foule de gènes** qui déterminent la forme du nez, celle des pommettes, la couleur des yeux mais aussi la taille et la morphologie, etc. En fait, ce dont il faut s'étonner, c'est qu'avec tant de différences, les enfants d'une même famille se ressemblent.

*Je ne comprends rien à la génétique, pourriez-vous me donner quelques notions de base ?*

**La grande aventure de ce siècle sera certainement celle de la génétique.** Les chercheurs viennent de finir le séquençage du génome humain, c'est-à-dire qu'ils ont reconnu tous les gènes qui nous gouvernent et établi une carte génétique commune à tous les hommes ; 35 000 : c'est le nombre de gènes qui régissent la vie humaine, chacun de ces gènes ayant plusieurs fonctions et pouvant être à l'origine des milliers de protéines qui gouvernent notre corps.

▶ **La base de tout être vivant est la cellule**, composée d'un noyau et de cytoplasme (à l'exception des globules rouges). Le corps humain en possède une dizaine de milliards. Au moment de la division cellulaire, le noyau, fait d'une substance, la chromatine, change d'aspect. Il se matérialise en ADN (acide désoxyribonucléique) qui se fragmente en chromosomes (il en existe 46 dans l'espèce humaine, regroupés en 23 paires).

Chaque chromosome est un ruban de longueur variable contenant toutes les informations nécessaires à la formation d'un être humain et à son bon fonctionnement : ce sont les gènes, et tous les gènes d'une cellule forment le génome. L'examen du ruban d'ADN montre qu'il est ponctué de petites barres, chacune constituée d'une substance (quatre au total), toujours liées entre elles de la même façon. Chaque gène est porteur d'un message héréditaire puisqu'ils ont tous la même origine : la première cellule.

▶ **Le gène peut, selon le cas, être responsable de plusieurs caractères ou chargé du bon fonctionnement d'autres cellules.**
Mais il faut dans certains cas plusieurs gènes pour induire un

## Le rôle de l'échographie

▶ La découverte de malformations à l'échographie permet de détecter six fois plus d'anomalies chromosomiques que celles soupçonnées par les antécédents familiaux.

▶ Dans ces situations à risque, il est encore plus nécessaire que vous accompagniez votre épouse aux échographies qui ont lieu à 12 semaines et à 22-24 semaines.

▶ Ce sont des étapes importantes dans le dépistage d'anomalies éventuelles.

caractère ou une fonction. De plus, les gènes responsables de tel ou tel caractère héréditaire, n'ont pas la même valeur, certains sont dominants et s'expriment aussitôt, d'autres sont dits récessifs et, pour s'exprimer, devront rencontrer un semblable. Une anomalie génétique est le résultat d'une mauvaise transmission d'informations à d'autres cellules de la part d'un gène défectueux. Elle peut se manifester de multiples façons et avec des conséquences plus au moins graves pour chaque individu.

EN SAVOIR UN PEU PLUS

# La naissance du cerveau

**Vers 3 semaines de gestation, les cellules de l'œuf se différencient de manière irréversible.**
**Certaines d'entre elles jouent notamment un rôle dans l'élaboration du cerveau et de la moelle épinière.**

▶ Vers 3 semaines de gestation, les cellules se différencient de manière irréversible et jouent un rôle dans l'élaboration du cerveau et de la moelle épinière. En quelques jours, ces cellules se multiplient et le cerveau embryonnaire s'organise en un tube creux. Certaines cellules se font neurones, d'autres fibres gliales.

▶ À partir du tronc cérébral se développent des axones qui se dirigent vers les muscles du tronc, des membres et des viscéres. Des cellules dites motrices innervent les muscles des yeux, du visage et de la bouche. De leur côté, les cellules chargées de la sensorialité prolifèrent.

▶ Le tube neural est à l'origine de la formation des hémisphères cérébraux et du canal central de la moelle épinière. Les cellules qui le composent vont se

multiplier pour atteindre les 30 milliards de neurones que comptent le cerveau et la moelle épinière de tout être humain.

▶ On considère que c'est à la fin du 5e mois de gestation que le cerveau et la moelle épinière du futur bébé sont achevés.

▶ Les mois suivants et jusqu'à la naissance, les cellules nerveuses vont croître et se diversifier. Les synapses, parties de la cellule qui assurent le contact entre deux neurones s'installent pour constituer un réseau inextricable.

▶ Les cellules nerveuses migrent vers les régions périphériques de la masse cérébrale grâce à un astucieux système de cellules guides les conduisant à bon port.

▶ Les cellules tissent entre elles les connexions horizontales, indispensables au bon fonctionnement du cortex. Un seul neurone établit ainsi plusieurs milliers de transmissions avec ses semblables.

▶ À la fin du 6e mois de grossesse, les sillons cérébraux sont dessinés et les neurones tous en place.

# Le développement du fœtus

**Jour après jour, votre futur bébé grandit dans la douceur du ventre maternel. Son développement est génétiquement programmé, il est pratiquement le même pour tous les bébés. Des «incidents» extérieurs sont les seuls à pouvoir modifier son évolution.**

À 7 jours, les cellules du bourgeon embryonnaire se multiplient rapidement dans un ordre génétiquement établi et se différencient pour donner naissance aux organes du futur bébé.
Toutes les parties du corps se forment dans les premiers mois de la vie et à des moments précis.

## ▶ Entre 13 et 25 jours

Entre 13 et 25 jours de vie utérine, le système nerveux s'ébauche.

Dans le même temps, différentes membranes se forment. Là où seront plus tard la bouche et le nez, la membrane pharyngienne se développe. Là où se trouveront les orifices urinaire, génital et digestif, la membrane cloacale s'installe.

Au 21e jour, l'intestin primitif est formé.

Un ensemble de cordons de cellules épais et longitudinaux se dessine ; ces cordons sont l'ébauche de l'appareil urinaire et des reins.

Les vaisseaux sanguins apparaissent vers le 17e jour. La circulation sanguine s'installe sous la forme des premières cellules souches de sang.

Le cœur naît de la dilatation d'un gros vaisseau sanguin et 4 jours après l'apparition des vaisseaux, la circulation sanguine est mise en mouvement par le cœur. Son battement est régulier dès la 4e semaine de gestation. Le réseau des vaisseaux sanguins s'étend et gagne le placenta.

3 semaines

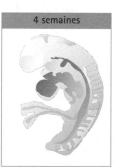

4 semaines

EN SAVOIR UN PEU PLUS . . .

### ▶ La fin du 1<sup>er</sup> mois

Elle est marquée par un grand bond dans l'organogenèse.
L'épiderme se forme avec les poils, les glandes sébacées et sudoripares.
Les yeux se développent et, sous le cœur, le foie se met à pousser.

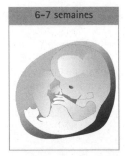

6-7 semaines

### ▶ À partir du 2<sup>e</sup> mois

Au cours du 2<sup>e</sup> mois, les différents organes ébauchés se transforment en appareils au fonctionnement déjà parfait.
L'appareil digestif est déjà en mesure de réguler les apports en glucides.
L'appareil respiratoire s'arborise autour du cœur.
Le système urinaire se construit, le rectum et le canal anal se différencient de la vessie. Les principaux nerfs sont visibles tout comme les deux hémisphères du cerveau et l'hypophyse. On distingue au bout de ses membres, grossièrement dessinés, l'ébauche de ses doigts et de ses orteils. Ses membres supérieurs sont un peu plus développés que les membres inférieurs.
Les yeux se forment, recouverts d'une membrane, future paupière. Le nez est une petite bosse aplatie, dessous se découpe une bouche surdimensionnée.
Deux petites fentes de part et d'autre du crâne se transformeront bientôt en deux minuscules oreilles.

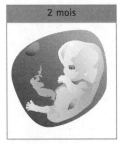

2 mois

À 2 mois, le futur bébé vit replié sur lui-même, mais il est possible de percevoir déjà des petits mouvements et il lui arrive d'avoir le hoquet.

## ▶ À partir de 3 mois

L'embryon devient fœtus, le futur bébé a ses organes
et sa morphologie définitifs. Ses membres se précisent.
Ses jambes sont tendues, ses bras assez longs pour
permettre à ses mains de se rejoindre.
Sous l'influence des gènes, l'appareil génito-urinaire se
sépare en deux : si le futur bébé est génétiquement une
fille, les canaux de Müller se transforment en trompes,
vagin et utérus. Si l'enfant à naître est un garçon,
les canaux de Wolff évoluent pour devenir prostate
et vésicules séminales alors que ceux de Müller
s'atrophient.

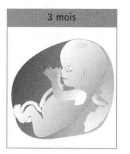

3 mois

Son cœur est
particulier, les deux
oreillettes et les
deux ventricules
communiquent :
le trou de Botal
se refermera
automatiquement
dès la première
inspiration. Grâce
au développement
de son foie et de
sa rate, le fœtus
organise sa
circulation sanguine.
Ses organes lui
permettent
maintenant de
produire ses
globules rouges de
manière autonome.
La moelle osseuse
de son tout nouveau
squelette se
chargera de produire
progressivement
des globules blancs.

## ▶ À 4 mois

L'appareil digestif est
achevé par l'ouverture
de l'anus et ses reins
commencent à
fonctionner. Son visage,
dirigé vers le haut, se
modèle : deux creux se
forment pour devenir les
narines. Le nez et la lèvre
supérieure s'esquissent,
un petit menton pousse,
les joues apparaissent
sous les yeux dissimulés
derrière des paupières
bien closes.

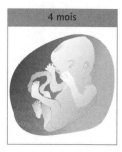

4 mois

## ▶ Entre 4 et 6 mois

Son corps va se transformer. Son squelette poursuit
son ossification, principalement au niveau de
la colonne vertébrale. Les muscles de ses membres
s'allongent, les cartilages épaississent et se soudent
pour former le squelette.
La structure de l'épiderme en quatre couches est
terminée. Les premiers cheveux apparaissent et son
corps se couvre d'un fin duvet : le lanugo. Les glandes,
sébacées et sudoripares sont déjà capables
de fonctionner.

EN SAVOIR UN PEU PLUS...

### ❱ À 6 mois

6 mois

La respiration automatique est commandée par le système nerveux. L'arbre bronchique se développe avec notamment l'apparition des alvéoles des poumons qui sont déjà bien cernés par les capillaires qui assureront les échanges gazeux. Ses traits se confirment : il a des sourcils, de jolies petites narines et des lèvres bien formées. Ses yeux ont la capacité physiologique et neurologique de voir et encore quelques semaines pour que ses paupières se soulèvent.

À la fin du 6ᵉ mois, il pèse 1 kg et mesure 30 cm. Il a déjà ses empreintes digitales personnelles.
S'il venait à naître, il pourrait vivre, mais il a encore besoin de la douceur du ventre de sa mère pour parfaire tous ses organes.

### ❱ Entre 6 et 9 mois

9 mois

Il va essentiellement grandir, grossir et perfectionner son appareil respiratoire. Tant qu'il aura assez d'espace dans l'utérus maternel, il va bouger. Le mouvement est un événement décisif dans son développement. Il déplace un bras ou une jambe, tourne légèrement la tête et cherche à mettre son pouce dans sa bouche. Des performances accomplies grâce à la formation de ses tissus musculaires mais aussi à la mise en place progressive de son système nerveux.

En 9 mois, la taille du bébé atteint 50 cm...
soit un tiers à un quart de la taille qu'il aura à l'âge adulte.

# 4

# Faire connaissance avec votre futur bébé

*Si votre bébé grandit dans le corps de votre épouse, pour vous, c'est dans votre tête qu'il prend de plus en plus de place.*

*Votre imagination travaille à plein régime, soutenue par les images échographiques et les premiers mouvements in utéro. Ça y est, vous communiquez avec ce tout petit être, vous lui parlez, vous l'appelez par son prénom, si ce n'est par un petit surnom affectif qui le suivra au moins toute son enfance.*

*Depuis peu, vous sentez ses pieds qui poussent la paroi abdominale qui l'entoure, vous caressez son dos qui semble rouler sous votre main. Et mieux, il vous semble même qu'il comprend vos paroles et vos gestes. Pas de doute, vous êtes pris au piège de l'amour paternel.*

*Cet enfant, vous en rêvez, tantôt nourrisson fragile dans vos bras, tantôt âgé de 3 ou 4 ans, marchant et parlant comme un grand et donc capable de commencer à partager votre passion du ballon rond ou de la pêche à la ligne.*

# LE BÉBÉ IMAGINÉ

Faute de sentir l'enfant se développer en eux, les pères rêvent et construisent un bébé imaginaire à partir de fantasmes.

Il aura les yeux clairs, comme vous, les cheveux bouclés de sa mère, les jolies dents de sa grand-mère. Il sera plutôt bien bâti, aura les jambes longues et les gestes gracieux. Bref, cet enfant-là sera proche de votre idéal.

> Déjà, dans le ventre de sa mère, votre bébé est le plus beau des bébés, un sentiment qui résiste presque toujours à sa rencontre.

## C'est déjà un bébé presque parfait

Il est également pourvu de toutes les qualités, toutes les capacités : il ne peut qu'être intelligent, doux et aimable, c'est un être parfait qui ne saurait décevoir.

Ce sont d'ailleurs ces images qui entretiennent le désir d'enfant au cours de la grossesse. L'enfant imaginaire est le fruit d'une histoire personnelle plus ou moins compliquée, le résultat d'un véritable portrait robot familial, fait d'emprunts aux êtres les plus chers qui ont marqué la vie du futur papa.

Avant que l'échographie ne révèle le sexe de l'enfant à naître, la plupart des futurs papas ont déjà choisi un sexe pour leur bébé, certains sont persuadés d'avoir un fils, d'autres affirment que c'est une fille.

L'attribution fictive d'un sexe est l'une des manifestations les plus évidentes de l'enfant imaginé. Mais il ne faut pas s'y tromper, derrière ces affirmations se cachent parfois des notions plus subtiles : en déclarant haut et fort que vous voulez un garçon alors que c'est une fille que vous désirez vraiment, vous vous préparez à une éventuelle déception.

➤ **Amusez-vous à écrire sur une petite carte tout ce que vous avez imaginé sur votre bébé. Mettez sous enveloppe, cachetez et inscrivez de manière bien visible : « À ouvrir le jour de ses vingt ans. »**

## ZOOM

### Pourquoi rêvez-vous tant ?

Il est normal que les bouleversements psychiques liés à la naissance de la paternité aient une influence sur l'activité onirique. Il semble que les futurs papas rêvent plus que d'habitude, des rêves souvent constructeurs.

Les rêves les plus répandus sont ceux de l'enfant donné qui s'installe dans la vie du couple soudainement, déjà âgé de 2 à 3 ans, ceux où l'eau a un rôle important et qui signifient le besoin de quiétude ou de sécurité.

Quant aux rêves d'abandon ou d'exclusion, ils semblent assez nombreux. Ils sont d'ailleurs souvent liés à la vie du couple. Rien de plus normal en cette période de changements importants dans sa vie qu'une scène de ménage, ou tout simplement une contrariété, influence les rêves.

Les cauchemars sont assez fréquents, par exemple ceux ayant pour support la disparition d'un être cher, d'un parent, d'un enfant aîné. Les psychologues sont tous d'accord pour penser qu'ils correspondent au passage psychique du statut d'enfant de son père à celui de père de son enfant.

Bien sûr, tous ces rêves sont variables d'une personne à l'autre et dépendent essentiellement de sa propre histoire puisque le rêve ne s'appuie que sur une sélection et une interprétation de la vie diurne. Il ne faut jamais leur attribuer une valeur prémonitoire. Ils ne sont que le résultat de votre interprétation du passé et ne donnent aucune indication sur l'avenir.

### Un garçon plutôt en premier

▶ Statistiquement, il semble que pour une première grossesse les parents préfèrent attendre un garçon, souvent sous prétexte que c'est mieux pour un aîné ou qu'ainsi le nom se perpétue, un facteur qui reste très important aujourd'hui.

▶ Les filles sont beaucoup plus désirées en deuxième enfant, d'autant plus si l'aîné est un garçon.

# LE BÉBÉ REGARDÉ

Il est des rendez-vous que vous ne pouvez manquer, au risque de les regretter : ce sont les examens échographiques et tout particulièrement le premier car l'enfant est alors visible en entier. Il se situe à 12 semaines d'aménorrhée. Vous allez, pour la première fois, voir votre bébé. Ne vous inquiétez pas si, au premier coup d'œil, l'image n'est pas immédiatement parlante, l'échographiste est là pour vous apprendre à la décrypter.

> L'échographiste sait si votre enfant est une fille ou un garçon. À vous de décider si vous voulez partager ce secret.

## Une première rencontre

La majorité des pères ressentent une grande émotion, ce bébé qu'ils ont fait naître et grandir dans leur tête est là, bien présent sur l'écran. Ce sont surtout les mouvements du fœtus qui étonnent, alors que rien extérieurement ne permet de les envisager. C'est beaucoup plus tard, lorsque l'enfant occupe un peu plus l'espace utérin, que ses mouvements déforment la paroi abdominale.

Peut-être aussi serez-vous bouleversé de voir son cœur battre sous vos yeux. Il vous semblera qu'il bat vite. Mais à ce stade de son développement, c'est tout à fait normal. Vous pourrez encore être surpris que le futur bébé soit déjà aussi complètement formé.

Cette première image que vous partagez en couple vous aide à progresser dans votre nouveau statut de père.

➥ **Vous aurez sans doute envie de poser des questions au médecin qui balaie de sa sonde le ventre maternel mais faites-le avec tact. Laissez d'abord la future maman s'exprimer, réclamer des informations complémentaires. Réfléchissez à ce que vous allez demander, surtout si les images sur l'écran sont pour vous davantage source de crainte que de réassurance. Heureusement, les inquiétudes qui**

### Une préparation à votre rôle de père

- Presque 50 % des futures mamans demandent à leur conjoint d'être là le jour de cet examen.
- Grâce à cette rencontre avec l'enfant, ils affirment, pour la plupart, se sentir encore plus concernés par la grossesse, plus impliqués dans son bon déroulement et davantage encore responsables.
- L'image échographique, loin de freiner l'imagination, la relance au contraire car chaque parent interprète ce qu'il a vu ou cru voir : le bébé bouge beaucoup, ce sera un sportif, il suce son pouce, c'est un rêveur.
- Bref, l'échographie est une bonne préparation au « paternage » et au rôle de père.

**peuvent vous traverser l'esprit lors de la première échographie, votre épouse les éprouve peut-être aussi et préfère les taire, cet examen contribuant à les aplanir. L'angoisse est communicative, évitez de la transmettre à votre conjointe qui semble détendue.**

## Les autres rendez-vous

La seconde échographie se programme entre la 20e et la 22e semaine d'aménorrhée. Le fœtus a beaucoup grandi et il n'est plus possible de le voir en entier sur l'écran. C'est pour cette raison qu'elle est généralement moins émouvante que la première bien que la visualisation du cœur, des mains et des pieds reste un moment très fort, tant ces parties du corps sont éminemment symboliques chez l'être humain. Pour certains pères, comme pour certaines mères, cette vision morcelée de leur bébé est source d'inquiétude : ils craignent que l'échographiste leur cache une malformation.

**➘ Si c'est votre cas, n'hésitez pas à poser des questions, le médecin saura vous expliquer pourquoi certaines parties du corps de l'enfant sont difficilement visibles ou pourquoi certains membres paraissent par exemple disproportionnés.**

En fait, la position du bébé in utéro conditionne les images. Mais la netteté de celles-ci dépend de la perméabilité des tissus maternels. Ne

## Entre joie et crainte

▶ Toutes les échographies ravivent la peur de l'enfant malformé. C'est un sentiment commun à tous les parents, et qui n'a le plus souvent pour seul fondement que celui d'avoir conçu le « plus beau des bébés ».

soyez pas trop déçu si vous ne voyez pas tout ce dont vous avez rêvé, après tout, ce qui compte, c'est la fiabilité de l'examen médical. Par contre, à ce stade de développement du futur bébé, l'échographiste peut vous révéler le sexe de votre enfant à condition que vous le souhaitiez et que la position du fœtus en donne la possibilité.

◥ Ce dernier examen vous émouvra moins, sans doute parce que l'image échographique ne vous étonne plus et peut-être aussi parce que votre investissement sentimental est totalement dirigé vers la rencontre réelle tant attendue.

## C'est une fille ou un garçon ?

Parmi les futurs parents, 70 % désirent connaître le sexe de leur bébé. Ce souhait cache le plus souvent la recherche de la preuve de la normalité du bébé. La question est rarement posée directement, les parents veulent plutôt savoir si le sexe de l'enfant est visible. Lorsque les parents ne posent pas la question, l'échographiste les interroge : souhaitent-ils qu'il cherche sur l'écran les organes génitaux du bébé ? En effet, cette visualisation n'est pas systématique puisqu'elle n'est généralement pas utile dans le suivi de la grossesse. De plus, elle est assez aléatoire car elle est fonction de la position de l'enfant sur l'écran, de la manière dont il tient ses jambes et du développement des organes génitaux. Ils sont souvent mieux identifiables au 5e ou au 6e mois de grossesse.

Les hommes sont en général plus curieux de connaître le sexe de leur futur enfant que les femmes, c'est pour eux une manière de s'approprier le bébé et de se projeter un peu plus dans l'avenir. Si vous

## Plus de trois échographies

▌ Ne soyez ni étonné ni inquiet si votre compagne passe plus de trois échographies.

▌ Le Collège national des gynécologues et obstétriciens recommande un minimum de trois échographies au cours de la grossesse (prises en charge en totalité par l'assurance maternité).

▌ Dans certains cas, il est nécessaire de procéder à des échographies supplémentaires, notamment lorsque la grossesse est un peu plus compliquée que la normale.

voulez savoir et que votre compagne, elle, veut garder le suspense, ou inversement, il est préférable de prévenir l'échographiste de votre divergence de point de vue, il informera discrètement celui ou celle qui le souhaite.

## ZOOM

### Trois examens indispensables

Les échographies ont pour fonctions essentielles le dépistage d'éventuelles anomalies fœtales et le contrôle de la croissance du futur bébé. Mais elles ne permettent pas de tout déceler. La première échographie dépiste la moitié des malformations, la seconde 61 %. C'est pourquoi il est important que la future maman fasse toutes les échographies qui lui sont prescrites.

De plus, la qualité des dépistages dépend du matériel utilisé et de la qualification de l'échographiste. Afin de rendre ces examens les plus fiables possibles dans tout l'Hexagone, les échographistes utilisent de plus en plus un compte rendu échographique type et informatisé, complété par des courbes de croissance fœtale types. Mais rassurez-vous, le taux d'erreurs des diagnostics est minime.

Parmi les diagnostics qui sont le plus souvent source d'erreurs, il faut citer le poids et la taille du futur bébé. Les calculs au gramme près sont le plus souvent erronés. L'examen clinique est finalement pour ces paramètres plus probant.

## Premiers souvenirs

▸ Après chaque échographie, le médecin remet aux parents quelques clichés sur papier.

▸ Ces premiers souvenirs prendront une place de choix dans l'album de bébé entre quelques photos de la future maman enceinte et celles de l'enfant aux premières heures de sa naissance.

▆ **D'une manière générale, on ne saurait trop vous recommander de ne pas demander à connaître trop tôt l'identité sexuelle de votre futur bébé, l'erreur de diagnostic échographique pouvant créer une difficulté et la déception gâcher la joie qui accompagne toute naissance.**

## ZOOM

### Des images de plus en plus nettes

Le principe de l'échographie repose sur la particularité des ultrasons à traverser ou à résonner de manière différente selon la nature des substances rencontrées. Très largement répandue dans l'exploration médicale, l'échographie est utilisée en obstétrique depuis les années 1970 et a fait depuis des progrès considérables.

Dans l'échographie obstétricale, les ultrasons passent à travers l'épiderme, le derme et le liquide amniotique pour aller résonner sur les os et sur les cartilages du fœtus, puis reviennent vers leur point d'émission pour se matérialiser en une image. C'est la succession rapide d'images qui donne l'illusion d'un mouvement.

L'appareil le plus couramment utilisé se compose d'une sonde équipée d'un fragment de quartz qui, sous l'effet de l'électricité, émet des ultrasons. Le ventre de la future maman est enduit de gel pour faciliter le contact.

Il existe aussi un autre type de sondes qui permettent une échographie endovaginale. Les images sont d'une parfaite qualité car la sonde introduite dans le vagin est alors au contact de l'utérus. Ce type d'échographie est surtout utilisée pour la première échographie.

➥ La lecture des images échographiques n'est pas toujours évidente. Demandez à l'obstétricien qui suit votre compagne de vous aider à les décrypter. Méfiez-vous des informations diffusées sur le Net, elles peuvent être faussement inquiétantes.

## Échographie en 3 D

▎ Certains cabinets d'imagerie médicale sont équipés d'appareils utilisant la précision de la micro-électronique mettant en jeu 20 millions d'informations à la seconde.

▎ Le résultat est spectaculaire : grâce à une dizaine de clichés échographiques analysés par ordinateur, l'écran offre une image en relief, reproduction fidèle du bébé.

▎ Et mieux encore, il est possible de faire pivoter l'image pour observer l'enfant sous toutes ses faces.

▎ Cette technique permet d'examiner de manière très précise le squelette et les organes internes du futur bébé.

▎ C'est un outil de travail complémentaire, si l'image en 2D nécessite un approfondissement.

# COMMUNIQUER
# IN UTÉRO

Votre bébé, vous n'allez pas uniquement l'imaginer et le découvrir baignant dans sa bulle de liquide amniotique, vous allez aussi pouvoir communiquer avec lui, amorcer le début d'une conversation affective que vous allez entretenir tout au long de votre vie. Ce premier contact est possible grâce aux capacités sensorielles que le futur bébé

> Entrer en contact avec votre bébé, c'est se préparer à votre rôle de père.

possède déjà in utéro. Deux sens vont être particulièrement sollicités : l'audition et le toucher.

## Parlez-lui à l'oreille

C'est incontestablement dans le domaine de l'audition que le fœtus est le plus performant. La plupart des sons, d'une intensité moyenne ou forte, passent in utéro. Vous pouvez donc parler à votre bébé, lui raconter des histoires ou lui chanter des comptines. Dans le silence, la joue collée contre le ventre maternel, votre voix, dont la puissance est en moyenne de 60 décibels, lui parvient à hauteur de 8 à 12 décibels. On croirait que la nature n'a rien laissé au hasard : la majorité des pères ayant une voix grave, ce sont de fait les sons graves qui traversent le mieux les tissus et parviennent nettement à l'oreille du fœtus. Mais il n'entend pas exactement ce que vous lui dites pour différentes raisons. D'abord, le liquide amniotique qui conduit les sons les déforme et il semble que le fœtus entende, essentiellement, le rythme et les intonations.

Le bébé in utéro ne comprend pas, bien sûr, les mots, mais perçoit le rythme et l'intonation des phrases qui lui indiquent leur charge affective. Différentes études mettent en évidence une perception très précoce des syllabes. L'enfant base sa perception « élémentaire » sur le nombre de syllabes, et perçoit donc l'organisation syllabique des sons de la parole.

Différentes expériences montrent que les pré-imprégnations musicales ont des effets calmants. Ainsi, la psychanalyste Françoise Dolto a constaté que les enfants tsiganes s'endormaient mieux aux sons des mélodies que leur père jouait au violon avant leur naissance. Une expérience faite par le professeur Feijoo, référence mondiale dans le domaine, à partir d'une phrase musicale de *Pierre et le loup* de Prokofiev, jouée au basson, confirme l'effet apaisant de ces souvenirs auditifs précoces.

➤ **Vous pouvez aussi communiquer avec votre bébé, lui faire apprécier la musique que vous aimez, à condition qu'elle ne soit pas trop agressive. Là encore, il vaut mieux privilégier les sons graves. Vous pouvez encore lui chanter des berceuses ou des comptines. Il semble que les bébés préfèrent à toutes les mélodies celles qu'ils ont souvent entendues in utéro.**

## Des mots d'apaisement

Parlez à votre futur bébé, il en restera quelque chose. Pour vous convaincre, voici une autre expérience menée par le professeur espagnol Feijoo. Il a demandé à un certain nombre de pères d'enregistrer sur magnétophone une liste de mots et de les faire écouter régulièrement à leur futur

### La voix maternelle

▸ Elle parvient aussi parfaitement au fœtus. On peut dire en stéréo puisqu'il la perçoit de l'extérieur et de l'intérieur à travers les tissus et les os.

▸ Mais tous les sons, bien que conduits par le liquide amniotique, s'en trouvent atténués et déformés.

▸ Ainsi, les sons d'une voix maternelle à 60 décibels arrivent à son oreille à 24 décibels, soit deux fois plus que celle du père.

## ZOOM

### Une pré-intelligence sensorielle

Dès le 4e mois de gestation, le fœtus expérimente ses capacités sensorielles. Son système neurologique est suffisamment fonctionnel pour lui permettre « une forme d'intelligence ».

Les sons perçus lui procurent des émotions. La musique très forte le fait réagir et semble même le déranger puisqu'il bouge alors beaucoup, parfois même en rythme sur certaines musiques. Les sonneries brusques ou les bruits violents provoquent une accélération de son rythme cardiaque.

Le fœtus est capable de mémoriser certains sons selon certaines études. Ainsi, à la naissance, l'enfant de quelques heures préfère la voix de sa mère à toute autre voix féminine et une voix d'une femme à celle d'un homme. Il a été montré qu'en fait ce sont les syllabes de la langue maternelle que le bébé reconnaît.

Voici, s'il le faut, la preuve que le bébé de quelques heures a déjà une bonne mémoire auditive : tout bruit évoquant l'ambiance sonore de l'utérus maternel, et surtout ceux reconstituant les battements du cœur de sa mère, a des vertus calmantes immédiates sur le nouveau-né. Elles sont si puissantes que le bébé s'endort.

Le bébé à venir développe une sensorialité générale où aucun sens ne peut croître indépendamment des autres. Leur ordre d'apparition est programmé selon un calendrier génétique qui pourtant est sous la dépendance étroite des stimulations. En effet, s'il faut à toute expérience une compétence cérébrale, toute nouvelle acquisition se traduit par une modification dans la structure neurologique.

Cette capacité permet l'analyse des sensations successives qui confirment les précédentes : toutes les sensations se mémorisent et apportent des informations complémentaires, voire différentes. Ainsi se construit une pré-intelligence sensorielle qui servira de base aux apprentissages du bébé lorsqu'il sera né.

bébé. Résultat : une fois nés, ces enfants s'arrêtaient de pleurer dès que leur père récitait cette liste. Sauf à vous faire plaisir, vous ne risquez rien d'essayer en récitant régulièrement une jolie suite de mots poétiques à l'oreille de votre futur bébé.

## Le système vestibulaire

▶ Dès la 8e semaine de gestation, les mouvements du fœtus dans sa bulle sont visibles à l'échographie puisque son système vestibulaire est en place et il commence à bouger fortement entre la 15e et la 22e semaine d'aménorrhée.

▶ Des performances dont il est tout à fait capable puisque son système nerveux et musculaire fonctionne. Ses mouvements s'apparentent d'abord à des réflexes.

▶ La fonction de ce système est l'équilibre. C'est lui, par exemple, qui nous permet de savoir, même les yeux fermés, si nous sommes debout ou couchés.

▶ Il va jouer un rôle primordial au moment de la naissance. C'est grâce à lui que le bébé se place tête en bas pour naître.

## Jeux de mains

À la parole, vous pourrez assez rapidement ajouter le geste. Bien peu de pères résistent à l'envie de toucher le ventre de leur épouse ou compagne pour sentir sous leur main les mouvements perceptibles du futur bébé. Sa taille, proportionnellement faible par rapport à l'espace dont il dispose, va lui permettre de faire ses premières galipettes. Le fœtus fait alors l'expérience des tout premiers mouvements volontaires en poussant avec ses pieds ou avec ses mains. À partir du 5e mois, votre épouse sentira qu'il bouge, elle dira même parfois qu'il lui donne des coups !

Tous les mouvements du fœtus ne sont pas perceptibles — certains bébés semblent ne pas beaucoup bouger, c'est souvent en raison de la relative grande quantité de liquide amniotique —, mais le premier que vous ressentirez sera mémorable. Comme pour l'échographie, c'est un moment chargé d'émotions. L'enfant est bien là, vivant, voire joyeux, se tournant et se retournant, le ventre maternel se déformant sous la pression de la tête ou des pieds.

Faites l'expérience : la pression douce qu'exercent vos mains sur le ventre de la mère déplace le liquide amniotique et provoque une réaction motrice perceptible par le bébé. Certains disent même que le mouvement doux du liquide amniotique sur sa peau le prédispose à aimer les caresses et les baisers.

➥ **Ces premiers contacts donnent à la grossesse tout son sens. Les pères disent alors jouer avec leur bébé, lui parler, l'appeler. Et le plus extraordinaire est que le bébé aime ça. Il n'est même pas rare qu'il vienne lui-même à la rencontre de ses parents. C'est pour** eux une expérience extraordinaire. Chacun des membres de la famille peut ainsi entrer en «contact» avec ce petit être à venir, apprendre à découvrir déjà les réactions de leur bébé.

> Ne vous refusez pas l'émotion de sentir les mouvements de votre bébé in utéro. Posez souvent vos mains sur le ventre de votre compagne.

## Un temps pour tout

Ce n'est pas parce que votre femme bouge que votre enfant s'agite, bien au contraire. En effet, curieusement, c'est lorsqu'elle bouge le plus qu'il se tient tranquille et, inversement, c'est lorsqu'elle est allongée, au moment de s'endormir, qu'il se manifeste le plus.

Rappelons encore qu'il est tout à fait normal que ce futur bébé ne bouge pas continuellement car il passe la plus grande partie de son temps à dormir, soit 16 à 20 heures par jour.

## L'haptonomie : un outil de communication

Cette technique a pour fondement le sens du toucher et se pratique généralement dès que le bébé bouge. Rien n'est plus simple alors que d'entrer en contact avec lui. Il suffit d'exercer sur le ventre de la mère des petites pressions pour sentir, pour voir le bébé bouger.

Derrière ce mot un peu barbare se cache un merveilleux mode de communication parents-enfant. Nous le devons à un médecin néerlandais, Frans Veldman. Il est convaincu que le fœtus, très tôt, perçoit des échanges, en ressent plaisir ou désagrément.

Plus ces échanges sont chargés d'affectivité, mieux le fœtus enrichit sa personnalité et s'épanouit. Il est essentiel de donner à l'enfant, bien avant la naissance, une sécurité affective. Cette confiance lui permettra d'acquérir plus vite, et mieux, l'autonomie que l'on souhaite pour tout être humain : un bon attachement permet un meilleur détachement. Les gestes essentiels pour communiquer sont enseignés aux parents en cinq ou six séances par des médecins ou des sages-femmes formés à cette technique.

Pour le père, cette pratique est une véritable préparation à la rencontre qu'aucune autre méthode ne lui apprend. Tous affirment connaître leur bébé et avoir déjà partagé avec lui caresses et jeux. Une communication qui sera utile lors de l'accouchement (p. 192).

## Un peu plus de confort

L'haptonomie peut être aussi un moyen pour votre femme d'obtenir un peu plus de confort. Par exemple, lorsque le bébé comprime le diaphragme et gêne la respiration, elle peut l'encourager à descendre un peu.

Cette même technique pourra être utilisée au cours de l'accouchement pour décontracter les muscles de la mère et guider en douceur et avec tendresse le bébé vers l'extérieur.

## VOUS ET VOTRE COMPAGNE

## Votre présence aux échographies

### ▶ Elle la souhaite

La plupart des futures mamans demandent à leur conjoint de les accompagner lors des différentes échographies et sont déçues s'il ne peut pas être là. Pour les pères, l'échographie est une véritable révélation. Ils voient et ressentent leurs premières émotions de père. Ils sont souvent plus attentifs que la mère, elle-même prisonnière de son émotion, et ils posent généralement davantage de questions au médecin. Les différentes échographies sont pour eux les seuls moments, avec un peu plus tard la perception des mouvements du bébé, de rencontre avec leur futur bébé. C'est là que certains débutent leur histoire de père.

### ▶ Elle hésite ou refuse

Mais toutes les futures mères ne sont pas convaincues du bien-fondé de cette présence paternelle. Certaines hésitent, d'autres refusent. Le professeur W. Pasini de Genève, qui a particulièrement étudié l'échographie sous son aspect psychologique, constate que les femmes se partagent en trois groupes à peu près équivalents : celles qui apprécient la présence du conjoint, celles pour qui elle n'a pas d'importance et celles qui semblent redouter leur « regard » par trop intimiste – ce « partage » trop précoce de l'enfant les prive du bonheur de prolonger en secret la dyade mère-enfant.

### Rassurer et informer

▶ Le rôle de l'échographiste est de rassurer les parents sur la normalité de l'embryon, mais aussi de préparer les parents en cas de problèmes.

▶ En particulier en ce qui concerne les difficultés qui auront des conséquences sur le déroulement ou le devenir de la grossesse et celles qui demandent des précautions immédiates au moment de la naissance.

▶ **Elle a des réactions étonnantes**

Dans d'autres cas, le futur papa est étonné par la réaction de sa compagne lors de l'examen. Chez certaines mères, l'échographie n'est pas vécue avec le bonheur attendu. Pourquoi ? Soit l'angoisse de la maternité est si forte que cette image ne peut en rien les rassurer, soit l'intensité de la communication fantasmatique avec leur futur bébé est bien plus réelle dans leur tête et dans leur corps que sur l'écran.

Enfin, quelques femmes vivent même la première échographie négativement. Elles n'ont pas encore eu le temps de se penser attendant un enfant. Cette révélation par l'image les perturbe et l'échographie court-circuite le travail intérieur qui les conduit vers l'enfant réel et qu'elles n'ont pas encore accompli.

Il arrive encore que le père de l'enfant soit supplanté par la grand-mère maternelle. Ce choix s'explique par un lien puissant entre mère et fille, la maternité est une histoire de femmes qui se transmet de génération en génération. Ces hommes auront alors peut-être des difficultés à se faire une place de père.

Il est normal qu'une future maman traverse des moments de fragilité psychique. Au cours de sa grossesse, tout en étant heureuse d'être enceinte, en faisant tout ce qu'il lui est possible pour mener à bien sa maternité, elle doutera de sa capacité à « fabriquer » le beau bébé que la famille attend.

## Réfléchir avant de dire

▶ Le rôle du père au moment de l'échographie n'est pas simple. Il est légitime qu'il ait envie de poser quantité de questions.

▶ L'échographiste doit être bon psychologue et communicant pour prendre le temps à la fois d'informer et de rassurer les parents inquiets.

▶ Ainsi, par exemple, dire qu'il trouve que l'enfant sur l'écran est tout petit ou qu'il ne voit pas sa seconde main peut être immédiatement interprété comme un signe d'anomalie.

Toutes les femmes enceintes imaginent un jour que l'enfant qu'elles portent est malformé. Bien que, dans la réalité, la probabilité soit infime, il est normal qu'elles y pensent de temps en temps. En fait, cette crainte est la manifestation du doute qu'inconsciemment la future maman ressent. Sera-t-elle «à la hauteur» de l'entreprise qu'elle s'est fixée et que vous lui avez mandatée ? De plus, elle se sent en rivalité avec sa propre mère. Pourra-t-elle faire aussi bien qu'elle ?

## La présence des aînés

▶ Emmener les aînés à l'échographie de leur cadet peut susciter des réserves, en raison de la qualité de l'image qui risque de les perturber.

▶ Ils ne peuvent pas comprendre l'image et n'ont pas la capacité intellectuelle d'imaginer leur futur frère ou sœur.

▶ Pour certains psychiatres, cette rencontre avec leur futur rival, suscite parfois des sentiments précoces de jalousie. Il est sans doute préférable de s'abstenir car l'échographie est un examen médical qui demande de l'attention.

▶ Il ne faut pas confondre échographie et photo de famille, c'est pourquoi un certain nombre de praticiens refusent de transformer leur examen en un film vidéo.

## RÉPONSES À VOS QUESTIONS

*Ma femme est très indécise sur le choix de la maternité où elle doit accoucher. Elle hésite entre l'hôpital, sûr quant à la sécurité, et une maternité très confortable que lui a recommandée une amie. Existe-t-il des critères objectifs de choix ?*

▶ **Le premier critère entre tous est celui de la sécurité.** Ainsi si la grossesse de votre épouse risque d'être un peu plus compliquée qu'une grossesse normale, soit en raison de sa santé ou de son âge, soit parce qu'il s'agit d'une grossesse multiple, il est indispensable qu'elle accouche dans une maternité d'un centre hospitalier universitaire. Dans le cadre d'une grossesse «sans histoire», le choix est plus large, bien qu'il soit déterminé avant tout par celui du médecin qui pratiquera l'accouchement et par la manière dont votre femme veut accoucher.

Ainsi, si elle souhaite une péridurale, assurez-vous que la maternité est capable de la pratiquer, de jour comme de nuit. Ce qui implique qu'il y ait un anesthésiste spécialisé en obstétrique à demeure ou qui puisse être appelé à tout moment.

**Sur le plan de la sécurité, des règles existent qui fixent des normes en matière de locaux et de personnels pour tout établissement où se pratiquent des accouchements.** Les maternités sont maintenant classées selon trois types correspondant à leur activité en obstétrique, néonatalogie et réanimation néonatale.

> N'hésitez pas au moment de l'inscription à demander à visiter les lieux.

Le niveau un est chargé d'accueillir les grossesses sans problème, le niveau deux associe aux soins d'obstétrique de base une unité de réanimation néonatale. Enfin, le niveau trois est réservé aux maternités hautement spécialisées.

De plus, les maternités ont mis en place des systèmes de réseaux entre elles. Ceux-ci relient les maternités classiques aux maternités spécialisées et les maternités spécialisées entre elles. Toute cette organisation garantit la sécurité des mères et des bébés.

## Des chiffres références

▸ Le nombre d'accouchements pratiqués dans une maternité est un bon critère de sécurité.

▸ Ainsi 1 500 naissances par an représentent un nombre idéal et moins de 500 naissances ne permettent pas à une maternité d'avoir des équipements satisfaisants, ni la présence d'un médecin, d'un anesthésiste et d'un pédiatre.

▸ En ville, le choix se fait entre les établissements publics CHU (centre hospitalier universitaire) ou CHR (centre hospitalier régional) et les cliniques privées.

▸ Celles-ci ont tendance de plus en plus à se regrouper pour répondre à des critères de sécurité dignes des hôpitaux.

**La sécurité étant assurée, vous pouvez vous préoccuper des questions liées à votre confort moral à tous les deux.** Serez-vous autorisé à assister à l'accouchement ? Pourrez-vous venir visiter votre épouse très tard le soir, et si vous désirez passer une nuit à ses côtés, vous installera-t-on un lit d'appoint ? Si vous avez d'autres enfants, pourront-ils venir visiter leur cadet ? La maternité organise-t-elle des réunions de jeunes mamans ?

**Le choix de l'établissement se fait souvent en fonction des relations qui s'établissent avec le médecin ou l'équipe de sages-femmes qui suit la grossesse de votre épouse.** Mais sachez que la probabilité d'avoir le médecin ou la sage-femme que vous préférez est souvent infime.
En effet, les tours de garde et la fin d'un certain sacerdoce entraînent beaucoup de rotation dans le personnel.

**Il est encore important de savoir comment s'organisera la vie quotidienne avec le bébé.** L'enfant dormira-t-il dans la chambre de sa mère ? Pourra-t-il être nourri à la demande ? Une auxiliaire de puériculture pourra-t-elle vous montrer à tous deux les premiers soins de maternage ?

**Enfin, informez-vous sur le temps de séjour de votre femme à la maternité.** Il est très variable d'un établissement à l'autre. Il dépend à la fois de la « philosophie » du médecin accoucheur et des possibilités d'accueil de l'établissement. Ce séjour s'échelonne de trois jours à une semaine.

**Le confort physique a, lui aussi, de l'importance.** Les chambres individuelles sont-elles la majorité ? Ont-elles toutes une douche et des toilettes personnelles ?

**Côté financier, renseignez-vous sur la facturation des actes.** La Sécurité sociale prend en charge 100 % de l'accouchement et 100 % de la péridurale mais en appliquant un plafond. Si votre épouse accouche dans une maternité publique, vous n'aurez rien à débourser, sauf les frais de confort comme le téléphone ou la télévision. Si elle accouche dans une clinique privée, tout dépend de son statut : en maternité conventionnée, le remboursement est à 100 %, en maternité agréée 80 %. Il est toujours recommandé alors de vérifier auprès de sa mutuelle ce qui est pris en charge et, auprès de la maternité, le montant de dépassements.

➔ Toutes ces questions et leurs réponses vont encore vous donner une idée de l'ambiance de la maternité. Vous pouvez normalement en sortant savoir si c'est un endroit où votre conjointe se plaira, où vous sentez qu'une relation de confiance avec le personnel est probable.

Que votre femme se sente entourée de personnes compétentes et affables est très important pour le déroulement physique et psychique de la naissance.

*Mes activités professionnelles ne me permettent pas d'assister aux divers examens échographiques, je ne verrai donc pas grandir mon enfant, comment savoir qu'il se développe bien ?*

**Votre compagne ne repartira jamais du cabinet de l'échographiste sans quelques clichés, demandez bien sûr à les voir.** Vous aurez peut-être quelques difficultés de lecture, mais votre compagne, qui aura bénéficié des explications du médecin, sera sans doute capable de vous aider. Vous pouvez aussi demander un rendez-vous à ce spécialiste pour qu'il vous apprenne à décrypter ces images. Ainsi, vous ne vous sentirez pas trop sous-informé.

**La mesure de la hauteur utérine et celle de la circonférence abdominale** prises lors de chaque visite par le médecin ou la sage-femme permettent d'estimer la taille du bébé. La première échographie donne aussi une idée du poids de l'enfant. Il est calculé à partir d'une combinaison de trois mesures : celles de la tête, avec le diamètre bipariétal, du fémur (longueur fémorale) et de l'abdomen (diamètre abdominal).

C'est au cours du 5$^e$ mois que le fœtus connaît une véritable poussée de croissance. Il grandit alors de 11 cm, sa taille atteignant 25 cm et son poids 500 g. Au cours des quatre derniers mois, il va devoir multiplier son poids par 6 et sa taille par 2.

## Le poids de la mère et celui du bébé

▶ Il n'existe pratiquement pas de corrélation entre les kilos pris par la mère au cours de la maternité et le poids du bébé à la naissance.

▶ Par contre, on note un rapport certain entre le poids de naissance de l'enfant et l'âge de la future maman : plus la maman est âgée, plus le bébé sera gros.

▶ En outre, on constate que les mamans un peu rondes mettent au monde des bébés de bon poids et, à l'inverse, une maman menue a souvent un enfant mince.

EN SAVOIR UN PEU PLUS...

# Les échographies :
# de l'image à l'interprétation

**Premières photos, premières rencontres avec votre bébé. Le rêve laisse un peu de place à la réalité bien que parfois les images ne soient pas faciles à interpréter. Mais ces clichés sont avant tout des outils médicaux qui aident au diagnostic de troubles du développement et à celui d'éventuelles malformations.**

## ▶ La première échographie

Elle se programme autour de la 12$^e$ semaine d'aménorrhée. C'est la seule échographie où l'on voit le bébé en entier, flottant dans le liquide amniotique. Elle permet de savoir s'il n'y a qu'un fœtus ou plusieurs, si l'enfant grandit conformément aux échelles types de développement, notamment en prenant sa mesure du haut du crâne au bas de sa colonne vertébrale.

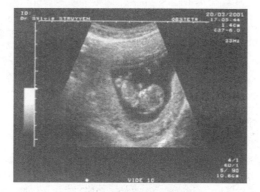

Cette échographie permet encore la localisation du placenta.

## ▌ La seconde échographie

Elle est fixée entre la 20ᵉ et la 22ᵉ semaine d'aménorrhée. L'enfant en raison de sa taille n'est alors plus visible dans sa totalité. Son intérêt consiste à pouvoir évaluer précisément le développement du fœtus en mesurant notamment le fémur d'une des jambes. Le médecin visualise les pieds, les mains, le cœur, les reins et le cerveau. Une dernière échographie sera faite entre 32 et 34 semaines d'aménorrhée.

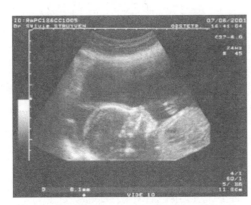

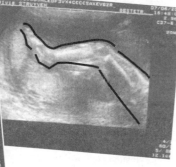

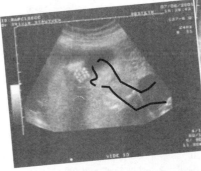

**C'est à la seconde échographie que peut se diagnostiquer le sexe du bébé mais tout dépend de sa position dans l'utérus.** Certains fœtus refusent de montrer leurs organes génitaux, d'autres se tiennent de telle façon qu'il est impossible d'être totalement sûr de leur sexe. D'où un taux d'erreurs relativement important.

**... EN SAVOIR UN PEU PLUS**

# Naissance des sens

**Déjà relativement performants à la naissance, les sens permettent à l'enfant d'entrer en contact avec ses parents et le reste du monde. C'est par l'expérience qu'ils vont s'affiner et devenir à la fois le support de la communication et de l'intelligence.**

## LES SENSATIONS TACTILES

Il semble que le tact soit le premier sens reconnu par le fœtus, il regroupe le toucher et la sensibilité cutanée.

Pour le fœtus, les sensations tactiles proviennent des changements de pression du liquide amniotique. Le brassage de ce liquide procure au bébé de multiples sensations d'effleurement qu'il trouve sans doute agréables. Les premières cellules indispensables à ce sens du toucher s'installent dès la 6e semaine de gestation et s'organisent en couches à partir du 3e mois. Les premières sensations tactiles apparaissent dès 7 semaines et demie de vie fœtale, notamment autour de la bouche. À 11 semaines, tout le visage est couvert de récepteurs tactiles ainsi que la paume des mains et la plante des pieds.

Si les premières sensations du fœtus sont assez confuses, au fil des semaines, l'expérience aidant, elles se précisent et s'affinent. Ainsi, à 14 semaines de gestation, tout le corps du futur bébé peut vibrer sous les chatouilles d'une petite sonde pas plus grosse qu'un cheveu.

## L'AUDITION

Dès la 22e semaine, le bébé réagit aux stimulations auditives et l'audition est normale dès la 35e semaine.

Il entend tout, ou presque, même si les sons extérieurs sont perturbés par les bruits de fond comme les battements du cœur et les borborygmes de la digestion de sa mère. La plupart des sons d'une intensité moyenne ou forte passent in utéro. Mais l'oreille moyenne du fœtus lui permet d'abord dans les premiers mois d'entendre les sons aigus et plus tard les sons graves. In utéro, l'oreille n'a pas encore toutes ses capacités. Le liquide amniotique présent dans l'oreille moyenne et dans la caisse du tympan, qui permet aux sons de se propager in utéro, est expulsé à la naissance, au moment du premier cri, c'est seulement alors que l'oreille acquiert toute sa finesse auditive.

## LA VUE

C'est le seul sens que le futur bébé n'a pas l'occasion de pouvoir entraîner. Le système visuel est le dernier à se mettre en place dans le déroulement du développement. Au 7e mois de la vie fœtale, les paupières s'ouvrent. Jusque-là, elles étaient collées et si les globes oculaires peuvent bouger, l'œil n'a encore rien pour être stimulé. Cependant, des expériences montrent que l'enfant perçoit la lumière venue de l'extérieur et qu'il est capable de faire la différence entre l'ombre et la lumière. On peut même attirer son attention en éclairant le ventre maternel : le bébé se tourne vers la source de lumière si elle est douce. Il s'agite et peut placer ses mains devant ses yeux si elle est agressive. Mais si l'expérience est renouvelée trois à quatre fois de suite, le bébé ne se manifeste plus. S'est-il rapidement accoutumé à la lumière, ou cette sollicitation n'ayant pour lui aucun intérêt préfère-t-il l'ignorer ?

## LE GOÛT

Le bébé fait ses premières expériences gustatives à partir du liquide amniotique qu'il boit régulièrement. Dès le 3e mois de gestation, les tissus qui deviendront sa langue comptent déjà quelques papilles gustatives capables de distinguer le goût salé du goût sucré. Quelques mois plus tard, elles tapissent pratiquement toute la cavité buccale et seront bientôt deux à trois fois plus nombreuses que chez l'adulte.

Les « parfums » du liquide amniotique sont sous l'influence étroite de ceux qui pigmentent l'alimentation de la future maman. À 4 mois, le bébé peut ainsi identifier les quatre saveurs de base : l'amer, le sucré, le salé et l'acide. Si l'on intervient pour ajouter un peu de glucose au liquide amniotique, il est étonnant de constater qu'il déglutit avec beaucoup plus d'énergie : il n'y a pas de doute, il apprécie déjà le goût du sucre.

## L'ODORAT

Il est probable que l'odorat se développe encore plus tôt. En effet, le nerf et les bulbes olfactifs, qui vont servir à transmettre l'information au cerveau, se constituent à 9 semaines de gestation. C'est à 11 semaines que les premiers récepteurs olfactifs se différencient. Les chercheurs ont même découvert, chez les fœtus de 13 semaines, des cellules sensorielles particulièrement performantes, les mêmes qui sont à l'origine du flair chez les animaux. Tout étant en place sur le plan nerveux pour qu'une information sur l'odeur puisse être transmise au cerveau et mémorisée, il semble évident qu'un certain odorat existe avant la vie aérienne.

Pour en avoir la preuve, il suffit de constater qu'un bébé qui vient de naître est capable de reconnaître à l'odeur le liquide amniotique dans lequel il a baigné. Comme le bébé ne respire pas dans le ventre maternel, ses sensations olfactives sont essentiellement basées sur l'analyse chimique des molécules qui flottent dans le liquide amniotique.

Ces sensations seraient donc des repères qui aident l'enfant à reconnaître sa mère alors qu'il a quitté l'utérus maternel.

EN SAVOIR UN PEU PLUS...

# 5

L'influence
de votre santé
sur celle
de votre bébé

*Dans le carnet de suivi médical, remis à la mère quelques semaines après la déclaration de grossesse, un feuillet vous est spécifiquement destiné.*

*La visite médicale du père n'est pas obligatoire et relativement peu pratiquée. Dommage. En effet, cette visite est un véritable bilan de santé qui peut donner de précieuses informations sur le bon développement et la santé du bébé in utéro.*

*Elle met encore l'homme face à ses responsabilités de père et peut l'aider à abandonner des comportements préjudiciables à la santé d'un nourrisson, comme celui de fumer. Il serait souhaitable qu'avant même la conception, chaque futur père contrôle qu'il n'est pas porteur du virus de l'hépatite B ou C et du sida. C'est sans doute le moment ultime pour arrêter de fumer si vous ne l'avez pas encore fait.*

*Pour un homme, veiller sur sa santé pendant la grossesse de sa compagne ne semble pas évident. Et pourtant, en venant troubler le déroulement normal de la grossesse, il perturbe aussi le développement de son futur bébé.*

# LES MALADIES CONTAGIEUSES

Ne croyez pas qu'il suffit que votre compagne soit attentive à sa santé pour que la grossesse se déroule sans difficulté, vous aussi, vous devez veiller à ne pas lui
transmettre de maladies infectieuses. Parmi elles, les
maladies sexuellement transmissibles sont les plus cou-
rantes et exigent de votre part une grande vigilance d'au-

> L'herpès reste difficile à combattre et toute atteinte, même ancienne, doit être signalée.

tant plus que leurs manifestations sont fort discrètes chez l'homme.
Dans la majorité des cas, l'homme infecté contamine sa compagne lors
de leurs rapports sexuels. Elle devient à son tour porteuse de germe,
hypothéquant parfois ses chances d'être enceinte et mettant aussi la
santé de l'enfant à venir en danger.

## Les *Chlamydiae*

Les *Chlamydiae*, de petites bactéries, ou la blennorragie gonococcique
provoquent toutes deux chez l'homme une inflammation de l'urètre
rendant les mictions douloureuses. La femme infectée n'en a pas
toujours conscience, parfois elle souffre simplement d'une inflammation de la vulve et du vagin. Ces deux MST peuvent être à l'origine
d'une fausse couche et d'une inflammation ou d'une infection des

### Davantage de grossesses extra-utérines

▶ Certaines MST ont pour conséquences une modification de la fécondabilité, elles multiplient énormément les
risques d'altération tubaire chez la
femme à la suite d'une infection.

▶ Cette modification de l'une des
trompes peut être à l'origine d'une

grossesse extra-utérine : l'œuf ne
descend pas dans l'utérus, mais reste
dans la trompe et s'y développe.

▶ La future maman est alertée par de
violentes douleurs abdominales et
parfois des saignements. C'est une
urgence médicale.

trompes, la salpingite. Il faut savoir que les maladies des trompes sont responsables de 50 % des stérilités durables.

## L'herpès génital

C'est un virus contagieux, relativement fréquent. Il se manifeste par des petites vésicules au niveau des muqueuses génitales, provoquant une sensation douloureuse. La contamination de la femme a des conséquences sur sa maternité.

Une première atteinte herpétique (primo-infection) peut entraîner des avortements spontanés ou peut être à l'origine d'un accouchement prématuré.

Dans le cas où une poussée a lieu alors que la naissance est proche, le virus de l'herpès peut se transmettre à l'enfant au moment de l'accouchement par l'intermédiaire des sécrétions vaginales. Ainsi, si une crise aiguë d'herpès se déclenche au moment de l'accouchement, il est préférable que l'enfant naisse par césarienne.

## La syphilis

Parmi les maladies sexuellement transmissibles, la plus connue est la syphilis. Elle est heureusement moins répandue qu'autrefois.

Elle est due à un microbe se manifestant par une petite ulcération sur les organes génitaux qui disparaît ensuite, dissimulant la maladie jusqu'à l'apparition de taches roses sur la peau. Son dépistage est obligatoire lors des premiers examens en laboratoire demandés à la future maman.

> Soyez vigilant, toute lésion doit être signalée au médecin pour éviter de contaminer votre compagne et votre enfant.

Si elle est ancienne, une simple vérification de sa disparition suffit ; si elle est plus récente, et notamment si les examens découvrent la présence de « tréponème pâle », les futurs mère et père doivent être soignés.

Pour la future maman, il est alors indispensable de suivre un traitement à base de pénicilline dans les tout premiers mois de la grossesse.

Des examens de contrôle seront prescrits tout au long des 9 mois. Le traitement à base de pénicilline n'a aucun effet secondaire sur le fœtus. En revanche, une syphilis non traitée peut contaminer ce dernier, entraînant des lésions du squelette, du foie, des muqueuses et de la peau.

## Une hépatite

Toutes les hépatites sont contagieuses. Seule l'hépatite A ne perturbe en rien la grossesse ni le développement du bébé. En revanche, l'hépatite B, contractée avant ou pendant la grossesse, peut atteindre le bébé puisqu'elle se transmet par voie sanguine en traversant les voies placentaires. Il est donc important de savoir si vous êtes immunisé contre l'hépatite, soit naturellement, soit après vaccination.

De même, il faut que vous sachiez pour vous-même et votre enfant si vous avez été en contact avec le virus de l'hépatite C. Des pratiques sexuelles anciennes ou certains métiers exposés invitent à faire ces recherches. L'hépatite se déclare généralement dans les deux mois suivant la naissance et le virus, même après guérison des troubles, reste dans le sang.

C'est pourquoi la recherche d'anticorps antihépatite Hbs et Hbc est faite systématiquement au cours de l'examen obligatoire au 6e mois de grossesse.

➥ Le virus de l'hépatite A se transmet par l'eau et les aliments souillés, les hépatites B et C sont transmises par le sang, le sperme et les sécrétions vaginales. Il existe pour les deux premières une possibilité de prévention.

### L'hépatite la plus à craindre

▌ L'hépatite C se transmet par voie sanguine, son risque de transmission est de 6 %.

▌ C'est sans doute l'hépatite la plus dangereuse, elle est encore mal connue et mal combattue médicalement.

▌ On ne connaît pas bien actuellement toutes les conséquences de sa transmission à l'enfant.

Si l'hépatite se déclare au 3<sup>e</sup> trimestre, l'enfant peut être contaminé in utero ou au cours de l'accouchement. Il doit être vacciné immédiatement et subir une injection de gammaglobulines, assurant ainsi une protection immédiate et durable.

## ZOOM

### Le sida

Enfin, la plus redoutable des maladies sexuellement transmissibles reste le sida. Malheureusement, son dépistage, chez le père comme chez la mère, n'est pas obligatoire dans les tests prénatals et prénuptiaux. Il est simplement proposé et doit être vivement conseillé de nos jours car il existe un traitement.

Si un père séropositif ne transmet pas le sida à son enfant — le virus contenu dans le sperme ne touche pas l'embryon —, il a toutefois de grandes chances de contaminer la mère, qui elle-même risque de contaminer l'enfant dans plus de 20 % des cas si elle ne suit aucun traitement. Ce chiffre descend à moins de 5 % si elle est traitée à l'AZT.

Quand l'enfant est contaminé, le pronostic est sombre, la maladie se développant rapidement. Seule la mise en place d'un traitement par quadrithérapie dès la 8<sup>e</sup> semaine après la naissance donne quelques espoirs.

Le risque de contamination est, semble-t-il, lié, au stade de la maladie de la mère, au taux de réplication du virus et au type de virus.

L'accouchement est un moment difficile, la rupture des membranes, plus de quatre heures avant celui-ci, étant un facteur d'aggravation du risque de transmission. C'est la raison pour laquelle une césarienne est souvent conseillée.

## La grippe

Dans ce cas, ce n'est pas son virus qui est dangereux pour votre futur bébé si vous la transmettez à votre épouse mais la fièvre qui l'accompagne généralement. Une fièvre élevée peut provoquer des contractions et être à l'origine d'une fausse couche ou d'un accouchement prématuré selon le stade de la grossesse. De

N'hésitez pas, avant l'hiver, à vous faire vacciner, vous et votre conjointe, contre la grippe.

## D'autres porteurs proches

▶ Vous n'êtes pas le seul à être un éventuel porteur de virus dans l'environnement de la future maman.

▶ Les enfants gardés collectivement ou scolarisés peuvent « rapporter » à la maison la rubéole ou la varicelle.

▶ Ces maladies infantiles sont à craindre si la future maman n'a pas été immunisée naturellement en ayant eu la maladie ou volontairement par vaccination.

▶ Les petits enfants peuvent être porteurs du cytomégalovirus. Empêchez votre compagne de lécher une cuillère que vient d'utiliser un petit pour son repas ou en jouant à la dînette car son virus se transmet par la salive.

▶ Autre agent « perturbateur », le chat de la maison si vous en avez un. Il peut être transmetteur de la toxoplasmose par un parasite qui se trouve dans ses excréments.

➥ Si votre épouse n'est pas protégée contre cette maladie, il est impératif que vous preniez en charge le nettoyage de la caisse du matou ( ou de la minette).

plus, une légère fièvre mise au compte d'une petite grippe peut gêner le diagnostic d'une maladie infectieuse plus ennuyeuse comme une listériose (p. 398) ou une infection urinaire.

➥ Sachez que tous les vaccins utilisés aujourd'hui sont préparés à partir de virus tués et sont donc sans risque, même pendant la grossesse.

# ATTENTION
# AUX COMPORTEMENTS
# À RISQUE

Vos habitudes de vie peuvent nuire directement ou indirectement au bon déroulement de la grossesse. Si les méfaits du tabagisme passif ne sont plus à démontrer, certains comportements comme la consommation d'alcool, de drogue ou une alimentation totalement déséquilibrée rendent la future maman vulnérable à quantités de tentations dommageables pour sa santé et celle de son bébé.

> Pour tous les spécialistes, le seuil dangereux s'établit à plus de 10 cigarettes par jour.

## Le tabac : mauvais pour les bébés...

Si les futures mamans fumeuses connaissent pour la plupart les méfaits du tabac sur le déroulement de leur grossesse, bien des pères fumeurs ignorent que le tabagisme passif qu'ils font subir à leur compagne a des effets similaires.

Une future maman qui vit dans une atmosphère enfumée absorbe autant de nicotine et d'oxyde de carbone qu'une fumeuse. Le tabagisme passif pourrait encore entraîner des accidents au cours de la grossesse, tels que des hémorragies et décollements placentaires, conséquences parfois de mort in utéro. Il semble qu'il puisse encore être mis en cause dans un certain nombre de naissances prématurées. Ces méfaits s'expliquent par l'effet de la nicotine sur les vaisseaux sanguins qu'elle contracte, augmentant momentanément la pression artérielle et accélérant la fréquence cardiaque. L'oxyde de carbone, lui, diminue l'oxygénation du sang, abaissant l'endurance physique et augmentant les risques de durcissement de la paroi des artères. Chez la future maman, ce sont les artères du placenta, amenant l'oxygène

| Tabac et fertilité féminine | |
|---|---|
| ▸ Le tabac a encore une incidence sur la fertilité féminine.<br><br>▸ L'analyse des ovocytes recueillis dans le cadre d'une fécondation in vitro | montre une proportion importante de gamètes inaptes à la fécondation chez les fumeuses et les femmes inhalant la fumée de cigarettes. |

et les aliments au fœtus, qui sont plus ou moins bouchées et scléreuses. Dans tous les cas, on a constaté une diminution de leur diamètre, ce qui les empêche de remplir correctement leur fonction.

## ...néfaste pour les mamans

Différentes études, notamment anglaises, montrent encore que le tabac perturbe le bon déroulement de la grossesse.

Mais surtout l'étude conforte l'hypothèse selon laquelle les enfants nés de mères fumeuses ou victimes de tabagisme passif peuvent subir des altérations du taux d'hormones sexuelles, retentissant sur leur propre descendance : les fonctions ovariennes seraient altérées chez les femmes et les garçons souffriraient d'anomalies de descente des testicules.

Une étude américaine révèle encore que le tabac favorise la formation du bec-de-lièvre chez le bébé.

## S'arrêter définitivement

Il existe aujourd'hui quantité de moyens pour vous aider à arrêter de fumer (p. 391).

• **Les produits à base de nicotine :** patchs, gommes à mâcher, comprimés à sucer sont en vente libre en pharmacie. Ils ont pour fonction de pallier l'état de manque ressenti par l'organisme.

• **Les médecines douces** peuvent encore être une aide.

• **L'homéopathie** est efficace en trois mois, le traitement doit être prescrit par un médecin.

• **L'hypnose** se pratique à raison de 4 à 8 séances.

## Inhaler plus dangereux encore que fumer

▷ On appelle tabagisme passif l'inhalation involontaire de la fumée des cigarettes fumées par d'autres : 20 % de cette fumée est rejetée par le fumeur après passage dans ses poumons, 80 % proviennent de la combustion naturelle de la cigarette allumée.

▷ Cette fumée est plus riche en nicotine et en oxyde de carbone que celle absorbée par le fumeur lui-même en raison d'une réaction de pyrolyse à l'extrémité de la cigarette portée à plus de 380°.

## ZOOM

### Les enfants de fumeurs

Le tabagisme passif auquel peut être soumis le nourrisson est bien évidemment nuisible pour sa santé. On lui attribue un certain nombre de décès par mort subite, l'inhalation d'une grande quantité de fumée de cigarettes multipliant par trois ce risque.

On sait encore, d'après une étude néerlandaise, que la nicotine passe dans le lait maternel provoquant des coliques. Tous les pédiatres l'affirment, les enfants soumis au tabagisme passif de leurs parents sont sujets plus que les autres aux maladies respiratoires, aux rhinopharyngites et aux otites. Il favorise la récidive des laryngites et des bronchites.

Le tabac augmente encore de manière très significative les risques allergiques chez l'enfant asthmatique, l'ambiance tabagique aggravant les crises : elles sont plus sévères et plus longues. Plus l'enfant est jeune, plus les risques sont accrus.

• **L'acupuncture et l'auriculothérapie** «agissent» en 2 à 5 séances, espacées d'une semaine.

• **La mésothérapie** consiste en micro-injections d'un mélange de médicaments.

➤ Il existe des consultations anti-tabac dans la plupart des maternités destinées aux futurs parents. N'hésitez pas à vous faire aider car se désintoxiquer seul est très difficile.

## Phénomène de concentration

La nicotine, après avoir traversé la barrière placentaire, atteint la circulation sanguine du fœtus et se dirige plus particulièrement vers le cerveau, les glandes surrénales, le cœur et l'estomac.

Des analyses du liquide amniotique et du placenta montrent des taux plus élevés de nicotine que dans le sang maternel.

Il en est de même pour l'oxyde de carbone. Les taux de carboxyhémoglobine sont de 10 à 15 % supérieurs chez le fœtus à ceux de la mère.

• **Les méthodes de groupe** sont organisées dans les hôpitaux, elles permettent aux fumeurs d'exprimer par la parole les mécanismes de la dépendance physique et psychique.

**⌁ Quelle que soit la méthode choisie, vous aurez à changer vos habitudes gestuelles et sociales. Il est bien évident que si votre compagne fumeuse met en place les moyens de rompre avec le tabac parce qu'elle est enceinte, vous devez tout tenter pour l'accompagner.**

## L'alcool

Soyez réaliste, il est beaucoup plus difficile pour une future maman de résister à l'absorption d'une boisson alcoolisée si vous-même en êtes un consommateur habituel. Partager un verre de temps en temps, pourquoi pas ? Mais boire du vin même régulièrement est une autre affaire. Un verre d'alcool par jour représente déjà un risque pour le bébé et une consommation quotidienne supérieure est considérée comme une tendance à l'alcoolisme chronique. L'effet de l'alcool sur le bon déroulement de la grossesse est proportionnel à la quantité absorbée par la future maman : l'alcool traverse facilement la barrière placentaire envahissant la circulation sanguine du fœtus. Il semble que l'alcool soit à l'origine de fausses couches,

L'alcoolisme est à l'origine d'impuissance chez l'homme et d'infertilité chez la femme.

d'avortements spontanés, de naissances prématurées et de bébés de faible poids de naissance. Dans les cas d'alcoolisme grave, l'enfant peut être atteint de malformations. Même si la future maman reste sobre, l'alcoolisme de son conjoint perturbe sa grossesse. L'ébriété, même légère, favorise les conflits et la violence entraînant une dégradation des relations du couple, un état d'anxiété, voire dépressif.

**⌐ C'est dès que s'installe le projet d'avoir un enfant qu'il faut réduire sa consommation d'alcool, les alcools les plus forts sont à bannir et le vin doit être réservé aux jours de fête et toujours en quantité extrêmement raisonnable.**

## Les drogues

Tout comme pour l'alcool, le partage d'habitudes de consommation dans le couple est à craindre. Une future maman consommatrice de cannabis compromet dangereusement le développement de son bébé. Il semble que cette substance perturbe le bon développement du cerveau en gênant la mise en place des réseaux de neurones. Plus tard, elle provoque des difficultés de mémorisation et donc d'apprentissage. Il apparaît également que ces enfants sont souvent hyperactifs, impulsifs, inattentifs et anxieux. Mais tous les futurs bébés ne souffrent pas de la même façon sous l'effet de cette drogue. En effet, il existe une relation avec l'indice de masse corporelle de la mère : plus elle est mince plus le cannabis se fixe majoritairement sur les graisses. Lorsque la future maman n'a pas beaucoup de tissus adipeux, elle se dirige vers le cerveau, le sien et celui du fœtus.

De plus, on sait aujourd'hui qu'un joint constitué de cannabis et de tabac produit beaucoup plus de monoxyde de carbone que le tabac seul. Ce gaz mortel inhalé par la future maman a une influence sur l'oxygénation du fœtus perturbant ainsi le développement des organes qui en sont les plus consommateurs, comme le cerveau et le cœur. On connaissait depuis longtemps les ravages du tabagisme passif dû à la cigarette, il faut y ajouter ceux inhérents à la fumée du cannabis.

Mais la toxicité complète des drogues douces sur la grossesse et le fœtus est en cours d'étude.

Quant aux drogues dures, elles peuvent être à l'origine de l'interruption de la grossesse à tous ses stades et surtout de malformations fœtales, sans parler de troubles nerveux et respiratoires chez le nouveau-né. Aux problèmes médicaux liés à la consommation de drogue s'ajoutent presque toujours de graves problèmes sociaux peu compatibles avec l'accueil d'un bébé.

**⊌ Il est vivement recommandé tant à la mère qu'au père d'entreprendre un sevrage avant de devenir parents. Là encore, vous ne devez pas craindre de consulter un médecin afin qu'il vous aide, par exemple, avec un traitement de substitution.**

## VOUS ET VOTRE COMPAGNE

### Votre compagne a des problèmes de santé

Ne soyez pas inquiet plus que de raison, aucune maladie en soi ne contre-indique une grossesse, c'est l'intensité de la maladie qui la rend possible ou non. Une bonne préparation à la grossesse et un suivi rigoureux de la maternité doivent vous permettre de devenir un heureux papa sans trop de difficultés et de soucis.

**⊌ Votre rôle consiste, encore plus que pour une grossesse classique, à accompagner et à aider votre compagne.**

#### ▶ Aidez-la à faire attention à son poids

Les femmes trop maigres ou trop grosses peuvent d'abord rencontrer des difficultés de procréation et un certain nombre d'infertilité sont liées à des problèmes de poids. Au cours de la grossesse, le surpoids entraîne toujours des risques de diabète et d'hypertension, d'autant plus accentués que les 9 mois de gestation sont marqués par une

## Un supplément en fer

▌ Vous ne pouvez pas prendre des vitamines pour protéger votre enfant, mais vous pouvez aider votre compagne dès le projet de grossesse et en tout cas dès que sa grossesse est connue.

▌ Qu'elle n'oublie pas de prendre de la vitamine B9 ou de l'acide folique quotidiennement à raison de 0,4 mg pour éviter certaines anomalies, notamment le spina bifida.

prise de poids supplémentaire de 10 à 12 kg. S'ils viennent s'additionner à un poids déjà supérieur à la normale, un réel inconfort physique est à craindre, surtout les derniers mois. De plus un certain nombre de ces kilos pris au cours de la grossesse ont tendance à s'installer définitivement.

⌄ **Dans tous les cas, il est important pour votre épouse de respecter un bon équilibre alimentaire. Vos habitudes doivent s'adapter aux exigences nutritionnelles de la grossesse. N'étant pas particulièrement compliquées, elles sont faciles à partager.**

▌ **Le diabète ou l'hyperglycémie...**

Sachez que, parmi les maladies chroniques, le diabète et l'hypertension sont les plus répandues. L'une comme l'autre ne contre-indiquent pas la maternité à condition de prendre quelques précautions. Elles peuvent être à l'origine de complications chez la future maman et de malformations fœtales.

Pour mener à bien sa grossesse, votre femme doit, deux à trois mois avant la conception du bébé, faire le bilan de son diabète et obtenir, grâce à un traitement à l'insuline et à un régime alimentaire, un équilibre glycémique proche de la normale pendant la période préconceptionnelle et les trois premiers mois de sa grossesse.

Le médecin spécialiste établit le dosage quotidien d'insuline. Il prescrira des examens complémentaires et une analyse d'urine pour éliminer tout risque d'infection urinaire.

## Hypertension et symptômes fœtaux

▍ Limitant la circulation sanguine, l'hypertension ralentit les apports nutritifs du fœtus. Le développement de ses organes peut en souffrir et il naît petit et maigre ; sans graisse protectrice, il se refroidit très vite.

▍ De plus, la raréfaction de l'oxygène l'oblige à consommer ses réserves naturelles en sucre, provoquant à la naissance des accidents d'hypoglycémie.

▍ Le manque d'oxygène entraîne encore le ralentissement des mouvements du bébé in utéro.

▍ Pour surveiller l'état de santé du fœtus, le médecin demande à la future maman de contrôler la fréquence de ses mouvements.

▍ Si leur nombre diminue au moins pendant deux jours, lors des trois comptages (matin, après-midi, soir), elle doit alerter le spécialiste.

### ▌ ...un contrôle régulier

La surveillance d'une future maman diabétique consiste en un auto-contrôle régulier du taux de sucre dans les urines et en visites, tous les 15 jours, chez son médecin spécialiste en plus des rendez-vous mensuels chez son obstétricien.

L'accouchement se fait normalement à terme par les voies basses si l'enfant n'est pas trop gros. Mais l'accouchement prématuré est assez fréquent dans cette pathologie en raison d'un excès de liquide amniotique. Votre enfant devra être régulièrement surveillé car il a trois fois plus de chance que les autres de développer un diabète au cours de sa vie.

### ▌ L'hypertension : du repos avant tout

L'état de grossesse augmente souvent l'hypertension et la révèle même parfois. Cette maladie peut être à l'origine d'un mauvais fonctionnement des reins qui produisent alors une hormone, la créatinine, faisant croître la tension artérielle.

L'hypertension pendant la grossesse peut être cause de complications importantes, telles qu'une crise d'éclampsie ou un décollement du placenta révélé par une hémorragie. Ces complications mettent en danger la vie du futur bébé ou sont à l'origine d'un faible poids de naissance.

Tous les quinze jours, la tension de la future maman est contrôlée. Des analyses d'urine régulières permettent encore le dosage de l'acide urique et l'analyse des hormones spécifiques à la grossesse. Enfin, l'enregistrement des bruits du cœur du fœtus contrôle son bon développement.

La prise d'antihypertenseurs et le repos complet permettent que tout aille bien. La prise de poids doit être modérée.

➤ **Seule votre aide attentive et quotidienne permettra à votre épouse un vrai repos, votre implication est indispensable.**

▶ **L'asthme**

La grossesse n'aggrave ni ne diminue les crises d'asthme et leur traitement par des aérosols de bêtamimétiques peut se poursuivre tout au long de la grossesse.

Si votre femme est sujette à des crises importantes, elle devra se faire suivre régulièrement, tant sur le plan pneumologique que gynécologique. Par contre, il est préférable qu'elle accouche sous péridurale afin d'éviter toute appréhension.

▶ **Les allergies**

Dans la majorité des cas, qu'elles se manifestent par des difficultés respiratoires ou par des troubles dermatologiques, leur traitement ne

## En cas de seconde grossesse

▶ Si votre femme a souffert lors d'une première grossesse d'un diabète gestationnel, lié aux changements hormonaux de la grossesse, elle reste prédisposée au diabète, surtout si elle prend du poids et consomme beaucoup de sucre.

▶ Il n'est pas possible de savoir si ce diabète était préexistant ou s'il a été provoqué par la gestation. Les futures mamans obèses, avec des antécédents familiaux de diabète ou ayant dépassé la quarantaine, sont particulièrement touchées par ce phénomène.

▶ Quant à l'hypertension, elle peut disparaître après le premier accouchement. Cependant, le plus souvent, elle persiste et a tendance à s'aggraver.

sera pas interrompu par la grossesse. Mais il est toutefois recommandé à votre compagne de parler de son projet de grossesse avec l'allergologue et le gynécologue.

Votre compagne peut être contrainte à renoncer à un accouchement sous péridurale si elle est allergique aux produits anesthésiants. En cas de recours obligatoire à une césarienne, l'anesthésiste choisira les produits les mieux adaptés à son cas.

### ▶ Les maladies cardiaques

La future maman doit être suivie médicalement et dans un service hospitalier spécialisé. Un soin tout particulier sera mis à lutter contre les problèmes infectieux qui ont souvent des conséquences sur le plan cardiaque. C'est durant le 1er trimestre que le cœur est le plus mis à l'épreuve, et au moment de l'accouchement, lors de l'expulsion.

## RÉPONSES À VOS QUESTIONS

*Quel est le suivi médical de la future maman si elle n'a aucun problème particulier de santé et mène une grossesse tout à fait normale ?*

▶ **La surveillance médicale d'une future maman, ne présentant ni pathologie ni facteur de risque, se compose au minimum de sept visites prénatales et de trois échographies.** Ce sont des examens obligatoires, remboursés à 100 %, et qui conditionnent les premières prestations familiales. Mais un grand nombre de femmes voient beaucoup plus souvent leur médecin, soit parce qu'elles souhaitent le rencontrer tous les mois, soit parce que celui-ci préfère les suivre à ce rythme.

La première consultation, celle qui va confirmer la grossesse de votre conjointe, devrait idéalement se situer 6 à 8 semaines après le retard de règles. Pour prévenir toute grossesse difficile, la première visite prénatale se ferait, obligatoirement, à la fin du 2e mois.

## Déroulement de la visite

Si vous n'assistez qu'à la première visite médicale de votre épouse, sachez que chaque visite se déroule de manière presque toujours identique :
- interrogatoire du médecin sur la santé et la vie quotidienne de la future maman,
- compte rendu des éventuels troubles ressentis,
- contrôle du poids, de la tension,
- mesure de la hauteur utérine,
- examen gynécologique.

La visite est généralement suivie d'un examen biologique des urines afin de déterminer la présence ou non de sucre et d'albumine.

Le sucre peut faire craindre un début de diabète, l'albumine est révélatrice d'un risque d'hypertension.

**Cette première consultation est souvent longue car elle comporte un bilan médical approfondi.** Le médecin examine le passé médical et familial de votre conjointe. Il note les opérations chirurgicales qu'elle a pu subir, les allergies possibles, les transfusions qui ont pu lui être faites, les médicaments pris dans le mois précédent, le moyen contraceptif qu'elle a utilisé et sa durée d'utilisation.

Votre conjointe lui signalera tout antécédent gynécologique, notamment les grossesses précédentes, les fausses couches, les IVG, les interventions chirurgicales gynécologiques et les irrégularités du cycle si elle en a, elle doit également mentionner les pertes. Il est important aussi de rappeler des antécédents plus généraux comme la tuberculose, une maladie cardiaque ou rénale, et, bien sûr, les interventions chirurgicales qui ont pu toucher l'abdomen et le bassin. À tout cela s'ajouteront les problèmes héréditaires et familiaux.

Si vous le pouvez, allez à ce premier rendez-vous, le médecin sera content de recueillir quelques éléments d'information vous concernant.

▶ **Le médecin procède ensuite à un examen médical de votre compagne.** Cet examen consiste en une auscultation cardiaque et pulmonaire, un examen des vertèbres, un palper des jambes et des chevilles, afin de déceler d'éventuelles varices ou œdèmes, la prise de la tension artérielle, puis un palper des seins.

▶ **Enfin, il termine la consultation par un examen gynécologique.** Celui-ci comprend un examen au spéculum (cet instrument permet de vérifier l'état du vagin et du col de l'utérus), un toucher vaginal accompagné d'une palpation de l'abdomen renseignant sur l'état des organes génitaux.

🔽 Pour respecter la pudeur de votre conjointe, n'assistez à l'examen gynécologique qu'avec son accord.

▶ **Le médecin peut aussi faire un frottis vaginal** afin de dépister le cancer du col de l'utérus. Un prélèvement des pertes vaginales (s'il y en a) peut aussi être effectué afin de rechercher une éventuelle infection.

🔽 Enfin, votre compagne ne quitte pas le cabinet du médecin sans être passée sur la balance.

▶ **Au cours de cette première visite médicale, le médecin prescrit une analyse de sang.** Elle est essentielle car elle confirme le groupe sanguin de la mère, son facteur Rhésus et l'existence éventuelle d'agglutinines irrégulières (p. 72).
Elle est utile encore pour savoir si la future maman est immunisée contre la toxoplasmose et si elle n'est pas porteuse du virus de la syphilis, et surtout de la rubéole et d'une hépatite.

*Lors de sa dernière consultation, le médecin a recommandé à ma femme de manger équilibré, qu'est-ce que cela signifie au juste ?*

▶ **Il est relativement simple de manger équilibré** en composant ses repas de 15 % d'apport protidique – viande poisson, laitage et légumes secs –, 30 % de lipides – beurre, huile et margarine – et 55 % de glucides – les sucres lents et rapides contenus dans les aliments. Les laitages, pour le calcium, les légumes verts et les fruits, pour les vitamines et les fibres, auront une place de choix dans l'alimentation de votre compagne.

> La prise de poids normale au cours de la grossesse est progressive et ne doit pas dépasser 10 à 12 kg.

▶ **Une alimentation correcte doit apporter des hydrates de carbone, des protéines, des graisses, des vitamines et des sels minéraux** dans des proportions équilibrées. Généralement, il ne faut rien éliminer de ce que l'on a l'habitude de manger mais plutôt mieux doser les différents apports.

Pendant la grossesse, les besoins énergétiques s'accroissent, toutefois comme l'activité physique et le métabolisme se ralentissent, il n'est pas nécessaire de manger beaucoup plus : 150 à 250 calories en supplément des 2 000 calories habituelles, les premiers mois, 200 à 300 calories en plus par jour est un grand maximum et uniquement les trois derniers mois.

➽ **Si jusqu'alors ses repas, et souvent les vôtres aussi, n'étaient pas équilibrés, profitez-en pour changer ensemble vos habitudes alimentaires.**

## Quelques conseils

▎ Ne lui supprimez pas le sel, en effet le sel marin non raffiné contient des sels minéraux indispensables.

▎ Faites-lui penser à prendre régulièrement la supplémentation en fer que lui a prescrit son médecin.

▎ Évitez de mettre sur la table du lait cru, des fromages non pasteurisés, afin d'éviter une contamination par la listériose.

▎ Lavez deux fois les fruits et les légumes afin d'éliminer les risques d'hépatite A et de listériose, une maladie bactérienne qui a des conséquences sur le développement du fœtus (p. 398).

▎ Toutes les viandes doivent être bien cuites pour éviter la toxoplasmose.

▎ Évitez encore le poisson cru.

▌**Quelques précautions sont à observer.** Vous et elle mangerez vos rôtis de viande un peu plus cuits qu'à l'ordinaire : la viande trop rouge est déconseillée aux futures mamans en raison des parasites dont elle peut être porteuse. Côté boisson, buvez de préférence pendant 9 mois de l'eau et plutôt de l'eau minérale que celle du robinet afin de limiter les risques de gastro-entérite et d'intoxication au plomb si vous vivez dans un immeuble ancien.

Si votre compagne aime le lait qu'elle en profite. En effet, la femme enceinte, pour elle et pour aider son bébé à bâtir son squelette, a besoin d'au moins 1 g de calcium par jour que seuls le lait et ses dérivés sont capables d'apporter. À titre indicatif, un verre de lait contient 300 mg de calcium et 100 g de fromage 400 à 520 mg.

➥ Votre programme alimentaire :
• au petit-déjeuner : lait aromatisé ou yaourt ou fromage, pain ou céréales et un peu de beurre ;
• au déjeuner et au dîner : légumes en crudités ou en potage, viande, poisson ou œufs (un peu moins le soir qu'à midi), légumes cuits à l'un des deux repas au moins, féculents à un repas, fromage, fruits et pain ;
• en collation : lait ou yaourt ou fromage, pain ou céréales.

## Les bienfaits des acides gras

▌Les graisses ou lipides doivent être présents dans l'alimentation de la future maman. Ils jouent un rôle important dans le développement de l'enfant, notamment les acides gras qu'ils contiennent participent à la construction du cerveau.

▌Par contre, leur surconsommation favorise le surpoids et rend la digestion difficile. La moitié des corps gras sont utilisés en général pour les cuissons.

▌Une proportion importante se trouve encore dans la charcuterie et le fromage. Au cours de la grossesse, mieux vaut garder un peu de ce dernier aliment qui apporte du calcium et éliminer l'autre.

# Communication in utéro mère-enfant

Le bébé se développe dans le ventre maternel par l'apport d'éléments nutritifs et d'oxygène.
Cette communication entre la mère et l'enfant se fait grâce au liquide amniotique, au cordon ombilical et au placenta, un organe extraordinaire.

Villosités choriales

Placenta

Liquide amniotique

Veine ombilicale

Artère ombilicale

Un liquide amniotique clair et abondant, 1 litre environ, est signe de bonne santé. Sa composition est proche de celle du sang et on y trouve des cellules de peau fœtales qui, grâce à l'amniocentèse, peuvent être prélevées et analysées afin de diagnostiquer un certain nombre de maladies.

## ❿ Le liquide amniotique

Le bébé flotte dans le liquide amniotique, contenu dans un sac fait d'une double membrane translucide : l'amnios abrite le fœtus, le chorion ourle la paroi utérine. D'abord bien distinctes, elles se rapprochent pour être l'une contre l'autre lorsque le fœtus occupe tout le volume de l'utérus. Elles contrôlent la composition du liquide amniotique tout au long de la grossesse. La nature poreuse de leurs tissus assure des échanges métaboliques importants apportant des éléments qui enrichissent en permanence le liquide amniotique composé d'eau enrichie à 95 % de sels minéraux. Il se renouvelle toutes les trois heures. Si le fœtus en avale beaucoup, il y rejette aussi ses urines aseptisées. Ce liquide maintient encore le bébé à température constante, 37 °C et le préserve des chocs et des bruits trop violents. Aseptique, il sert aussi de rempart à certaines attaques microbiennes et virales.

# ▶ Le placenta

**Veine ombilicale**

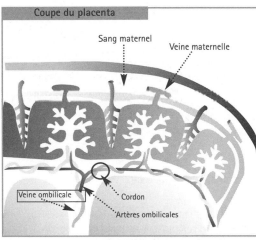

**Coupe du placenta**

Sang maternel

Veine maternelle

Veine ombilicale

Cordon

Artères ombilicales

Au moment de la nidification, l'œuf tisse un réseau de fins capillaires qui pénètrent dans les tissus. L'extérieur de ces vaisseaux est tapissé de cellules qui ont pour caractéristique de réaliser de nombreuses synthèses. Vers le 18e jour environ après la conception, se développent les tissus qui assurent le raccordement des vaisseaux sanguins irriguant le placenta à ceux de l'embryon. Le cordon ombilical abrite ces connexions.

Face à l'agression des villosités du trophoblaste, la muqueuse utérine réagit.

Chaque brèche est circonscrite à l'extrémité des villosités par la construction de petites chambres dont les parois sont irriguées par le sang maternel. Jamais le sang maternel et le sang fœtal ne sont mêlés, les échanges se font exclusivement à l'échelle moléculaire : molécules gazeuses d'oxygène et de gaz carbonique, molécules de substances nutritives.

> **Le placenta se forme dans les premiers jours qui suivent la fécondation à partir d'une partie périphérique des cellules de l'œuf : le trophoblaste embryonnaire.**
> Ses cellules se développent très rapidement au début de la grossesse, puis leur multiplication se ralentit alors qu'elles augmentent leur masse.

Dans la partie basse de ces chambres, une artère amène le sang maternel. Dans la partie haute, pénètrent les villosités dont les membranes poreuses captent l'oxygène et toutes les substances nutritives. Elles libèrent tous les déchets produits par l'embryon qui sont évacués vers la circulation sanguine de la mère par l'intermédiaire de petites veines qui en tapissent les parois.

SAVOIR UN PEU PLUS

EN

Le rôle du placenta est essentiellement celui d'un filtre au fonctionnement sophistiqué puisqu'il diffère selon les substances.

Mais il a encore la capacité de faire barrière à certaines bactéries et virus, malheureusement pas tous. De même, il laisse passer les toxines de l'alcool, de la nicotine du tabac et certains composants chimiques des médicaments. Enfin, le placenta a aussi une fonction hormonale essentielle dans la poursuite de la grossesse.

Le placenta atteint,
à la veille de l'accouchement,
une surface de 15 m²
sur une épaisseur de 3 cm et
la longueur du réseau capillaire
des villosités est évaluée à 50 km.

## ▶ Le cordon ombilical

Le bébé est relié au placenta par le cordon ombilical. C'est une gaine faite d'une membrane souple et gélatineuse qui ne peut ni se nouer ni être pincée. Une caractéristique importante puisqu'il renferme trois vaisseaux sanguins enroulés sur eux-mêmes.

La veine « ombilicale » est prise en torsade par deux artères dites aussi « ombilicales ». Les artères conduisent le sang du bébé vers le placenta et la veine apporte le sang chargé d'oxygène et des substances nourricières (à l'inverse du rôle habituel des artères et des veines).

Le cordon ombilical est définitivement constitué au 3e mois de gestation. Il va s'allonger tout au long de la grossesse et atteindre 50 à 70 cm, voire 1 m au 9e mois avec un diamètre de 21 mm environ. Cette longueur est indispensable pour permettre au fœtus d'évoluer comme un astronaute dans l'espace. Une activité que le futur bébé semble apprécier d'après l'aspect incroyablement tordu du cordon ombilical. Le débit sanguin de ses vaisseaux est si intense qu'il avoisine les 30 litres par jour.

# 6

Votre couple
pendant
la grossesse

Apprendre à vivre en couple a été une étape importante de votre vie.

Quelques années vous ont été nécessaires pour créer un bon équilibre entre votre besoin d'individualisme et les besoins affectifs de votre compagne. La maternité représente une autre étape, tout particulièrement s'il s'agit d'un premier enfant : ce bel équilibre acquis se trouve bousculé.

Votre évolution psychique personnelle, qui vous a conduit tout doucement vers l'idée de devenir père, et les changements profonds psychiques et physiques, qui se produisent chez votre compagne enceinte, vont transformer votre vie de couple tant sur le plan de la sexualité que sur celui des relations affectives.

C'est à la fois un moment transitoire et un passage, car c'est alors que se joue l'équilibre futur des relations familiales à trois. Rien ne sera plus comme avant mais tout peut devenir encore plus riche et excitant. Votre rôle est délicat : il vous faut comprendre ce qui se passe chez votre compagne et lui faire comprendre à son tour quel père vous avez envie d'être.

# LA SEXUALITÉ
# DE VOTRE COUPLE

Il y a de grandes chances pour que la grossesse de votre compagne modifie plus ou moins la sexualité de votre couple. Vous pouvez être responsable de ces changements mais, le plus souvent, ils sont la conséquence de l'évolution psychique de votre épouse.

> **N'ayez pas peur, tout est fait pour que votre bébé n'ait pas à craindre les ébats amoureux de ses parents.**

Pour certains couples, la sexualité disparaît comme si le plaisir donné et éprouvé par le corps était incompatible avec la maternité. Ils imaginent que toute pratique est risquée. Ainsi, ils craignent que le sperme soit nuisible au développement du fœtus, que la violence toute relative de l'acte sexuel nuise au bon déroulement de la grossesse : ils ont peur de déranger l'enfant, voire de le blesser.

## Qu'est-ce qui peut contrarier votre désir ?

Certains hommes ont un tel respect pour cette femme qui devient « mère » qu'ils n'osent plus la toucher. D'autres éprouvent une gêne au moment des relations physiques avec leur partenaire : ils imaginent le bébé comme une troisième personne spectatrice de leurs ébats.

### ▶ Votre regard sur elle change.

Le regard que porte l'homme sur le corps transformé de sa femme entraîne des modifications dans le comportement sexuel du couple. Pour les uns, rien n'est plus beau que le corps féminin magnifié par la maternité ; pour d'autres, c'est le contraire. Ils ne supportent pas de voir le corps de leur épouse s'arrondir, se déformer, ils craignent qu'elle ne leur offre plus tout à fait l'image du corps qui les avait tant séduits... leur désir en souffre.

Les tout premiers temps de la grossesse sont souvent marqués par une

## Un bébé parfaitement protégé

D'abord sur le plan anatomique : le vagin et l'utérus sont reliés par un passage très étroit, le col de l'utérus, qui tout au long de la grossesse est obstrué par une glaire visqueuse capable de barrer le passage à un grand nombre de microbes.

De plus, le liquide amniotique, dans lequel baigne le fœtus, joue le rôle d'un formidable amortisseur de chocs.

Aussi, quelle que soit la façon de faire l'amour, tout du moins les pre-miers mois, l'enfant ne peut pas être comprimé dans le ventre maternel car il est parfaitement protégé.

De même, il n'y a aucune raison de craindre la rupture de la poche des eaux ou de déclencher un accouchement prématuré en fin de grossesse.

L'abstinence dans les relations sexuelles est conseillée en cas de saignements, le temps du traitement d'une infection et lorsqu'une modification du col peut faire craindre un accouchement prématuré.

plus grande fréquence des ébats. Vous êtes sensible à sa joie rayonnante qui la rend encore plus belle, votre libido est stimulée par le développement de ses seins, qui la rend encore plus désirable. Elle, de son côté, ressent une grande plénitude intérieure, un sentiment fort de puissance qui lui donne toutes les audaces.

### ▶ Et si elle vous aimait moins ?

Les premières difficultés s'installent discrètement généralement. Au fil des jours, l'homme s'aperçoit que sa compagne ne pense plus entièrement à lui, l'enfant qui occupe déjà tant son esprit prendra-t-il alors encore plus de place une fois né ? Cette mère gardera-t-elle l'envie et le temps de penser à l'amour ? Vous pouvez vous sentir délaissé, dévalorisé de ne plus pouvoir stimuler votre libido. Des sentiments qui se renforcent si votre conjointe, éprouvant une baisse de désir, ne comprend plus vos avances : elle vous reproche alors de n'être qu'un amant, d'être incapable de comprendre ce qui la bouleverse et émet des doutes sur votre capacité à devenir père.

➥ Des relations sexuelles différentes, des rencontres moins fréquentes, voire parfois totalement absentes, créent bien souvent des tensions, des frustrations dont il est préférable de parler. Les rancunes non exprimées font le lit de conflits.

## D'abord, votre compagne peut être plus ou moins disponible

Ce sont le plus souvent les transformations physiques et psychiques de la femme qui changent la vie intime du couple. Un certain nombre de futures mamans ressentent dans les premiers mois de leur grossesse une baisse de leur désir.

Les célèbres sexologues américains Master et Johnson ont observé ce manque de désir sexuel chez 80 % des femmes qu'ils ont suivies tout au long de leur grossesse. Cela s'explique facilement. Les

## ZOOM

### L'avenir du couple en question

Les études, réalisées par les sexologues, révèlent que seulement 10 % des couples conservent une sexualité normale au moment de la maternité ; 50 % des couples cessent progressivement leurs relations et 40 % ont des rapports beaucoup plus épisodiques.

Pourtant, il serait dommage que votre futur bébé, qui est le résultat d'un acte d'amour, devienne un obstacle au bon équilibre de votre couple. Bien au contraire, il est important que durant cette période, prélude à de profonds changements dans la vie du couple, vous ne viviez pas l'un et l'autre dans un état de frustration.

La plupart des sexologues pensent que, sauf raisons médicales, la vie sexuelle d'un couple doit être pratiquement normale du début à la fin de la grossesse. Cette continuité dans les relations intimes est importante pour l'avenir du couple. Interrompre, sans raison, toute relation sexuelle pendant 9 mois peut créer certaines difficultés après la naissance du bébé. Le désir, pour survivre aux perturbations physiques et psychiques qu'entraîne une grossesse, a besoin d'être entretenu.

De plus, pour le père qui aura déjà plus ou moins de mal à trouver son statut entre la mère et l'enfant, cette abstinence au cours de la grossesse ne pourra que conforter son sentiment d'exclusion.

perturbations physiques, telles que les nausées ou les vertiges, les changements psychologiques, le grand besoin de dormir ne favorisent pas la libido féminine.

L'extrême sensibilité des seins peut être également un frein à une sexualité normale, car ils sont alors « lourds », souvent douloureux, bien éloignés de leur image érotique habituelle. Ces sensations sont exacerbées par l'excitation sexuelle : l'afflux de sang supplémentaire congestionne alors un peu plus les tissus, et transforme les sensation corporelles, les caresses deviennent différentes, parfois presque désagréables.

Enfin, le bon développement du futur bébé, sa croissance et son avenir sont autant de soucis susceptibles d'envahir l'esprit de votre compagne à tout moment, même les plus tendres. Ces nouvelles préoccupations peuvent altérer le désir de votre femme.

**➘ Pensez que, longtemps, les rapports sexuels au cours de la grossesse ont été considérés, à tort, comme responsables de fausses couches. Vous savez que c'est erroné.**

## Des petits troubles physiques sans gravité

- Il peut arriver que votre compagne ait des petits saignements et de légères contractions après un rapport sexuel.
- Les saignements sont dus à une certaine fragilité du col de l'utérus, classique au cours de la grossesse.
- Les contractions ont deux causes, mécanique et chimique. Mécanique d'abord : le pénis touche le col de l'utérus ; chimique ensuite : au moment de l'orgasme, l'organisme de la femme produit des ocytocines et des prostaglandines, des hormones qui jouent un rôle dans le mécanisme de l'accouchement.
- Ces petites perturbations ne sont en rien inquiétantes. Jamais les relations sexuelles ne peuvent être à l'origine d'une fausse couche si la grossesse se déroule normalement.
- Il est préférable de consulter un médecin en cas de saignements ou de douleurs persistantes après un rapport sexuel.

## Puis cela s'arrange

Normalement, c'est entre la fin du 1er trimestre de la grossesse et le début du 3e trimestre que la sexualité de votre couple s'exprime le mieux. Un deuxième élan de désir s'installe. Les craintes de la future maman sur le déroulement de sa maternité s'estompent : les échographies lui ont révélé que tout va bien et elle commence à s'habituer à son nouveau corps.

Au début du 4e mois, les tissus du vagin et tous ceux de l'appareil génital ont une configuration qui sera la même tout au long de la grossesse. Ils se sont épaissis, sont congestionnés, leur état est très proche de celui que l'excitation sexuelle induit.

À cela s'ajoute une plus grande humidification de la région vaginale. Le désir et le plaisir se réinstallent.

La future maman traverse alors généralement une période où elle se sent bien dans sa peau, épanouie, sereine. Certaines femmes se sentent, à ce stade de leur grossesse plus désirables : leur ventre est juste légèrement rebondi et leur poitrine superbement développée.

La certitude d'être séduisante est une donnée fondamentale dans la sexualité féminine. Il arrive que des difficultés apparaissent alors dans le couple, l'homme ne répondant pas assez aux sollicitations de sa compagne.

### L'art de la caresse

▶ Au cours de la grossesse, les couples peuvent aussi imaginer des relations amoureuses différentes où l'art de la caresse prend toute sa place.

▶ Il ne faut pas avoir peur de toucher, voire d'appuyer sur le ventre de votre compagne. Les caresses peuvent être à l'origine d'un plaisir sensuel proche de celui obtenu par le coït.

▶ Ces effleurements des mains et des lèvres manifestent l'entente, l'enga-gement et la confiance des partenaires, ils comblent le besoin de chacun d'être désiré.

▶ La grossesse peut être l'occasion pour chacun des membres du couple de découvrir les caresses qui lui apportent le plus de satisfactions sexuelles. Les prémices auront plus de place que l'acte sexuel en lui-même.

## ZOOM

### Une sexualité confortable

Dès le 6e mois, parfois et souvent en fin de grossesse, votre couple va devoir changer ses habitudes amoureuses.

Le ventre proéminent de votre femme, ses seins parfois douloureusement sensibles rendent la position dite du «missionnaire» peu confortable, sauf si vous portez le poids de votre corps sur vos avant-bras.

Beaucoup de couples adoptent alors la position allongée sur le côté, la femme appuyant son dos sur l'homme. Certaines femmes préfèrent les positions à genoux au-dessus de leur partenaire ou les positions par l'arrière.

C'est un domaine où l'inventivité de chacun doit exceller et l'occasion pour le couple d'expérimenter des pratiques nouvelles et pour lui moins classiques.

## Mais quelques difficultés en fin de grossesse

Le dernier trimestre de la grossesse peut par contre être sexuellement moins épanouissant. La future maman peut alors être gênée par son ventre, sentir son corps trop lourd, avoir mal aux jambes, au dos, bref ne pas être au mieux de sa forme. Son souffle est court et la fatigue fréquente.

Certaines futures mamans supportent avec difficulté leur nouvelle image corporelle. Elles se trouvent laides, se voient beaucoup plus grosses qu'elles ne le sont en réalité. Elles imaginent alors que leur partenaire ne leur trouve plus aucune séduction. Elles ne se sentent plus capables d'éprouver du plaisir et d'en donner.

☛ Le désir amoureux peut varier au cours de la grossesse chez l'un comme chez l'autre, seul un dialogue permet de balayer l'incompréhension. Il serait dommage qu'elle s'installe dans le couple au moment où il fonde une famille.

N'hésitez pas à lui dire qu'elle est toujours aussi jolie et que sa grossesse lui procure une vraie beauté.

## L'abstinence sur ordonnance

Face à la menace d'un accouchement avant terme, le médecin peut conseiller au couple des relations moins fréquentes, voire même l'abstinence.

L'arrêt des relations sexuelles se justifie notamment par l'action des prostaglandines. Elles jouent un rôle dans le mécanisme de l'accouchement : elles favorisent la maturation et la dilatation du col de l'utérus. En situation d'accouchement prématuré, lorsque le col est déjà raccourci et aminci par les contractions, il faut essayer d'éviter l'effet des prostaglandines contenues dans le sperme.

De plus l'acte sexuel, en provoquant des mouvements du liquide amniotique peut être à l'origine de contractions, tout comme l'orgasme qui se manifeste parfois par des contractions utérines.

> En cas de grossesse difficile, les relations peuvent être déconseillées ou ralenties. C'est le médecin qui vous donnera quelques conseils.

# VOS RELATIONS AFFECTIVES

Jamais votre épouse n'aura eu autant besoin de vos bras protecteurs. En effet, le temps de la maternité est marqué pour elle par une profonde introspection : elle se replie sur elle-même, s'observe, écoute son enfant, pense à lui. Presque uniquement à lui. Au fil des jours, un lien se tisse, de plus en plus fort. Observez, elle ne dit plus : « Je suis enceinte. », mais : « Je vais avoir un enfant. », véritable projection dans l'avenir, dans une autre vie.

> Vous vous occuperez tous deux d'autant mieux de votre bébé que chacun aura pris soin de l'autre dans le présent et par le passé.

Cependant, l'amour se nourrit d'échanges et, pour l'instant, ils n'existent pas. En fait, l'amour que la mère croit ressentir pour son enfant, c'est à elle-même qu'elle le porte. Ce qui explique un état de béatitude dont le père est souvent exclu.

## Sachez être à l'écoute de l'autre

Votre rôle de père dans ce couple mère-enfant est fondamental. Il doit accompagner la régression qui aide la femme à devenir mère. Il est chargé d'aider, de protéger la mère qui, selon le célèbre pédiatre et psychanalyste anglais D. Winnicott, sombre dans « la folie maternelle » : elle ne vit que pour et par son enfant. Le père doit assurer un soutien solide tout en acceptant d'être quelque peu à l'écart de ce que vit la mère.

La future maman éprouve aussi un grand désir de protection. Elle a besoin de discuter avec vous, d'avoir votre avis, d'écouter vos conseils même si elle ne les suit pas.

Elle traverse des moments de grande sensibilité que vous devez prendre en compte. Un rendez-vous manqué pour un examen médical que vous deviez partager, un manque de disponibilité à ses préoccupations lui font vite penser que son aventure ne vous concerne pas. En fait, vous préparez maintenant vos relations familiales de demain. Lorsqu'on les interroge, la plupart des futures mamans disent se sentir bien, plus calmes, plus patientes qu'avant leur grossesse.

Pour un certain nombre d'entre elles, la maternité renforce leur caractère, leur donne une assurance qu'elles n'avaient pas auparavant. Elles ont mûri presqu'instantanément, au moment où elles ont su qu'elles étaient enceintes, passant du stade de jeune femme à celui de mère responsable.

Pour d'autres, la «maternité» est plus difficile à accepter. Elles négligent tout ce qui les concerne : leur maison, leur aspect physique, leur travail ; elles s'écoutent et se regardent en train de se transformer.

➥ **Pourquoi ne pas essayer de satisfaire les envies de votre compagne si cela ne vous demande pas un effort considérable ? Elle y verra une manifestation de votre affection et vous serez satisfait de lui montrer que vous êtes un compagnon presque parfait. Recevoir est toujours agréable et donner tout autant.**

## ZOOM

### Pourquoi éprouve-t-elle des envies irrésistibles ?

Au cours de la grossesse de votre femme, vous allez être confronté aux fameuses envies que connaît toute future maman : des fraises au beau milieu de l'hiver, du camembert en pleine nuit, à moins que ce ne soit des escargots ou de l'andouillette... Devez-vous céder ou tout ignorer ?

Les envies de la future maman sont célèbres, mais n'ont pas vraiment de fondement physiologique. Elles sont plutôt psychologiques. Elles signifient : «Je veux qu'on m'aime, j'ai besoin d'attention, j'aime qu'on s'occupe de moi.» À bon entendeur...

Il semble que les deux tiers des futures mamans éprouvent ces fameuses envies et qu'elles surviennent, dans près de la moitié des cas, à n'importe quel moment de la journée. Il est curieux de constater qu'elles ne sont pas les mêmes sous toutes les latitudes, les futures mamans américaines ont «envie» de glaces et de produits laitiers, donc de sucre, alors que les futures mamans japonaises réclament des mets salés.

## Les émotions la dominent parfois

Comprenez ce qui se passe dans la tête de votre compagne. Pour elle, être enceinte, c'est être partagée entre la joie et l'angoisse.

Et souvent, si elle ne peut ou ne veut pas exprimer ce qu'elle ressent par des mots, c'est son corps qui s'en charge à travers les fameuses nausées, qui peuvent être accentuées par les émotions ou les contrariétés.

C'est toute la diversité des émotions autour de son enfant qui permet à une femme de se supporter, voire même de s'aimer, déformée, encombrée par son ventre.

Elle a le sentiment que tout cela n'a pas vraiment d'importance en comparaison de ce qui se passe en elle, de la responsabilité dont tout à coup elle est investie.

## Préparez votre vie à trois

▶ **Réfléchissez aux espaces consacrés à votre vie de couple.** C'est maintenant, alors que vous n'êtes pas encore accaparés par les bouleversements qu'entraîne la naissance que vous pouvez le faire : sorties, week-ends en amoureux sont nécessaires pour entretenir une relation affective profonde et durable.

> Vous poser d'emblée comme un futur père maternant est le plus sûr moyen de conforter votre futur statut.

▶ **Pourquoi encore ne pas partager ensemble le plaisir d'un sport ?** Seule contrainte : choisir une activité sportive douce, adaptée à l'état de grossesse de votre femme, comme la marche ou la natation. Tout ne doit pas être sacrifié à la fonction parentale.

L'arrivée d'un enfant dans votre couple ne doit pas perturber l'équilibre qui en fait sa force. Il est important que vous ayez des projets autres que parentaux. De plus, une vie agréable, riche et détendue, vous aidera à surmonter les angoisses inhérentes à ce temps d'attente.

▶ **Parlez de vos rôles respectifs dans votre future nouvelle famille.** C'est important pour vous, afin de vous installer dans votre fonction

## Materner votre compagne

▌ Dans la société individuelle actuelle, les futures mamans n'ont parfois comme seul appui que leur compagnon. Celui-ci doit assumer tous les rôles, être une aide matérielle et un soutien psychologique.

▌ Il est alors indispensable que vous compreniez ce qui change dans le corps et dans la tête de votre épouse pour mieux satisfaire ses attentes.

▌ Il est souhaitable parfois d'anticiper ses demandes, faute de quoi vous allez être taxé d'indifférence. C'est en réalité une fonction de maternage qui vous est demandée.

paternelle, et essentiel pour les nouvelles relations qui vont s'établir dans votre couple. Montrez que vous souhaitez vous impliquer dans la vie quotidienne de votre bébé. Ceci n'est toutefois pas toujours simple : trop de femmes veulent tout faire et ne pensent pas, ou ne veulent pas toujours, partager les tâches avec le père du bébé.

➤ **Si votre compagne entre dans cette catégorie, il est temps de la persuader qu'un bébé a autant besoin des câlins de son papa que de ceux de sa maman pour acquérir un bon équilibre psychique. L'idéal pour lui est d'avoir les deux.**

Au cours de la grossesse, le partage des tâches est souvent fonction de la façon de vivre qui s'est instaurée dès les débuts de la vie en couple. Les futurs pères qui participent aux travaux domestiques sont ceux qui y collaboraient déjà beaucoup.

L'idéal, pour le bon équilibre du couple, serait qu'il n'y ait pas de tâches dévolues à l'un ou à l'autre afin que personne ne se sente frustré. De plus, avec l'arrivée d'un bébé dans la famille et les bouleversements qui s'ensuivent, c'est se montrer prévoyant.

## Défendez vos prérogatives

Se faire une place en marge du couple mère-enfant relève parfois de l'exploit, car c'est la mère qui décide de l'espace qu'elle laissera au père. Vous allez devoir tout à la fois apprendre à connaître votre bébé, rester un mari affectueux, endosser de nouvelles responsabilités, et tout cela pratiquement en quelques heures (après l'accouchement).

La seule solution pour vous est alors de montrer votre désir d'assumer votre « rôle de père » en ne vous laissant pas décourager, entre autres, par des phrases du genre : « Tu ne sauras pas faire. » Après tout, toutes les mères n'ont pas forcément fait de baby-sitting jeunes filles, ou aidé à élever une famille nombreuse. Votre femme aussi est inexpérimentée la première fois qu'elle tient son bébé dans ses bras !

Il vous faudra sans doute jongler avec le temps, car en plus, vous devez garder une disponibilité non seulement pour vos activités professionnelles mais aussi pour votre propre épanouissement.

## ZOOM

### Les groupes de pères en maternité

Depuis quelque temps, des maternités publiques et privées organisent des groupes de paroles destinés aux futurs papas. Là, entre eux, ils peuvent exprimer leurs difficultés, échanger leurs expériences et poser les questions qui les préoccupent tant sur le vécu de la maternité de leur compagne que sur le développement du bébé.

Ces discussions représentent une véritable préparation psychique à la paternité puisqu'elles aident les hommes à comprendre en quoi la maternité de leur compagne les bouscule, les émeuve ou les inquiète. Des groupes de paroles spécialisés sont proposés à ceux qui ont des difficultés particulières à devenir parents.

Les pères ayant déjà participé à ses réunions témoignent d'une plus grande satisfaction que ceux qui ont simplement assisté à quelques cours de préparation à la naissance, organisés essentiellement pour les futures mamans. On constate aussi que ces hommes sont davantage des témoins, souvent impuissants, de la naissance de leur enfant mais savent aussi se transformer en acteurs efficaces.

➤ **N'hésitez pas à vous renseigner auprès de la maternité que vous avez choisie avec votre épouse ou votre compagne.**

## Votre place auprès de votre futur bébé

Votre présence auprès de l'enfant est à définir, à organiser au cours de la grossesse. Votre place se fera d'abord par la répartition des soins quotidiens que réclame le bébé.

C'est en changeant votre bébé, en le faisant manger, en étant présent que se construiront les toutes premières relations avec lui, que vous partagerez ses premières découvertes, ses premiers jeux et les premiers câlins.

Ce sera l'occasion, pour l'enfant, de bâtir une relation différente de celle établie avec sa mère.

Cette relation avec vous est indispensable à son épanouissement.

Vous vivrez cette relation comme un enrichissement personnel sans pour cela perdre de votre masculinité.

## VOUS ET VOTRE COMPAGNE

### Retravaillera-t-elle après la naissance ?

Même si, dans votre couple, il est établi depuis toujours que chacun a son activité professionnelle, la maternité peut ébranler cette certitude. En effet, un bébé demande de la disponibilité et le faire garder n'est pas toujours facile. De plus, l'un des parents, majoritairement encore les mères, souhaite parfois partager pleinement la vie de son bébé.

La grossesse conduit à une réflexion sur ce que l'on est et ce que l'on veut dans la vie, et bien des femmes sont amenées à se poser la question du bien-fondé de leur activité professionnelle. De leur côté, certains pères trouvent plus facile que leur épouse cesse de travailler pour se consacrer entièrement à leur enfant et à les chouchouter eux aussi un peu.

Une discussion dans le couple s'impose, notamment lorsque les données financières sont en faveur du maintien de la femme au foyer.

▶ **Mener une vie professionnelle...**

Pour une femme, vouloir un enfant, c'est aussi se poser la question de son avenir professionnel. Votre compagne fera peut-être le choix de poursuivre sa carrière et d'être mère à la fois.

Mener de front deux carrières demande presque toujours une solide constitution. Pendant les toutes premières années du bébé, la vie n'est pas tous les jours faciles et les journées partagées entre le travail et la vie de famille prennent souvent des allures de marathon. En France, près de 80 % des femmes ayant un enfant travaillent et semblent heureuses ainsi.

Les femmes qui font ce choix ont toujours de solides raisons. Si travailler donne une autonomie financière et permet à la famille un peu plus d'aisance, bon nombre apprécient surtout les relations sociales que leur offre le monde du travail.

On constate que les jeunes mamans, tout au moins pendant un ou deux ans, se désinvestissent toujours un peu professionnellement,

## Le congé de maternité

▸ C'est un temps de repos indispensable pour la santé de votre épouse et celle de votre enfant, normalement 6 semaines avant l'accouchement et 8 semaines après (p. 376).

▸ Ce congé est d'abord un facteur important dans la lutte contre la prématurité, mais il aide aussi au bon développement du bébé lors des dernières semaines de gestation.

▸ Bruit, agitation, fatigue entraînent parfois une perturbation des échanges placentaires, cause de retard de la croissance intra-utérine.

▸ Enfin, ce repos prépare le corps de votre compagne à l'épreuve de l'accouchement. Celle-ci a alors le temps de penser à elle, à son nouveau statut, de réfléchir au nouvel équilibre de son couple et, bien sûr, de s'organiser pour après.

▸ Le congé postnatal aura aussi cette fonction, mais il prendra toute sa valeur sur le plan des relations mère-enfant.

▸ Il va permettre à votre épouse et à son bébé de faire connaissance et d'établir entre eux des liens affectifs forts qui aideront, quelques semaines plus tard, à leur séparation.

▸ Vous aussi vous avez droit à 14 jours de congés après la naissance de votre bébé (p. 376) pour faire connaissance.

preuve qu'elles n'oublient pas leur bébé. Réussir leur rôle de mère semble pour un temps plus au moins plus important que faire carrière, mais la seule idée de rester au foyer les déprime.

**...mais pas au détriment de votre bébé**

Rassurez-vous, une mère qui mène de front une activité professionnelle et une vie de famille le fait le plus souvent, aujourd'hui, pour sa satisfaction personnelle. L'estime qu'elle a d'elle-même et son contentement la mettront de bonne humeur et la rendront heureuse, des sentiments qui n'échapperont pas à son bébé. Et même si leurs relations affectives sont relativement limitées, ces quelques minutes de profonde communication et d'échanges riches sont bien plus profitables pour le développement affectif de l'enfant qu'une présence constante et plus ou moins indifférente.

Le bébé, qui vit en symbiose avec sa mère, sera sensible à sa tension si elle reste au foyer alors qu'elle s'y ennuie ou si, inversement, elle travaille alors qu'elle ne le désire pas. Une maman qui travaille donne au père l'occasion inespérée d'une relation intime avec son bébé en allant conduire ou reprendre son enfant à la crèche ou chez sa nounou.

### ▶ Être mère à plein temps ?

Votre compagne peut aussi décider de rester au foyer. C'est alors un peu se retrancher du monde et se recentrer sur les siens. Certaines femmes rêvent de cette situation. Elles veulent vivre pleinement leur nouveau rôle, ne rien rater du développement de leur enfant et estiment garantir ainsi son plein épanouissement et son équilibre futur.

➥ Aucun choix n'est idéal et ne peut bien évidemment pas être imposé. Il est parfois mieux pour toute la famille d'envisager un aménagement du temps de travail. Aussi, étudiez avec votre compagne, dès maintenant, toutes les possibilités d'aménagement d'horaires de travail tant pour elle que pour vous : mi-temps, travail à la carte, travail à domicile, sans oublier la possibilité d'opter pour le congé parental d'éducation (p. 377).

### ▶ Chacun son tour

Si aucun de vous n'a l'intention de s'arrêter de travailler pour s'occuper du bébé, évoquez dès maintenant l'institution d'un plan d'alternance, définissant les jours où l'un déposera bébé à la crèche, ou chez l'assistante maternelle, et l'autre ira le chercher le soir.

## Organisez la garde de votre bébé

▶ Vous travaillez tous les deux : c'est dès les premiers mois de la grossesse qu'il vous faut penser à un mode de garde.

▶ Aucun mode de garde n'est meilleur qu'un autre, l'essentiel est que vous soyez persuadés de son bien-fondé et de sa valeur éducative et affective.

▶ De plus, une nouvelle aide financière, la PAJE, versée aux parents, permet à ceux-ci de choisir, parmi les modes de garde, collectifs ou individuels, celui qui correspond à leurs objectifs éducatifs et non plus uniquement à des critères financiers.

Dans la majorité des cas, c'est une question de bonne volonté, aucune profession n'est exclue et les personnels des crèches voient des responsables d'entreprise comme des personnes exerçant une profession libérale venir chercher leur enfant.

Si l'un comme l'autre vous êtes fort occupés, vous aurez sans doute du mal à instituer un plan de bataille annuel ou même mensuel, vous devrez alors vous organiser semaine après semaine en prenant le temps d'y réfléchir le week-end, carnet de rendez-vous en main.

## Futures mamans salariées

▶ Bon nombre de conventions collectives prévoient la possibilité d'aménager le poste de travail des futures mamans et d'alléger leurs horaires de quelques minutes à une demi-heure. N'hésitez pas à suggérer cette solution à votre épouse si vous la voyez fatiguée.

▶ Sachez encore que 2 semaines peuvent être ajoutées au repos légal prénatal de 6 semaines sur prescription médicale et que si l'emploi de votre épouse est trop fatigant ou incompatible avec son état de grossesse, elle peut changer provisoirement d'emploi tout en gardant le même salaire.

▶ Sa démarche ne sera pas exceptionnelle puisque 40 % des futures mamans demandent un de ces aménagements.

## RÉPONSES À VOS QUESTIONS

*Mon épouse est une femme particulièrement active, j'ai l'impression qu'elle ne se repose pas assez, comment puis-je l'aider ?*

▶ **Certaines futures mamans particulièrement dynamiques ont des difficultés à admettre qu'elles doivent se reposer et se détendre**, ce sont souvent des femmes qui veulent tout à la fois, mener de front leur carrière professionnelle et être des épouses parfaites.

▶ **Essayez dans un premier temps de donner à votre compagne l'envie d'adopter un autre rythme de vie.** Commencez par les week-ends, surtout si elle est du genre à ramener du travail à la maison. Proposez et organisez des fins de semaine détente. Votre programme : une promenade au grand air, un cinéma, un après-midi ou une soirée chez des amis ou en famille, quelques heures de détente à la piscine. Vous pouvez même vous offrir ensemble une initiation à la relaxation afin d'apprendre comment obtenir un relâchement total des muscles et une baisse maximale de la tension nerveuse. Elle sera peut-être réticente au début mais s'apercevra rapidement du bien-être qu'elle retire de cette pratique.

Autre solution, offrez-lui une cure de thalassothérapie prénatale où elle aura l'occasion de se relaxer et de faire un peu de gym douce. Ainsi, elle prendra un peu de temps pour elle et pour votre bébé.

▶ **Côté maison, vous allez prendre en charge une grande part des aménagements que nécessite l'installation de votre futur bébé.** Vous vous occuperez des travaux de peinture et de menuiserie, du montage des meubles et de l'installation des rideaux. Il n'y a aucune raison pour qu'elle refuse que vous preniez, seul ou en sa compagnie, la direction du supermarché les jours de grand approvisionnement. La manutention que représentent les courses dans les grandes surfaces est souvent épuisante. Votre compagne peut d'ailleurs parfois être soulagée en faisant appel aux services « livraison ». Si vraiment vous ne vous sentez pas le courage d'affronter les linéaires, vous pouvez encore faire vos courses sur Internet, mais peut-être que tous ces conseils sont pour vous superflus.

> Si vous n'êtes pas bricoleur, vous allez le devenir. Si vous n'aimez pas faire les courses, vous allez y être obligé.

☛ **Prenez l'initiative de réaliser les travaux ménagers les plus lourds comme faire les vitres, passer l'aspirateur ou laver le sol et même faire la lessive ou étendre le linge.** Enfin, pourquoi ne pas vous mettre aux fourneaux de temps en temps pour préparer le dîner ? Vous constaterez que faire la cuisine n'est pas dénué de

plaisir. De plus, vous vous apercevrez que votre compagne apprécie d'autant plus vos petits plats que vous savez aussi ranger la
cuisine après usage.

Cette initiation aux travaux domestiques vous sera bien utile lorsque
votre épouse sera à la maternité et lorsqu'elle rentrera à la maison
et que les soins du bébé occuperont pour une grande part son emploi
du temps.

*Je suis assez désemparé, je voulais assumer mon rôle de futur papa le
plus complètement possible. Ma femme a consenti à ce que j'assiste
à la première consultation médicale et à la première échographie,
mais maintenant elle refuse que je l'accompagne à ses autres rendez-
vous, pourquoi ?*

▶ **Toutes les femmes ne désirent pas, parce qu'elles sont
enceintes, se faire materner,** elles ont l'impression d'être infantili-
sées, de perdre leur autonomie et leur indépendance, c'est une question de caractère. Votre femme peut avoir le sentiment qu'elle
retrouve une dépendance proche de celle qu'elle avait enfant vis-à-
vis de ses parents. Elle interprète votre intention de bien faire comme
une agression, un retour vers le passé qu'elle refuse.

▶ **Certaines ne souhaitent pas la présence de leur conjoint pour
des questions de pudeur,** elles souffrent psychiquement de leurs

## Ne soyez pas trop envahissant

▶ Il se peut que vous en fassiez trop,
que vos questions lors des consultations gênent l'instauration d'un climat de confiance entre votre
compagne et le médecin.

▶ À moins que vous ne vous trans-
formiez en un assistant médical à
domicile, rappelant sans cesse à votre
compagne ce qu'elle doit faire et ne
pas faire.

▶ Ce sont souvent les futurs papas les
plus angoissés qui se montrent les
plus tyranniques.

transformations physiques, elles estiment que le spectacle des examens gynécologiques nuit au romantisme amoureux.

▶ **D'autres expriment encore une forme de jalousie par l'exclusion de leur mari**, surtout si celui-ci n'a pas été jusqu'alors un compagnon particulièrement attentif à leur bien-être. Elles ont le sentiment que le futur bébé prend trop la vedette et qu'elles passent au second plan dans l'aventure. Ce ne sont pas elles que l'on couve mais uniquement leur ventre qui abrite un descendant.

# Aidez-la à surmonter
# ses petits maux quotidiens

Il y a les futurs papas qui s'inquiètent au moindre malaise de leur épouse et ceux qui trouvent qu'elle s'écoute beaucoup, se plaint souvent, voire trop. Les transformations qu'implique la grossesse au niveau physiologique sont à l'origine de petites douleurs et de légers malaises. Ces troubles ne sont jamais importants, ils peuvent être plus ou moins contraignants dans la vie de tous les jours du couple.

*On ne connaît pas réellement l'origine des nausées, peut-être sont-elles dues aux hormones sécrétées par le placenta ou le relâchement de l'estomac, mais plus vraisemblablement elles sont à mettre au compte de manifestations psychosomatiques. Une femme sur deux en souffre, notamment au cours du 1er trimestre.*

❧ Si c'est le matin, au saut du lit, que les nausées se manifestent, apportez-lui son petit-déjeuner au lit un bon quart d'heure avant qu'elle ne se lève. Remplacez le café par du thé et surtout évitez le café au lait, ajoutez quelques tartines, un yaourt et quelques fruits frais.

❧ Elle n'osera peut-être pas vous le dire, mais c'est l'odeur de votre eau de toilette qui la barbouille. La seule solution est de ne plus en mettre un certain temps ou de l'échanger contre une simple eau de cologne de base.

❧ Dans les cas les plus aigus, conseillez-lui de voir son médecin, il lui prescrira un médicament.

**" Elle a
des bouffées
de chaleur. "**

*Les bouffées de chaleur sont communes. Elles se manifestent par une sensation de chaleur et une transpiration plus importante que la normale. Tout ce la est dû au fonctionnement plus intensif des glandes sudoripares, chargées d'éliminer les déchets de l'organisme.*

❧ Laissez votre compagne aérer largement votre appartement.

❧ Comprenez qu'elle ne supporte plus la bonne grosse couverture qui fait le délice de vos nuits.

EN SAVOIR UN PEU PLUS...

**" Elle a des brûlures d'estomac. "**

*Les brûlures d'estomac sont fréquentes en raison de la paresse de l'appareil digestif : la digestion se fait plus lentement et les sucs gastriques stagnent, voire parfois refluent vers l'œsophage. Quelques précautions alimentaires peuvent aider à faire passer ces désagréments.*

⇱ Proposez-lui de manger en moins grande quantité et de fractionner les repas.
⇱ Mettez à vos menus des œufs, du lait, de la purée de pommes de terre, de la semoule et du tapioca. Ils diluent les sécrétions gastriques.
⇱ Éliminez les aliments acides de vos repas tels que les fruits peu mûrs, les tomates, les groseilles... mais aussi les plats en sauce.

**" Elle a mal au dos. "**

*Le mal de dos est un grand classique. Il débute vers à la fin du 1e trimestre, culmine à la fin du 2e jusqu'à l'accouchement. Les douleurs se situent en bas des reins ou le long du nerf sciatique. Elles sont dues au poids du bébé qui modifie la cambrure de la colonne vertébrale et à la mauvaise position qui s'ensuit ; les muscles dorsaux notamment, destinés aussi à compenser le relâchement des abdominaux, se contractent.*

⇱ Proposez-lui de la masser. Commencez par des mouvements doux, vos mains glissent d'abord sur la peau en vagues rythmées puis s'arrêtent sur les omoplates, le haut du dos, les lombaires, les fesses et les régions latérales pour finir par la colonne vertébrale. À ses effleurements succèdent de larges mouvements circulaires qui s'enchaînent pour former une spirale continue.

**" Elle a toujours envie de faire pipi. "**

*Ces envies sont fréquentes et provoquées par l'afflux sanguin et le basculement de l'utérus (l'antéversion) qui agissent sur les ligaments et les muscles sphinctériens, mais elles sont aussi dues à l'effet de la progestérone qui assouplit les tissus.*

⇱ Ne lui refusez pas un arrêt pipi lors de vos déplacements en voiture.
⇱ Ne lui faites pas de réflexion sur son manque de précaution lorsque vous êtes en société.

*Les maux de tête ne sont pas rares au début
de la grossesse et sont attribués à des variations
de la pression artérielle en raison des modifications
de la circulation sanguine.*

" Elle a des maux de tête. "

🌿 Soulagez-la de la fatigue des tâches domestiques quotidiennes.
🌿 Supportez qu'elle baisse le thermostat du chauffage.
🌿 Évitez de fumer et freinez poliment vos amis gros fumeurs.
🌿 Proposez-lui du paracétamol plutôt que de l'aspirine.

*Elle s'évanouit ou a la sensation d'en être proche.
C'est une chose courante. La cause en est
une hypoglycémie, c'est-à-dire une chute brutale
du taux de glucose dans le sang. Il se traite en
privilégiant les sucres lents plutôt que les sucres rapides.*

" Elle a la sensation de s'évanouir. "

🌿 Si ce phénomène se produit le matin, apportez à votre épouse son petit-déjeuner au lit.
🌿 Conseillez-lui de faire une pause assise avant de se mettre debout.

*Les insomnies s'installent souvent en fin de grossesse
et ont plusieurs origines : les modifications corporelles
qui rendent la position allongée plus ou moins
confortable et celles de la régulation thermique
du corps, mais aussi les inquiétudes naturelles
à l'approche de l'accouchement.*

" Elle a des insomnies. "

🌿 Laissez-la changer de lit si elle en a envie.
🌿 Proposez-lui avant de dormir une tisane relaxante.

*Des petits problèmes circulatoires se manifestent
souvent par la sensation de jambes lourdes, par des
crampes, un œdème plus ou moins marqué des jambes
et des chevilles, et par l'apparition temporaire de varices.*

" Elle dit avoir les jambes lourdes. "

🌿 Acceptez que votre compagne dorme les pieds surélevés.
🌿 Massez-lui les mollets de bas en haut pour faire passer une crampe. Massez doucement chaque jambe en procédant de la cheville vers la cuisse, puis reprenez en pétrissant jusqu'aux chevilles et terminez par les pieds.

EN SAVOIR UN PEU PLUS.

# 7

## Vous voici papa

*Vous êtes impatient de faire la connaissance de votre bébé.*

*Bien sûr, il vous semble que cet enfant n'est pas tout à fait un inconnu, vous lui avez peut-être déjà donné un surnom affectif secret et trouvé des traits de caractère.*

*Mais au moment fatidique de l'annonce de la naissance, vous ne pourrez pas vous empêcher d'être partagé entre la joie et la crainte.*

*Serez-vous là dès l'apparition des premières contractions ? Vous êtes-vous préparé à aider votre compagne à surmonter sa douleur ? Avez-vous tout prévu pour le départ à la maternité ?*

*Et puis, plus important encore, votre épouse aura-t-elle la force de pousser ce petit être hors de son corps ? Saurez-vous l'encourager, la soutenir ? Ce bébé sera-t-il bien celui qui occupe toutes vos pensées depuis si longtemps ?*

*Et vous, serez-vous à la hauteur de l'événement ? Vous souhaitez pouvoir dissimuler votre anxiété et être un soutien, un réconfort pour votre compagne, et vous laisser enfin aller au bonheur d'être « papa ».*

# EN ROUTE
# POUR LA MATERNITÉ

Reconnaître le bon moment, ne pas se laisser surprendre par l'arrivée inopinée du bébé sont des préoccupations classiques pour tous les parents en fin de grossesse. Mais rassurez-vous, bien que la date exacte du déclenchement naturel de l'accouchement de votre compagne soit imprévisible, son approche est annoncée par des signes caractéristiques. Bien sûr, quelques précautions s'imposent s'il s'agit d'une seconde naissance, qui peut se passer plus rapidement qu'une première.

> Un premier accouchement dure en moyenne 6 à 8 heures, ce n'est pas une raison pour partir au dernier moment.

Sachez qu'une naissance annoncée par le siège, l'arrivée de jumeaux, une naissance par césarienne, un utérus fragilisé par une césarienne antérieure, ou malformé, exigent un départ dès le début des contractions. De même, si l'accouchement est prévu dans un service hospitalier, ou une maternité éloignée de votre domicile, n'attendez pas la dernière minute.

## Quels sont les signes annonciateurs ?

Quelques signes vont, à coup sûr, annoncer l'imminence de l'accouchement de votre compagne. Ils ne sont pas forcément dans le même ordre pour toutes les futures mamans et ils n'indiquent pas tous un départ précipité pour la maternité. Celui-ci ne s'impose que lorsque votre compagne a «perdu les eaux». Elle doit alors partir et voyager allongée ou semi-assise.

**Les contractions**, très régulières et douloureuses, n'ont pas la même signification selon qu'il s'agit d'un premier accouchement ou d'un deuxième. Pour une première naissance, vous avez encore presque

2 heures devant vous pour emmener votre femme à la maternité, attendez que les contractions soient de plus en plus proches et de plus en plus longues — elles reviennent toutes les 5 minutes et durent 1 minute. Pour une seconde naissance, c'est lorsqu'elles s'installent toutes les 5 minutes et durent 30 à 40 secondes depuis une heure qu'il faut penser à partir.

**La perte des eaux.** Les eaux sont du liquide amniotique qui s'échappe en raison d'une rupture ou d'une simple fissure des membranes formant ce que l'on appelle la poche des eaux. Cet écoulement paraît toujours, à la future maman, plus abondant qu'il ne l'est en réalité. Il peut survenir sans la moindre contraction, mais exige le départ à la maternité en raison des risques infectieux : le bébé n'est plus protégé dans sa bulle de liquide amniotique.

**Par contre, la perte du bouchon muqueux** qui obstrue le col de l'utérus est plus discrète et passe même inaperçue dans bien des cas. C'est le signe que le col de l'utérus a commencé à s'ouvrir, donc que l'accouchement débute. Mais l'accouchement proprement dit peut avoir lieu quelques jours plus tard.

## Des contractions plus ou moins douloureuses

Les contractions sont totalement indépendantes de la volonté de la future maman et sont ressenties plus ou moins douloureusement selon les femmes. Pour certaines, elles se manifestent par une simple crispation ou une brûlure ou encore comme une colique, pour d'autres,

| Accoucher chez soi | |
|---|---|
| ▶ L'accouchement à domicile en France est aménagé sous surveillance médicale avec l'organisation d'un transfert à l'hôpital en cas de difficultés. | ▶ La seule vertu de cette pratique est qu'elle permet aux futurs parents de vivre la naissance de leur enfant comme une affaire de famille. |

## ZOOM

### Êtes-vous prêts ?

Certaines précautions s'imposent lorsque la future maman aborde le 9ᵉ mois de sa grossesse. La plupart des femmes préparent elles-mêmes leur valise pour la maternité mais rien ne s'oppose à ce que vous l'aidiez en allant faire par exemple quelques courses ou en vérifiant, liste à la main, qu'elle n'a rien oublié. A-t-elle tout ce que la maternité lui a demandé pour elle et son bébé ?

Profitez de l'occasion pour glisser discrètement dans sa valise un brumisateur délicatement parfumé ou un flacon de son eau de toilette préférée ou encore une jolie chemise de nuit. Assurez-vous que cette valise est bien en évidence et que vous la trouverez même si le départ à la maternité est un peu bousculé.

> Évitez si possible, quelques semaines avant la date fatidique, les déplacements professionnels ou toute autre absence.

Accrochez, près du téléphone, les coordonnées d'une compagnie d'ambulance au cas où l'accouchement se déciderait alors que vous n'êtes pas disponible ou si votre voiture ne voulait pas démarrer ce jour-là.

---

ces contractions leur donnent la sensation d'une pression extérieure ou d'une douleur dans les reins.

L'intensité de la douleur est une appréciation personnelle et dépend du seuil de sensibilité, mais aussi de l'état de nervosité et de fatigue de votre compagne.

**➥ Vous aurez une idée de ce qu'est une contraction en posant vos mains sur son ventre : s'il durcit au moment de la douleur, il s'agit bien d'une contraction.**

L'utérus est un muscle creux dont l'anatomie est idéale pour produire le maximum de poussée et aussi aider le bébé à naître. C'est un muscle très innervé et toutes les modifications qu'il subit au cours de l'accouchement sont douloureuses.

**Attention**, certaines femmes ne ressentent pas vraiment de contractions, mais plutôt des envies fréquentes d'aller à la selle ou d'uriner ; d'autres ont la sensation de contractions en haut du ventre, sous les côtes, qui peuvent être prises pour des maux d'estomac. Les douleurs postérieures, qui irradient vers les fesses ou les reins, sont les plus difficiles à supporter.

➤ Il est préférable que la future maman arrive à la maternité, déjà douchée, qu'elle ait les cheveux et les ongles propres. Il est encore recommandé, si possible, qu'elle aille à la selle avant de partir, si besoin en s'aidant d'un suppositoire de glycérine et qu'elle reste à jeun. En effet, si l'accouchement devait se faire sous anesthésie générale, il vaut mieux ne rien avoir dans l'estomac, ou en tout cas que des liquides légers (eau, thé).

## Une naissance programmée

Lorsque ce cas se présente, c'est le médecin ou les parents qui choisissent le jour de la naissance de leur enfant sans tenir compte de la volonté de celui-ci de naître.

**Quatre conditions doivent être réunies :** la future maman doit donner son consentement, et éventuellement le père ; la date du début de la grossesse doit être bien connue pour éviter une naissance prématurée du bébé ; il ne doit pas y avoir de contre-indication au déclenchement ; enfin le col de l'utérus doit être dans un état favorable, c'est-à-dire « mûr ».

### Son déclenchement

▌ Il se pratique par la perfusion d'une hormone, l'ocytocine, qui déclenche la contraction de l'utérus.

▌ Tout en surveillant les contractions et le rythme cardiaque fœtal, on augmente progressivement la dose d'ocytocine jusqu'à ce que l'on obtienne des contractions régulières.

▌ Bien souvent, le déclenchement est associé à une péridurale pour permettre à la mère de mieux supporter la longueur accrue du temps de travail.

▌ Ensuite, la poche des eaux est rompue et la naissance se déroule normalement.

Cet acte n'est pas sans risque et doit être pratiqué pour des motifs précis et dans des conditions médicales idéales. Il peut être décidé lorsqu'il faut abréger la grossesse, par exemple si la mère est hypertendue ou présente une affection cardiaque ou pulmonaire.

**L'accouchement programmé peut être d'intérêt fœtal.** L'enfant souffre dans l'utérus de la mère et mieux vaut le mettre en observation dans une couveuse. De bonnes conditions obstétricales sont nécessaires, notamment la présentation classique de l'enfant tête en bas. Enfin, on doit être certain de la maturation du bébé.

Sauf cas pathologique, on ne déclenche pas un accouchement avant 38 semaines et demie ou 39 semaines. Encore faut-il être sûr de la date du terme.

**Les convenances personnelles remplacent parfois les impératifs médicaux** : la mère souhaite accoucher à une date bien déterminée pour des raisons de confort familial et psychologique. Il se peut que ce soit vous qui le souhaitiez pour être sûr d'être là, vous étant dégagé de toutes contraintes, notamment professionnelles. Mais ces raisons ne sont pas acceptées par tous les praticiens.

# VOTRE PRÉSENCE
# À L'ACCOUCHEMENT

Bien que, pratiquement dans toutes les maternités, les pères soient admis en salle de travail — c'est ainsi que l'on nomme la pièce où se déroule l'accouchement —, le bien-fondé de leur présence reste à voir. Ainsi, si près de 70 % des pères assistent à la naissance de leur enfant, seuls 20 % d'entre eux disent avoir réellement souhaité y assister.

> Le père à l'accouchement sert de médiateur entre la mère et l'enfant, entre la mère et le personnel, entre la femme et la douleur.

## Vous êtes volontaire

Si vous avez suivi attentivement toutes les étapes de la grossesse ou si vous et votre épouse avez choisi une méthode d'accouchement laissant une large place au père, votre présence est une évidence. Pour vous, l'accouchement est le prolongement naturel de l'acte de procréation. Vous pouvez encore souhaiter être là tout simplement pour faire plaisir à votre compagne, c'est la motivation de la majorité des pères. Vous pouvez décider de l'accompagner du début à la fin de l'accouchement ou, si vous craignez de ne pas supporter le spectacle de la naissance, décider d'être là uniquement le temps du travail, ou au contraire, si vous trouvez l'attente trop longue, de n'assister qu'à la naissance. C'est un choix personnel auquel il est préférable d'avoir réfléchi avant le jour J.

> ↘ **Quel que soit votre choix, sachez que la quasi-totalité des pères ne regrettent pas d'avoir participé à la naissance de leur enfant : ils gardent de l'événement un souvenir impérissable, qu'il s'agisse d'une première ou d'une seconde naissance.**

## Laissez aller vos larmes

L'émotion est toujours présente lors d'un accouchement, vous aurez peut-être les larmes aux yeux, vous constaterez sans doute que vos jambes flagellent un peu et que vos mains tremblent. Et si vous vous sentez tout à coup «tomber dans les pommes», n'en ayez pas honte après : vous n'êtes pas le premier et cet incident montre simplement la puissance de votre trouble.

Sachez d'ailleurs que les sages-femmes et les obstétriciens ressentent toujours une certaine émotion lorsqu'ils aident un enfant à entrer dans le monde. Cet instant reste magique même s'ils en ont l'expérience depuis de longues années.

➥ **Ne craignez pas de montrer vos sentiments, personne ne vous en fera le reproche, car il ne s'agit pas d'une sensiblerie, votre trouble est sincère et normal.**

## Vous êtes acteur

Lorsque les contractions deviennent plus fréquentes et plus longues, votre compagne est conduite en salle d'accouchement. Vous ne pourrez la suivre qu'équipé d'une blouse, d'un bonnet et de chaussons, des

### Naissance en vidéo

▌ Filmer la naissance de son bébé est à la mode, et les pères cameramen sont nombreux en salle de travail. Tous les accoucheurs ne supportent pas ces chasseurs d'images.

▌ Quant aux psychologues, ils pensent que c'est un moyen de se «cacher». Ainsi, derrière le viseur, le père ne participe pas, il est uniquement spectateur.

▌ Le «reportage» une fois réalisé, encore faut-il le montrer avec une certaine précaution, notamment auprès des enfants de la famille. Les images ainsi «volées» sont rarement poétiques et peuvent même être traumatisantes pour les plus petits.

▌ En outre, certaines mères ne supportent pas vraiment d'être données en spectacle. Les pères doivent avoir conscience que la naissance d'un enfant est sans doute l'un des moments les plus intimes de la vie d'une femme.

▌ Pensez à discuter de tout cela ensemble avant le départ à la maternité.

## ZOOM

### Ce qui peut vous impressionner

La puissance de l'enfantement peut vous étonner. Vous n'avez sans doute jamais imaginé quel effort physique votre femme doit fournir pour pousser l'enfant hors de son corps. L'intensité de la douleur liée à une naissance sans l'aide de la péridurale est souvent une surprise. Rares sont les pères qui la mesurent. Ils sont réellement admiratifs.

Une certaine angoisse peut vous étreindre : votre épouse sortira-t-elle indemne de l'épreuve ? Ne gardera-t-elle aucune trace physique d'un tel effort ? Souvent encore, quand l'équipe médicale incite fermement la femme à pousser au bon moment, certains pères craignent que le bébé ne réussisse pas à sortir assez rapidement.

Le spectacle de l'accouchement où se mêlent les eaux, le sang et parfois les matières fécales est violent et peut créer des émotions fortes, voire être traumatisant. L'homme se sent impuissant face à cette violence et peut éprouver un sentiment de culpabilité du fait de ne pas souffrir avec elle.

Face à la douleur de leur compagne, troublés par leur propre angoisse, quelques hommes deviennent autoritaires, essayant ainsi de dominer une situation dans laquelle ils se sentent totalement impuissants. Enfin, la vision de ce sexe traumatisé et dilaté peut perturber les relations sexuelles futures.

➥ C'est pourquoi il est conseillé de rester à la tête du lit, près du visage de votre compagne. Ainsi, vous pourrez communiquer par le regard et lui prodiguer quelques attentions comme lui soutenir la tête au moment de la poussée ou lui rafraîchir le visage avec l'eau d'un brumisateur quand elle se repose.

mesures sanitaires indispensables, s'il s'agit d'un grand établissement. Vous serez d'autant plus actif au côté de votre épouse que vous avez suivi avec persévérance les cours de préparation à l'accouchement. Vous aiderez votre épouse à contrôler sa respiration au moment des contractions et à se détendre au mieux entre chacune d'elles. Vos encouragements seront les bienvenus au moment où elle devra pousser l'enfant hors de son corps. Mais vous pouvez aussi faire le choix d'être tout simplement «rassurant» par votre présence, en la soutenant dans son travail par des gestes affectifs.

Si votre couple a fait le choix de l'accouchement sans violence, votre rôle consistera à véritablement accueillir l'enfant : vous le prendrez dans vos mains dès sa sortie, vous le poserez sur le ventre de sa mère, le médecin ou la sage-femme vous demandera de couper le cordon ombilical, puis vous aurez le bonheur de bercer votre bébé dans l'eau tiède de son premier bain (p. 213).

Sinon, vous découvrez votre bébé en couple. Installé sur le ventre de sa mère, le regard dans le vague, les membres encore en position fœtale, votre bébé attend vos premières caresses.

## Vous n'êtes pas sûr de «tenir le coup»

Vous pouvez aussi refuser d'assister à l'accouchement. Afin de ne pas être taxé d'indifférent, faites comprendre à ceux qui vous entourent que la «salle de travail» vous effraie et que vous craignez de ne pas «tenir le coup». Dans ce cas, mieux vaut vous abstenir car rien n'est

### Votre femme se prépare à accoucher

▸ C'est maintenant que votre épouse va devoir mettre en pratique ce qu'elle a appris au cours des séances de la préparation à «l'accouchement sans douleur».

▸ En fait, cette technique ne supprime pas la douleur mais aide à mieux la supporter. La préparation consiste à associer une technique de relaxation volontaire et différents types de respiration.

▸ En adaptant sa respiration aux phases de l'accouchement, votre femme aide votre enfant à naître et lutte contre l'invasion de la douleur. Une bonne respiration favorise l'irrigation des tissus, et notamment des tissus musculaires de l'utérus, et leur apporte l'oxygène indispensable à un bon travail.

▸ En effet, sous l'effet des contractions, le muscle utérin produit de l'acide lactique. S'il n'est pas éliminé par la circulation, il provoque des sensations locales douloureuses.

▸ De plus, en contrôlant sa respiration, votre épouse contrôle aussi mentalement son corps, donc ne se laisse pas submerger par celui-ci.

plus contagieux que l'angoisse. Après tout, la maternité a longtemps été une affaire de femmes, de douleur et de sang.

Enfin, pour certaines femmes, il est exclu que le futur papa soit présent à l'accouchement. Pourquoi ? Elles désirent profondément, et souvent sans le dire ouvertement, vivre cet instant égoïstement.

D'autres ne veulent surtout pas donner à voir à leur conjoint le spectacle de leur corps dans l'effort de l'enfantement. Elles redoutent de lui montrer une image qu'elles jugent dévalorisante, elles craignent l'animalité de la scène. Elles souhaitent préserver une image d'elles idéale en toutes circonstances.

## Votre place à la tête du lit

Si l'accouchement marque une étape importante dans la vie de votre couple, il reste sur le plan technique l'affaire des sages-femmes et des obstétriciens. Votre place n'est pas à leurs côtés, au pied de la table d'accouchement. De plus, la majorité des hommes supportent difficilement la vision en premier plan du sexe béant et douloureux de leur compagne.

> En cas de complications, le médecin accoucheur demande au père de sortir le temps de l'intervention.

Enfin, cette place à la tête du lit, évite encore le traumatisme que peut provoquer une naissance assistée par des instruments tels que ventouse ou forceps (p. 199).

### Question d'école

▸ Dans certaines maternités, on apprend aux pères à participer activement à l'accouchement de leur femme.

▸ À partir de films vidéo et d'une information des praticiens, ils effectuent, sous le contrôle de l'équipe médicale, les gestes de la mise au monde.

▸ Bien sûr, le couple est volontaire pour cette expérience.

▸ Dans d'autres maternités, le père est toléré plus qu'invité. Placé à la tête de la table d'accouchement, il est autorisé à soutenir le moral de sa femme.

➥ Avez-vous pensé à apporter un walkman et une musique relaxante, des lingettes parfumées ou un brumisateur ?

## ZOOM

### Des pères hyperactifs

L'haptonomie (p. 117) donne à la naissance une grande valeur symbolique. Cette technique est utilisée au cours de l'accouchement pour décontracter les muscles de la mère et guider en douceur et avec tendresse le bébé vers l'extérieur.

Accoucher en ayant recours à l'haptonomie demande, généralement, une grande participation du père. Il se place derrière sa femme et pose ses mains sur son ventre. À chaque contraction, il guide l'enfant dans le bon axe pour naître.

La présence du père et sa collaboration active à la naissance sécurisent totalement la mère et donnent au couple une force étonnante. La souffrance en est réduite ; elle ne disparaît pas, mais l'accouchement est dédramatisé, les tensions musculaires sont modifiées, élevant ainsi le seuil de tolérance à la douleur. La peur s'estompe au profit de la plénitude affective.

Le rôle du père peut alors être important, puisqu'il a assisté aux cours d'haptonomie ; c'est lui qui dirigera l'enfant, son épouse se prolongeant en lui et luttant ainsi plus efficacement. En effet, pour Frans Veldman, si les parents ont noué des relations depuis longtemps avec leur bébé, ils pourront lui montrer le chemin de la naissance et le guider dans le passage qui le mène à la vie.

# L'HEURE DE LA NAISSANCE

Qui décide du moment de l'accouchement : la mère ou le bébé ? On sait que dans les toutes dernières semaines, le taux d'œstrogènes de la mère augmente, et celui de la progestérone diminue. Au moment de l'accouchement, son système hormonal produit des prostaglandines placentaires qui stimulent les fibres musculaires de l'utérus, provoquant les contractions.

De son côté, le fœtus produit une substance stimulant les hormones maternelles. L'heure de la naissance est donc une responsabilité partagée. Sur le plan médical, on situe la date idéale de l'accouchement entre le milieu de la 39e semaine et la fin de la 40e semaine d'aménorrhée.

## Une naissance en toute sécurité

Selon les maternités, votre épouse est soit allongée sur la table d'accouchement, la tête légèrement relevée, soit en position semi-assise, les jambes relevées et les pieds calés dans des étriers. La sage-femme lui installe une perfusion à un bras et fixe sur son ventre deux capteurs retenus par des ceintures et reliés à un appareil gros comme un poste de télévision qui déroule une bande graphique : c'est un monitoring.

L'un des capteurs est chargé d'enregistrer la puissance des contractions, l'autre, placé à la hauteur de l'épaule du bébé, perçoit les battements de son cœur. Leurs informations sont retranscrites sur

### Un peu de patience

▸ Même si le travail de l'accouchement vous semble long, si vous avez l'impression que la sage-femme vous a oublié, ne vous inquiétez pas.

▸ Celle-ci sait évaluer exactement quand la naissance sera imminente.

papier sous la forme de deux courbes distinctes. Leur comparaison permet d'évaluer le comportement du bébé in utéro et de diagnostiquer une souffrance fœtale exigeant de programmer une naissance rapide. On pose encore assez souvent un cathéter en intraveineuse sur le bras ou la main de la femme qui va accoucher. Il va permettre, en cas de besoin, l'injection de médicaments au cours de l'accouchement. Dans la majorité des cas, il sert simplement à poser une perfusion de sérum glucosé pour permettre à la jeune maman de soutenir un effort prolongé.

**⬎ Veillez à ce que la médicalisation souvent nécessaire ne soit pas prématurée ni systématiquement imposée.**

Tous ces gestes annoncent la proximité de la naissance mais ne donnent pas vraiment d'indication de délai. Celui-ci est très variable d'une femme à l'autre. Vous pouvez même éprouver une certaine impatience, notamment si le personnel soignant semble vous abandonner. Rassurez-vous, la sage-femme est une professionnelle expérimentée : la taille de l'ouverture du col lui indique exactement où en est la descente de l'enfant.

> Tout accouchement sous péridurale ou avec césarienne se fait sous la responsabilité d'un médecin accoucheur et d'un médecin anesthésiste.

## La douleur de l'enfantement

Accouchement et douleur sont intimement liés. Pourtant, selon les femmes, les circonstances ou la tension nerveuse, la douleur est plus ou moins forte et plus ou moins bien supportée. Dans la phase de la dilatation, la douleur est dépendante des contractions, elle est donc intermittente et de durée variable. Dans la phase de l'expulsion, la douleur est continue. Elle est provoquée par la distension des muscles du périnée et du vagin.

À cela s'ajoute, dans certains cas, une compression des terminaisons nerveuses au niveau de la moelle épinière dans les accouchements dits

« par les reins ». C'est la tête du bébé qui appuie alors sur cette région de la colonne vertébrale.

Le stress augmente la douleur car il engendre la production d'adrénaline dans l'organisme. Il s'ensuit toute une série de réactions hormonales. Le rythme cardiaque et respiratoire s'accélère et la stimulation de l'ocytocine sur le muscle utérin est contrariée. La future maman panique, souffre de tremblements de tétanie et devient incapable de respirer correctement.

## ZOOM

### Lutter vraiment contre la douleur

Il existe différentes méthodes, voici les plus couramment pratiquées :

• La péridurale consiste à injecter à un endroit précis de la colonne vertébrale un produit anesthésiant qui « endort » les nerfs commandant toute la partie inférieure du corps, notamment l'utérus et le vagin. La péridurale s'impose, bien sûr, en cas d'accouchement prévu comme difficile ou long. Elle peut être pratiquée en cours de dilatation, à la demande de la future maman, même si elle n'a pas été prévue au préalable. Le médecin anesthésiste l'ajuste en fonction de la nature et de la durée de l'accouchement, ainsi que de la « réceptivité » de la future maman. Elle a des contre-indications : allergies aux produits anesthésiants, déformations de la colonne vertébrale, troubles de la coagulation et problèmes dermatologiques infectieux.

• L'acupuncture : les aiguilles placées à des endroits précis —le ventre, les pieds et les mains —, et pour un temps déterminé, soulagent la douleur, favorisent la relaxation et préparent à l'accouchement. Selon des découvertes relativement récentes, l'acupuncture stimulerait la production d'endorphines, des substances intervenant dans la transmission de la douleur par les cellules nerveuses du cerveau.

• La sophrologie est une technique qui aide les mères à se relaxer et à visualiser de manière positive ce qu'elles vivent et ce qui les attend. La sophrologie associe de manière alternative relaxation et mouvements. La détente volontaire se fait soit par l'écoute d'une voix calme et monocorde ou par l'écoute de bandes magnétiques.

## Pratique de la péridurale

▶ Le manque de médecins anesthésistes empêche une pratique de la péridurale dans toutes les maternités.

▶ Il est préférable de vérifier qu'une péridurale peut être programmée à toute heure du jour et de la nuit.

## Faciliter le passage de l'enfant

Afin d'éviter une déchirure des tissus, le médecin ou la sage-femme peut pratiquer une épisiotomie. C'est une incision volontaire de l'anneau vulvaire sur le périnée. Elle est réalisée au moment même de la sortie de l'enfant, lorsque l'orifice vulvaire se révèle trop étroit, afin d'éviter une déchirure des tissus, toujours plus délicate à réparer qu'une coupure nette. Elle ne doit pas être systématique.

Par contre, l'épisiotomie est quasiment obligatoire lorsque l'accoucheur utilise les forceps ou la ventouse quand l'enfant ne se présente pas par la tête, et parfois lorsque l'accouchement est prématuré : dans ce cas, il est essentiel de réduire le temps d'expulsion afin que le bébé, déjà fragile, ne connaisse pas de souffrance fœtale.

Le médecin ou la sage-femme incise le périnée sur 2 ou 3 cm au moment d'une contraction ou d'un effort expulsif.

L'incision est faite aux ciseaux. En l'absence d'anesthésie péridurale, selon les praticiens, l'épisiotomie est faite sous anesthésie locale ou sans anesthésie, profitant de l'anesthésie physiologique que produit la pression de la tête du bébé sur les tissus.

Elle est, dit-on, faite pour éviter une déchirure, une fonction actuellement de plus en plus contestée. Aujourd'hui, 48 % des naissances dans notre pays se font avec une épisiotomie, dans 71 % des cas pour une première naissance.

Après la délivrance, sous anesthésie locale ou profitant de l'anesthésie péridurale si elle a été pratiquée, le médecin recoud les différentes couches de tissus qui ont été sectionnées. Fils ou agrafes sont enlevés cinq jours après l'accouchement et avant la sortie de la maternité.

## Un choix philosophique

▶ Certaines femmes souhaitent « vivre pleinement leur accouchement » et désirent dominer les sensations douloureuses de l'accouchement.

▶ Parfois encore, elles veulent, telle leur mère, montrer qu'elles sont capables, elles aussi, de mettre leur enfant au monde sans avoir recours à un artifice.

▶ Une opinion qui varie selon qu'il s'agit d'une première ou d'une seconde voire d'une troisième naissance.

▶ En réalité, avec ou sans péridurale, l'essentiel est que la mère n'éprouve pas le sentiment d'être dépossédée de son acte, qu'elle n'ait pas l'impression de ne pas avoir vraiment réussi à mettre son enfant au monde.

Mais on utilise de plus en plus souvent des fils résorbables. Une épisiotomie ne doit pas laisser de trace et n'avoir aucun effet sur la sexualité ultérieure.

## Une naissance difficile

Il arrive qu'une naissance dite « par voie basse » soit impossible, il faut alors pratiquer une césarienne. Cette intervention peut être prévue avant même le début du travail de l'accouchement, ce qui représente la moitié des cas.

Une césarienne s'impose, par exemple, lors de la présentation de l'enfant par le siège ou par l'épaule, quand le bassin maternel est trop étroit, l'accouchement particulièrement long, surtout en cas de naissance multiple de plus de deux enfants, ou tout simplement lorsque la dilatation du col ne progresse plus malgré les efforts de la mère. L'enfant souffre et le médecin accoucheur doit intervenir d'urgence.

Les indications de cette intervention chirurgicale sont relativement nombreuses, ce qui explique qu'en France, aujourd'hui, 17 % des accouchements se déroulent ainsi. La césarienne consiste à inciser la paroi abdominale sous anesthésie générale ou péridurale.

Les pères ne sont pas toujours admis en salle d'opération lors d'une césarienne, mais ils peuvent l'être si l'anesthésie est faite sous péridurale. Dans ce cas, il vous est demandé de rester à la tête du lit, derrière le champ opératoire. vous pouvez ainsi soutenir moralement votre épouse et accueillir votre enfant en couple.

En effet, dès que l'enfant est sorti, ce qui va prendre dix minutes, la sage-femme passe derrière le champ opératoire et vous montre votre bébé avant de l'emmener pour les premiers soins. Si vous le souhaitez, vous pourrez la suivre. Après la césarienne, votre compagne est installée en salle de réveil, vous pouvez également l'accompagner.

## Forceps et ventouse

▸ Ces appareils sont des aides précieuses qui permettent de dégager un enfant qui souffre et de l'aider à naître en écartant les parois du vagin pour les forceps et en orientant la tête de l'enfant dans le bon axe pour la ventouse.

▸ Ce sont des pratiques sans risque, réalisées, le plus souvent, sous anesthésie locale.

▸ Vous serez sans doute impressionné de voir la force contenue du médecin qui aide l'enfant à naître.

▸ La ventouse peut laisser une trace sur le sommet du crâne, les forceps également, mais sur les côtés. Rassurez-vous, en quelques heures, ces traces auront disparu.

# VOTRE BÉBÉ EST LÀ

La vision de votre bébé risque de vous surprendre beaucoup. Vous allez être étonné par son visage bleu, déformé par la poussée, par la taille de sa tête et de ses épaules, par la matière blanchâtre qui le recouvre, par l'aspect torsadé du cordon, par la rapidité avec laquelle, une fois la tête passée, il se jette dehors.

Ces images, peut-être les avez-vous vues à la télévision, mais elles sont bien différentes vécues « en live ». Et puis, voir sa femme accoucher, son bébé naître, n'a pas grand-chose de commun avec le spectacle d'un reportage, même très réaliste sur la naissance.

## Le premier cri

Votre bébé n'est pas né depuis quelques secondes qu'il vous offre un premier message : « Je suis là, bien présent dans ma nouvelle vie aérienne. » Vous et votre épouse attendiez impatiemment ce premier cri, tant il signifie que le bébé est bien vivant. Ce cri est indispensable pour établir les premières fonctions vitales que sont la respiration et la circulation sanguine.

Au moment de la naissance, sous l'effet de la compression du thorax, lors du passage dans les voies génitales de la mère, une grande partie du liquide qui remplissait tout l'appareil respiratoire in utéro est expulsée.

Au contact de l'air, la glotte s'entrouvre par un mouvement réflexe et les muscles inspiratoires se contractent violemment, provoquant une dépression à l'intérieur du thorax ; l'air s'engouffre dans l'arbre respiratoire et les alvéoles des poumons se déplissent. La première inspiration et le clampage du cordon ombilical transforment profondément la circulation sanguine de l'enfant et établissent la double circulation sanguine (circulation pulmonaire et circulation du reste du corps) nécessaire à la vie aérienne.

Les premiers cris sont suivis de petits grognements attendrissants, le bébé tremble un peu, son visage qui était légèrement bleuté devient rose.

## Prêt à entrer dans la vie

À 9 mois, votre bébé est presque prêt. Certains de ses organes fonctionnent bien, d'autres encore au ralenti. Quelques-uns doivent attendre que votre enfant vive indépendant de sa mère, à l'air libre, pour commencer à fonctionner. Pour la plupart des organes, la naissance représente un choc, suivi d'une lente maturation au cours des premiers mois, voire des premières années de la vie.

**Le cerveau** de votre bébé est parfaitement constitué : il a une taille considérable par rapport au reste du corps, représentant un dixième de son poids total. Mais son système nerveux est loin d'être entièrement constitué : toutes les cellules nerveuses sont là, mais elles ne possèdent pas toutes leurs fonctions et la myélinisation des fibres nerveuses n'est pas encore achevée. Il leur faudra deux ans pour être prêtes !

**Ses poumons** ont leur arbre d'alvéoles, recouvertes d'une matière grasse qui empêche qu'elles ne se rétractent, le surfactant. Ses poumons sont matures et l'air, en pénétrant dedans, à la première inspiration, va déplisser complètement les alvéoles pulmonaires et mettre en route les muscles respiratoires.

**Son cœur** bat à 120-160 pulsations/min, mais sa morphologie est bien particulière : les oreillettes gauche et droite communiquent par

### La délivrance

▸ La naissance de l'enfant ne signifie pas que l'accouchement est terminé.

▸ Quinze à vingt minutes après la naissance, le placenta qui n'a plus de fonction est expulsé, c'est la délivrance.

▸ La future maman est encore sous surveillance médicale deux heures après son accouchement.

▸ Ce n'est qu'ensuite qu'elle pourra regagner sa chambre... Allongée sur son lit, votre bébé est posé sur elle, maintenu par une couverture.

le trou de Botal. Celui-ci se referme au moment de la naissance lorsque les poumons se remplissent d'air.

**Son sang** circulera normalement dès que le médecin ou la sage-femme coupera son cordon et dès son premier cri. En effet jusqu'alors, dans le ventre de sa mère, l'apport en oxygène et l'évacuation du sang ne se font que par l'intermédiaire du placenta, et sa circulation s'effectue par l'intermédiaire des vaisseaux du cordon ombilical ; le sang du fœtus ne passe ni par les poumons ni par le foie.

**Son appareil urinaire** est en place. Les petits garçons en apportent souvent la preuve, à peine nés, en arrosant leurs parents ou le personnel soignant. Les reins ont commencé leur rôle de filtre mais ils devront devenir matures pour remplir pleinement leur fonction, notamment en acquérant la capacité de concentrer les urines.

**Son appareil digestif** est une véritable miniature. L'œsophage est très court. L'estomac a une capacité de 30 à 40 cm$^3$. Le muscle qui ferme la communication entre l'œsophage et l'estomac est peu développé, ce qui explique la tendance facile à la régurgitation chez le nourrisson. Ses intestins sont remplis de méconium qui sera expulsé lors des premières selles.

**Sur le plan des sens**, il est parfaitement équipé pour bien entrer dans la vie. Sa vision est floue dans l'ensemble, mais nette à 20 cm de distance. Il ne possède pas encore la capacité d'accommoder pour voir net. Son audition est tout à fait fonctionnelle. Il reconnaît la voix de ses parents et a déjà mémorisé un certain nombre d'intonations. Son goût n'est encore guère développé, mais il distingue l'amer du sucré. Ses papilles gustatives n'ont plus qu'à apprendre. Son toucher est aussi parfaitement fonctionnel, et il est particulièrement sensible autour de la bouche. Son odorat est actif : il aura à la naissance une prédilection pour l'odeur de sa mère.

**L'équilibre** existe puisque son système vestibulaire est en place (p. 116). Il est déjà prêt pour la station debout.

## Comment aider la future maman

Votre assistance doit se mettre en place dès le début des contractions. Votre tâche essentielle va consister à aider votre compagne à être le plus décontractée possible, elle ne doit pas lutter contre la contraction mais au contraire la laisser l'envahir.

▶ **Chez vous et à la maternité**

Lorsque la contraction débute, mettez-vous tous deux debout, prenez votre femme en appui contre vous, ses bras autour de votre cou, les vôtres sur le bas de son dos, vos mains lui prodiguant un léger massage. Certaines femmes préfèrent s'accroupir : si c'est la position choisie par votre épouse, placez-vous derrière elle, passez vos mains sous ses aisselles, ainsi vous lui permettrez une position moins fatigante puisqu'elle n'aura plus à supporter la totalité de son poids sur ses jambes.

Tant que vous êtes chez vous, vous pouvez encore lui préparer un bain tiède ou l'aider à prendre une douche, à condition que la poche

### Ailleurs, des jeux magiques...

▪ Dans de nombreuses peuplades, il ne saurait être question que le père assiste à l'accouchement, mais il joue un rôle important. C'est notamment le cas dans certains rituels de couvade.

▪ L'homme est alors censé participer à la douleur : il s'allonge, souffre, crie. L'homme crie pour attirer sur lui les mauvais esprits, il les trompe et, pendant ce temps, sa femme peut accoucher sans être tourmentée. On dit aussi qu'il prend sur lui une part de sa souffrance et qu'ainsi il la soulage.

▪ Psychiquement il n'y a là rien d'étonnant, parce que la mise au monde réveille chez l'homme, comme chez la femme, l'angoisse de sa propre naissance.

▪ Aujourd'hui, celui-ci ne se couche plus, ne crie plus, mais ressent parfois des douleurs à l'estomac ou au ventre au moment où sa compagne souffre des premières vraies contractions.

des eaux ne soit pas rompue. De légers massages avec la pomme de douche peuvent soulager sa douleur, ou tout au moins l'aider à se relaxer. Pensez à mettre une ambiance musicale douce qui favorise la détente.

**Les massages** sont très efficaces. À la maison comme à la maternité, faites-lui aussi un massage à mains nues ou avec une huile essentielle pour qu'elle se détende et ait une sensation de bien-être. Un massage léger des jambes et des bras décontractera les muscles noués de son corps et un massage des reins, du bassin et du sacrum soulagera ses douleurs lombaires.

> Le moindre reproche accentue le stress de la future maman. Son corps se contracte, le col de son utérus aussi et la douleur s'intensifie.

Vous pouvez encore l'accompagner pour quelques pas, la position verticale aidant la descente du bébé.

## En salle d'accouchement

Placez-vous à la tête de la table d'accouchement. Là, vous pouvez entretenir une profonde communication avec votre compagne. Du regard et de la voix vous lui témoignez ainsi toute votre affection et votre admiration. Les mouvements de la future maman sont assez limités, car elle est gênée par une perfusion et le monitoring (p. 194). Remontez son oreiller, couvrez ses épaules et ses pieds si elle a froid. Si au contraire elle a chaud, pulvérisez-lui un peu d'eau sur le visage. Au moment de la poussée, profitez des pauses pour lui caresser le front et les cheveux, pour lui chuchoter des mots tendres à l'oreille. Prenez-lui la main au moment de l'expulsion, ainsi vous aurez le sentiment d'être lié par cet instant extraordinaire.

Quelques secondes plus tard, vous découvrez votre enfant lorsque le médecin ou la sage-femme le posera sur le ventre de votre femme. Vous pourrez le caresser tous les deux et lui parler d'une même voix. Portez-le ensemble vers le sein maternel pour sa première tétée. Cette naissance deviendra alors un acte majeur pour votre couple.

## RÉPONSES À VOS QUESTIONS

*La présence d'un médecin est-elle obligatoire lors de l'accouche-ment ?*

▶ **Plus d'un tiers des accouchements en France sont pratiqués uniquement par des sages-femmes.** Tout au long de son accouchement, la future maman est assistée par une sage-femme. Celle-ci contrôle son état de santé ainsi que celui du bébé et le bon déroulement du travail. Régulièrement, elle écoute les battements cardiaques de l'enfant et contrôle la tension artérielle de la mère.

> Évitez de donner à votre compagne des conseils autoritaires : le stress accentue la douleur et peut lui faire perdre ses moyens.

Par des touchers vaginaux réguliers, elle surveille la dilatation du col, l'engagement de la tête (ou des fesses) de l'enfant ainsi que sa rotation. C'est elle qui ausculte régulièrement ou qui installe le monitoring, un appareil de contrôle des battements du cœur du bébé.

Elle guide la maman sur le plan de la respiration, lui conseille de se reposer, la stimule lorsqu'elle doit pousser. S'il n'y a aucune compli-cation, elle met l'enfant au monde, puis surveille la délivrance.

▶ **Si votre épouse a souhaité être accouchée par le médecin qui a suivi sa grossesse**, la sage-femme appelle celui-ci au moment de l'expulsion. Dans tous les autres cas, elle ne prévient le médecin-accoucheur qu'en cas de nécessité, s'il faut aider la sortie de l'enfant à l'aide de forceps ou d'une ventouse et, à fortiori, si une césarienne se présente.

*Mon épouse a choisi d'accoucher avec l'aide d'une péridurale. Est-ce vraiment aujourd'hui la manière la plus sûre pour lutter contre la douleur ? N'y a-t-il aucun risque pour la mère et pour l'enfant ?*

▶ **La péridurale est sans doute l'un des acquis les plus importants dans l'art d'accoucher depuis 25 ans.** Elle consiste à anesthésier le bas du corps en injectant dans la partie basse de la colonne vertébrale, juste au-dessous du sac dural (enveloppe qui entoure la moelle épinière) un liquide anesthésiant. Sa diffusion relativement rapide insensibilise le bas du corps. La future maman ne perçoit qu'une impression de chaleur entre les jambes. La nature, la quantité de liquide injecté, l'endroit où il est injecté, sont des paramètres qui dépendent de la durée de l'accouchement et de la réceptivité de la femme à la douleur.

▶ **Généralement, les femmes qui font ce choix souhaitent vivre leur accouchement dans la tranquillité** et être complètement disponibles pour accueillir leur bébé. Aujourd'hui, grâce à la combinaison de nouveaux analgésiques et au système d'enregistrement à distance des battements du cœur de votre enfant, vous serez peut-être surpris de voir votre compagne se promener dans les couloirs de la maternité avec sa péridurale en attendant le bon moment pour s'installer en salle d'accouchement, lorsque le col de son utérus sera à dilatation complète.

> Le choix de votre compagne est une affaire qui la regarde, c'est à elle de décider comment elle veut mettre au monde votre bébé.

▶ **La péridurale exige un contrôle permanent de la tension et demande l'injection d'un médicament à base d'ocytocine** assurant la régularité et l'efficacité des contractions. La future maman ne ressent ni les contractions, ni la douleur de l'expulsion bien qu'elle participe activement à la naissance sur les indications du médecin accoucheur. Le dosage de la péridurale est calculé pour que l'anesthésie soit maintenue jusqu'à la délivrance. La maman accouche presque avec le sourire tout en ayant conscience du passage de l'enfant au travers de son corps et le bébé naît dans un état de vigilance tout à fait normal.

▶ **Malgré tout, elle n'est pas sans inconvénient mais uniquement pour la mère.** Certaines jeunes mamans se plaignent ensuite de maux de tête, parfois pendant plusieurs jours, et de douleurs lombaires. Les céphalées peuvent être provoquées par la perforation de la dure-mère par l'aiguille de ponction, les douleurs lombaires se produisent notamment lorsque l'accouchement a été long et que la future maman est restée un certain temps en position gynécologique.

⬎ La péridurale est plutôt conseillée pour un premier accouchement toujours long et souvent douloureux.

# La position du bébé

**Tous les bébés ne se mettent pas en position de plongeur, et la question reste entière de savoir pourquoi ils s'installent autrement dans l'utérus.**

L'échographie permet de connaître parfaitement la position du bébé dans les heures qui précèdent sa naissance. Le médecin peut encourager le bébé à se mettre tête en bas par des massages et par des pressions des mains sur le ventre maternel. Une fois sur deux, cette manœuvre est persuasive.

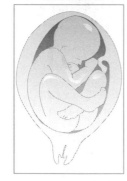

## 96 % des bébés au moment de la naissance sont placés tête en bas.

L'enfant en position de plongeur se place, dans la majorité des cas, de côté, présentant le diamètre le plus étroit de son crâne au passage du bassin de sa mère (pp. 209-210). Mais il peut encore se mettre de face, visage ou front en premier. L'accouchement se fera alors par césarienne car le diamètre de sa tête est plus grand que le passage du bassin.

## 4 % des bébés naissent par le siège, soit les fesses en premier.

Selon le cas, ils tiennent leurs jambes repliées en tailleur ou relevées, les pieds à hauteur du visage ou encore placés en premier. Les naissances par le siège permettent un accouchement par les voies naturelles, seule la durée de l'accouchement sera normalement un peu plus longue.

## Quelques bébés peuvent se présenter par l'épaule.

Ils ont alors décidé de s'installer en travers de l'utérus. Cette position empêche le bébé de s'engager dans le bassin et rend la naissance sous césarienne obligatoire.

# Les phases de l'expulsion

**Ainsi se passe la naissance d'un enfant se présentant tête en bas, en position dite céphalique, le crâne en premier.**

**1** L'expulsion est la sortie de l'enfant, il glisse de l'utérus dans le vagin en passant par le col dilaté et en traversant les os du bassin.

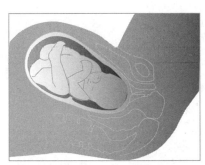

**2** Sa descente se poursuit plus ou moins lentement pour atteindre la partie inférieure du bassin. Là, il devra de nouveau tourner la tête afin de trouver le passage. La tête du bébé passe dans le vagin et touche le plancher pelvien.

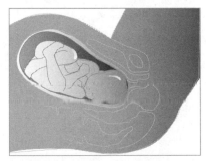

**3** Pour passer le détroit creux et dur que constitue le bassin osseux, l'enfant doit placer sa tête de manière oblique pour passer dans l'espace le plus large du bassin. Il présente ainsi le diamètre de son crâne le plus petit. Il doit donc fléchir la tête et appuyer son menton contre sa poitrine. Les os du crâne n'étant pas soudés, sa tête s'adapte au passage.

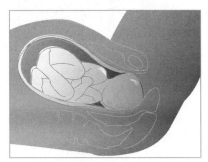

... EN SAVOIR UN PEU PLUS

**4** Grâce au coccyx, la tête du bébé se redresse et atteint la vulve dont la fente s'élargit, le périnée est au maximum de sa tension. La tête du bébé est enserrée dans un anneau musculaire, c'est le moment où l'intervention de la sage-femme ou du médecin est indispensable.

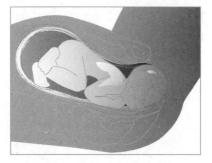

**5** Lorsque la tête est dégagée, l'accoucheur aide au passage du reste du corps, notamment des épaules et des bras. Il dirige la tête du bébé vers le bas pour dégager une épaule, puis vers le haut pour dégager l'autre côté. Le reste du corps jaillit alors littéralement en quelques secondes.

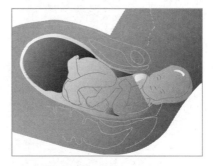

**La position debout de la mère facilite la descente du bébé** et un peu de marche, par exemple pendant 14 à 15 minutes, aide l'enfant à placer sa tête dans l'axe idéal pour s'engager dans le bassin.

# 8

# À la découverte de votre nouveau-né

*Il est là ce bébé tant désiré, vous pouvez l'observer tout à loisir, lui parler et même le toucher.*

*Il est fait d'un mélange de fragilité et de force vitale qui vous étonne. Vous n'êtes pas au bout de vos surprises car il est déjà doué de compétences, tout particulièrement celles de communiquer et de vous séduire. Attendez-vous à fondre devant ses premiers sourires.*

*Très vite, vous allez connaître les inquiétudes normales d'un père : est-il bien armé pour grandir et pourquoi pleure-t-il si souvent ? Bien entendu, des questions fondamentales vous taraudent : serez-vous un bon père ? Saurez-vous répondre à ses besoins ? Laissez faire la magie de l'attachement, ce lien si particulier qui unit enfant et parents de manière réciproque et qui s'installe dès la naissance pour ne jamais finir.*

*Vous aviez souhaité un enfant pour vous, pour vous prolonger au-delà du temps, pour prouver que vous étiez l'équivalent de votre père... Toutes ces raisons narcissiques vont s'envoler pour laisser place à une seule préoccupation : faire de cet enfant le plus heureux des bébés.*

# FAIRE CONNAISSANCE

Bien que vous ayez assisté à pratiquement toutes les écho-graphies et participé à quelques cours de préparation à la naissance, voire même à un groupe de pères ou encore, tout au long de la grossesse, que vous et votre épouse ayez plus ou moins communiqué avec votre bébé, la rencontre avec

> Sa petite taille vous attendrit, ses premières mimiques vous séduisent.

votre enfant a essentiellement lieu dans la salle d'accouchement. Ce qui se passe alors est presque magique.

## Un premier contact qui vous bouleverse

Sur le ventre de sa mère, votre enfant est prêt à recevoir votre amour grâce au contact de votre main qui le caresse et de celui de vos lèvres qui l'embrassent. N'hésitez pas à lui parler, votre voix lui est presque familière si vous avez entamé le dialogue déjà in utéro. Il se peut même qu'il tourne son regard ou sa tête vers vous.

Vous voici face à face avec ce bébé que vous avez construit menta-lement depuis plusieurs mois. Vous allez le regarder sous toutes les coutures. Son petit visage vous attendrit, ses petites oreilles si délica-tement ourlées vous étonnent, ses mains que vous soulevez d'un doigt vous émeuvent tout comme ses petits pieds si ronds. Vous êtes émer-veillé et bouleversé par ce petit être si bien fini et vous êtes fier d'être son papa.

## Vous lui faites prendre son premier bain

Si l'équipe médicale qui a mis au monde votre bébé vous propose de le baigner, n'hésitez pas, même si vous avez quelque appréhension concernant votre habileté. En effet, le bain à la naissance vous offre l'occasion de jouer votre premier rôle de père.

En maintenant votre bébé sous la nuque et les fesses, vous pourrez alors l'observer tout à loisir. Vous le regarderez se détendre dans l'eau

## ZOOM

### Le premier repas de votre bébé

La première tétée n'est pas constituée de lait car le liquide qui s'échappe du sein est le colostrum, un liquide jaune orangé très riche en protéines et sels minéraux et en éléments immunitaires.

Deux à trois jours après la naissance, celui-ci sera remplacé par du lait. Fait extraordinaire, sa composition varie du début à la fin d'une tétée et au cours d'une même journée, s'adaptant idéalement aux besoins du nourrisson.

> Plus l'ambiance est détendue et confiante autour de la jeune maman, mieux la lactation s'installe.

Si allaiter est commode et économique, cette pratique demande le plus souvent, de la part de votre compagne, une grande volonté et beaucoup de persévérance. Évitez de vous en mêler si le bébé a quelques difficultés à bien prendre le sein ou si votre épouse vous semble malhabile, le personnel de la maternité est là pour l'aider.

---

tiède. La plupart des bébés en profitent pour bouger leurs bras et leurs jambes. Si vous lui parlez, il tournera son regard vers vous. Ce premier bain est un vrai moment de bonheur et de tendresse partagé.

## Vous assistez à la première tétée

Si la maman a fait le choix d'allaiter, vous assisterez ému à la première tétée. Le réflexe de succion est déjà bien installé chez le nourrisson puisque, in utéro, il suçait souvent son pouce.

Vous serez même peut-être témoin de son besoin instinctif de téter : posé sur le ventre de sa mère, il grimpe par des mouvements de reptation jusqu'à son sein pour y boire le premier lait. Donnez-lui votre petit doigt à téter, vous serez étonné de la force vitale qui est en lui.

## Vous le prenez dans vos bras

Une fois fait l'examen médical obligatoire à la naissance, les gestes d'hygiène du tout début exécutés par la sage-femme ou la puéricultrice, les premiers vêtements de votre bébé vont lui être enfilés, très vraisemblablement une «gigotteuse«» de laine ou d'éponge selon la période où il naît. Cette tenue, vous l'avez sans doute choisie avec votre compagne, et c'est la première chose qu'elle a mis dans sa valise avant de partir pour la maternité.

Votre bébé peut vous sembler un peu perdu dans sa tenue 1$^{er}$ âge, ce qui renforce votre impression de fragilité et de petitesse. Vous êtes fier de le tenir dans vos bras tout propret et bien peigné.

# LA NAISSANCE
# DE L'AMOUR PATERNEL

Durant la première enfance, le sentiment paternel se traduit par une sorte de neutralité bienveillante, sous-tendue par un intérêt pour les différents besoins de l'enfant. Ce sentiment paternel va se détacher progressivement de son caractère narcissique initial pour devenir plus altruiste ; le père se sent prêt à satisfaire les besoins de son enfant au détriment des siens propres.

> Certains réflexes à la naissance du nourrisson sont peut-être des manifestations d'une capacité à l'attachement.

Lorsque le nourrisson grandit, chaque progrès psychomoteur constitue un fil supplémentaire dans cette trame de communication qui se tisse jour après jour entre le père et son enfant.

## Des bouffées d'affection vous envahissent

Si jusqu'alors vos sentiments paternels s'appuyaient essentiellement sur votre relation conjugale, cela va changer désormais. Votre amour paternel maintenant se construit sur des plaisirs nouveaux, celui de toucher, de prendre dans vos bras, de bercer, de parler et de câliner votre bébé.

Ses mimiques, ses premiers sourires, ses petits gloussements provoquent chez vous de véritables bouffées d'affection. Vous êtes pris au piège de ce petit séducteur. En effet, les comportements de votre bébé que vous interprétez comme volontaires et destinés à répondre à vos sollicitations ne sont encore, pour la plupart, que des gestes instinctifs.

C'est vous qui les chargez d'affectivité et tant mieux car, au fil des jours et des mois, l'enfant apprendra que ces manifestations sont celles qui fondent l'amour familial.

Si c'est un garçon, vous le regardez en imaginant déjà quelle sera votre complicité d'homme dans les années à venir. Si c'est une fille, vous êtes certain que c'est une petite princesse que vous tenez dans vos bras et qui vous regarde déjà.

## Vous êtes acteur de son développement

Des études, menées sur l'influence du paternage sur le développement de l'enfant, ont permis de constater que les bébés, dont les pères étaient très présents au quotidien, avaient un meilleur quotient de coordination vision-préhension, utilisaient mieux leurs jambes et leurs bras pour résoudre des problèmes concrets, et semblaient avoir une meilleure capacité à imiter les actes simples.

Ils connaissent aussi un meilleur développement social : l'enfant paterné est capable de nouer avec autrui des relations équilibrées, il présente donc des conduites d'attachement davantage élaborées. De plus, il semble qu'il ait une maturation sociale précoce remarquable, notamment lors de l'intégration à la crèche ou à l'école.

Ces observations ont montré encore que le père n'a pas le même comportement avec un petit garçon ou une petite fille. Dans le premier cas, les relations sont physiques, dans le second, elles sont plutôt de nature protectrice.

De toute façon, le lien mère-bébé a besoin d'être soutenu par la présence affective et tendre du père.

### Le poids de l'amour

▶ Pour bien grandir, un bébé a besoin d'amour...

▶ De nombreuses études faites dans les hôpitaux ou les institutions pour enfants abandonnés montrent que l'enfant qui ne bénéficie pas des sollicitations affectives d'un adulte dans les tout premiers mois de sa vie risque de souffrir de troubles psychiques graves.

▶ Dans certains cas, la carence affective est telle que ces troubles sont irréversibles. Le bébé se nourrit littéralement de l'amour de ses parents.

⬎ Vous avez surtout un rôle important de médiateur à jouer lorsqu'il existe des difficultés d'attachement entre la mère et l'enfant dues à des problèmes médicaux au moment de l'accouchement ayant entraîné une anesthésie générale, ou pour des raisons psychologiques.

En montrant à la jeune mère toutes les qualités du nouveau-né et son immense besoin d'amour, vous aiderez celle-ci à trouver le contact avec son enfant et à établir avec lui une profonde relation affective.

## Votre bébé s'attache à vous

Dès ses premiers instants de vie, l'enfant a besoin d'attachement. Le choix de ses objets d'attachement se porte essentiellement sur ses parents.

La proximité de vie mère-enfant, tout particulièrement si celle-ci allaite, explique que dans 70 % des cas le principal objet d'attachement soit la mère. Ce qui n'exclut pas une relation privilégiée avec le père. En effet, l'enfant s'attache à la personne qui lui offre une parfaite sensation de bien-être.

À la naissance, le bébé possède des comportements instinctifs, comme l'agrippement, la poursuite du regard, le sourire et les cris qui lui permettent d'attirer l'attention de ses parents, et parallèlement de répondre à leurs sollicitations.

### Votre bébé vous reconnaît

▪ Dès sa naissance, le bébé sait faire la différence entre son père et sa mère. Il les reconnaît par l'odeur, par le physique, par le son de la voix.

▪ Des observations faites aux États-Unis ont montré qu'il réagissait diffé-remment à l'approche de l'un ou de l'autre.

▪ À l'écoute de la voix paternelle, l'enfant voûte ses épaules, hausse ses sourcils, entrouvre sa bouche et ses yeux s'illuminent : il est prêt à jouer.

Le bébé en quelques jours s'attache à la voix, à l'odeur et au visage de la personne qui est le plus souvent avec lui.

Son attachement est d'autant plus marqué que les interactions sociales avec elle sont importantes. Très vite alors, l'enfant établit une distinction entre les visages familiers et les figures étrangères. Les visages familiers deviennent des références apportant réconfort, sécurité et confiance. Ainsi, il semble que le nouveau-né éprouve un besoin fondamental de relations sociales, bien avant le besoin alimentaire.

**⬎ Bien que différente, votre présence est tout aussi essentielle que celle de la mère dans le développement psychique du bébé. L'attachement entre parents et enfant n'est pas instantané, ni acquis d'emblée. Il constitue un apprentissage plus ou moins long et résulte de la rencontre des désirs des parents, de leurs capacités relationnelles et de leur histoire avec les comportements innés du bébé et le développement de ses propres capacités relationnelles.**

## Trouver le temps d'être père

▌ Les relations père-enfant dépendent de l'espace que leur laissera la mère, le rôle du père étant d'atténuer l'intensité de la relation mère-enfant afin de permettre à ce dernier d'acquérir son indépendance.

▌ Le bon équilibre passe-t-il par un partage naturel de toutes les tâches, des plus gratifiantes aux plus matérielles ? C'est la question des couples d'aujourd'hui à laquelle chacun répondra de manière originale.

▌ Bercer, langer ou jouer avec son bébé ne signifient pas un manque de virilité. Observez votre épouse, vous constaterez qu'elle le fait de manière bien différente de vous.

▌ Le plus difficile pour les pères est sans doute de faire la part entre leurs occupations professionnelles, leurs nouvelles obligations de père et leur vie personnelle.

# ÊTRE PAPA,
# CELA S'APPREND

Vous vous sentirez peut-être un peu, voire très malha-bile, dans vos gestes quotidiens. Les nouveaux pères ne savent généralement pas comment tenir leur bébé ou ce qu'il faut faire lorsqu'il pleure. Si c'est votre cas, sachez que le métier de père, comme celui de mère, s'apprend

> Rassurez-vous, les gestes de paternage sont simples et s'apprennent très vite.

par l'expérience, le tâtonnement et au prix de nombreuses erreurs.

On voit aujourd'hui apparaître des pères très maternants, qui font des câlins et qui, dans le quotidien, semblent plus proches de l'enfant que la mère. L'essentiel, dans ce cas, est que les rôles respectifs de chacun des parents, dans les soins apportés à l'enfant, soient bien différenciés dans les gestes. L'enfant fera naturellement la différenciation sexuelle.

## Vous prenez votre congé de paternité

Profitez de votre congé de paternité pour vous installer dans votre sta-tut de père. Plus de 60 % des papas prennent cette pause légale de deux semaines dans leur activité professionnelle (p. 376). Les réfrac-taires avancent des raisons professionnelles ou financières, ils ne s'arrêtent pas du tout ou se contentent de prendre deux à trois jours. Pourtant ce congé a une très grande utilité, notamment lorsqu'il est pris aussitôt après la naissance. Il va vous permettre d'abord de décharger votre compagne des tâches matérielles liées à son retour à la maison avec votre bébé : installation de dernière minute, courses, ménage, cui-sine, lessives, démarches administratives. Mais vous allez surtout profi-ter de ces quelques jours pour vous attacher affectivement encore davantage à votre enfant, pour comprendre son « langage » et pour apprendre à lui répondre de manière adéquate. Vous avez le temps de construire entre lui et vous un lien émotionnel fort qui perdurera.

De retour au bureau, à l'usine, à l'atelier ou dans l'entreprise, vous serez surpris que cet enfant, loin de vos yeux, reste incroyablement près de votre cœur. Certains pères organisent même pour leurs collègues un « pot de naissance » afin de montrer leur fierté et invitent à cette occasion la mère et l'enfant.

Le congé de paternité offre aux hommes la possibilité de ne pas être déconnectés de la vie familiale, de ne pas se sentir exclus des relations avec leur enfant. Tout le monde y trouve son compte, la mère qui se voit soutenue matériellement et affectivement, le bébé qui bénéficie des sollicitations différenciées de ses deux parents, et l'homme qui peut trouver dans la paternité un moyen supplémentaire de s'épanouir.

## Vous lui donnez le biberon

Pour vous, l'allaitement au biberon offre l'énorme avantage de pouvoir faire l'expérience du moment intense de communication avec l'enfant que représente la tétée. Si votre épouse a choisi ce mode d'alimentation, votre bébé recevra son premier repas quelques heures après l'accouchement. De plus en plus de maternités utilisent des petits biberons unidose de lait liquide.

La quantité quotidienne de lait est fixée par le pédiatre en fonction du poids de l'enfant, généralement le nombre de biberons est de 6 par jour, par exemple 90 ml pour un bébé de 3 kg ou 110 ml pour un bébé de 4 kg.

---

### Une initiation pour vous aussi

▸ Généralement, pendant son séjour à la maternité, la jeune maman est initiée aux gestes simples de maternage par le personnel soignant.

▸ Essayez d'être présent le plus possible à ces petits cours pour en profiter aussi.

▸ Ainsi vous apprendrez comment pratiquer la toilette de l'enfant, comment lui donner le bain et les soins à l'ombilic.

Ne soyez pas inquiet si votre bébé ne finit pas toujours ses biberons, il mange tout simplement selon son appétit. La surveillance attentive de sa courbe de poids suffit à confirmer qu'il va bien. En cas de besoin, le médecin saura adapter son régime. Vous serez peut-être étonné de constater que votre tout-petit boit son biberon à température ambiante ou à peine tiède. C'est un nouveau principe de puériculture qui simplifie bien la vie.

➥ **Quelques précautions pour bien nourrir un bébé au biberon : le contenant doit être stérilisé dans les six premiers mois, après il suffit qu'il soit propre ; le lait ne doit s'écouler ni trop vite ni trop lentement, généralement c'est le trou fait dans la tétine qui règle le débit, il ne faut pas l'agrandir ; enfin, vous devez tenir le biberon assez relevé pour que le lait remplisse bien la tétine en évitant les bulles d'air.**

## Vous le prenez dans son berceau

Prendre un bébé dans son berceau commence toujours par une prise de contact verbale. Quelques mots vont lui permettre de ne pas être surpris et de vous reconnaître. Passez une main sous sa tête et l'autre sous ses fesses, et soulevez-le doucement.

Installez-le dans vos bras ou appuyez-le verticalement contre vous, toujours sa tête en appui dans le creux de votre main. Bien sûr, tous ces mouvements s'effectuent sans brusquerie.

Dès sa naissance, l'enfant a besoin de contacts corps à corps. La naissance l'a séparé du corps de sa mère, mais il n'en a pas encore

### Le change, un geste très simple

▶ Cet acte essentiel dans l'hygiène des bébés est aujourd'hui considérablement simplifié grâce à deux « inventions » : les couches jetables et les lingettes.

▶ Il suffit de deux ou trois manipulations pour donner l'impression que l'on a fait cela toute sa vie.

conscience. Petit à petit, il s'en apercevra et retrouvera, avec d'autant plus de plaisir, la chaleur et l'odeur de l'adulte.

## Vous lui donnez le bain en toute sécurité

Assurez-vous d'abord que la salle de bains est à bonne température : 22 °C. Puis préparez tout ce dont vous avez besoin avant même de remplir la baignoire : savon, serviette, vêtements propres. Faites couler l'eau, elle doit être à 37 °C. Lavez-vous bien les mains. Déshabillez l'enfant et nettoyez-lui soigneusement le siège.

Savonnez-le sur tout le corps, tout doucement et simplement avec vos mains : procédez de la tête vers les pieds. C'est seulement une fois ce savonnage minutieux fait que vous plongerez l'enfant dans l'eau en glissant une main sous sa nuque et l'autre sous ses cuisses. Plus vous serez détendu, plus il le sera aussi. Le bain d'un nourrisson n'excède pas 5 à 10 minutes.

## Comment reconnaître les cris de votre bébé

Tous les bébés pleurent, la plupart beaucoup et rien n'est plus normal. En effet, les pleurs sont pour votre bébé un tout premier langage. Petit à petit, rassurez-vous, ses cris vont être remplacés par toute une gamme de petits bruits qui deviendront un prélangage. C'est en apprenant la signification de ses cris que vous les supporterez mieux, au point d'en faire un véritable outil de communication. Il existe chez le

### Des cris au langage

❭ Peu à peu, les cris de votre bébé vont se modifier. Ils vont être remplacés par toute une gamme de petits bruits qui deviendront au fil des mois un prélangage puis un vrai langage.

❭ L'enfant de quelques semaines est compétent pour recevoir des signaux mais aussi pour en émettre.

❭ Petit à petit, son expérience s'enrichissant, il modifiera ses manifestations en fonction de ce qu'il aura perçu.

## ZOOM

### Répondez toujours aux cris de votre bébé

C'est indispensable : parlez-lui, caressez-le, tenez ses mains ou posez fermement une main sur son ventre. Si cela ne suffit pas, prenez-le dans vos bras et bercez-le en le tenant contre votre épaule, sa tête nichée dans votre cou. Vous pouvez encore l'installer à cheval sur votre avant-bras, la tête appuyée au creux de votre coude, votre main entre ses jambes. Dans cette position, balancez-le légèrement et promenez-le dans la maison. Mais, surtout, parlez-lui doucement, racontez-lui que vous l'aimez. Tout naturellement, il retrouvera son calme.

L'enfant qui ne reçoit pas de réponse à ses pleurs va s'énerver, il aura de plus en plus chaud et sera rapidement en sueur. Aux cris et à l'agitation de tous ses membres correspondent une accélération de son cœur et une dilatation des vaisseaux. Ses spasmes vont devenir de plus en plus nombreux, le nouveau-né connaît alors une profonde angoisse à laquelle s'ajoute un risque grave de déshydratation.

Certains enfants sombrent dans un mécanisme de pleurs incontrôlés accompagnés de violents hoquets. C'est ce que les médecins définissent comme le spasme du sanglot. Au paroxysme de la crise, l'enfant devient bleu, ses yeux se révulsent, il perd sa respiration et peut aller jusqu'à un évanouissement très bref.

---

nouveau-né cinq types de cris : celui de la faim, de la colère, de la douleur, de la frustration et enfin du plaisir. À ces cris s'ajoutent, vers l'âge de trois semaines, des sons destinés à attirer votre attention.

Le plus délicat pour vous est de distinguer un cri d'un autre afin de comprendre ce que vous «dit» ainsi votre bébé.

• **Le cri de la faim** se caractérise par un son strident suivi d'une inspiration ; il est accompagné d'un court sifflet puis d'un silence.

• **Dans leurs cris de colère**, certains bébés ont plusieurs timbres. Tout dépend de la force avec laquelle l'air passe entre les cordes vocales. On les reconnaît toujours : très aigus, ils sont difficiles à supporter sur le plan acoustique.

• **Le cri de douleur** est souvent reconnu immédiatement par la mère. Il se compose d'un premier cri, suivi d'un silence, puis d'une inspiration inaugurant une série de cris expiratoires.

• **Le cri de frustration** est une variante de celui de la douleur. Il se manifeste par un cri suivi d'un long sifflement inspiratoire. Il est provoqué, par exemple, par le retrait du biberon et se répète.

• Mais il existe également ce que l'on appelle le **« spleen du bébé »** : la tombée du soir rend certains nourrissons mélancoliques. Ils pleurent, attristés que la journée prenne fin, et peut-être ont-ils peur de ce voile noir qui les enveloppe peu à peu. Pour certains, les cris liés au spleen ressemblent à une mélopée douce et proche de la musique.

## Vous êtes inquiet pour un rien

Vous découvrez votre bébé tous les jours de mieux en mieux. Certains détails, certains comportements vous étonnent et même parfois vous inquiètent souvent plus que de raisons.

Voici ceux les plus couramment rencontrés et leur cause.

• **Les éternuements** : les bébés éternuent beaucoup mais ils ne sont pas enrhumés. C'est pour eux le moyen de se moucher et d'expulser les croûtes de mucus solidifiées qui obstruent leurs narines.

• **Les pleurs sans larmes** : rien n'est plus normal puisque, dans les trois premiers jours de la vie, les canaux lacrymaux ne sont pas encore ouverts.

• **La langue toujours blanche** : la production de salive est encore limitée, ce qui ne permet pas un nettoyage normal de la cavité buccale. Les glandes salivaires ne fonctionnent vraiment qu'à partir de 3 mois.

• **Les lèvres cloquées** : certains nourrissons ont des ampoules sur les lèvres inférieure et supérieure. Ce sont des cloques de succion. Elles ne gênent pas vraiment l'enfant et ne doivent pas être percées.

• **La poitrine gonflée** : la glande mammaire est légèrement gonflée et peut même produire du lait. Ce phénomène s'explique par la

## Des crises de larmes

Le «spleen» du bébé se déclenche souvent en fin de journée, lorsque l'enfant a été très sollicité. Il s'apparente à une décharge de suractivité nerveuse.

Il se caractérise par des pleurs, rythmés de pauses de détente.

Pour calmer ces pleurs, il est parfois suffisant de parler à votre bébé, vous pouvez aussi le prendre et le promener en le berçant.

Mais l'effet calmant de ces manœuvres est presque toujours de courte durée, dès que vous essayez de le recoucher, ses cris redoublent.

D'autres bébés connaissent de véritables crises de larmes qui les laissent inconsolables. Elles sont l'expression d'une angoisse incontrôlée.

Cependant, rassurez-vous, vers 3 ou 4 mois, bébé perdra cette habitude.

transmission des hormones maternelles au bébé. Cette manifestation étonnante doit disparaître au bout de 10 à 15 jours. Mais toute inflammation doit être signalée au médecin. Chez les petites filles, on constate parfois des sécrétions vaginales blanchâtres dues à ces hormones maternelles .

• **Le crâne déformé** : à la suite de l'accouchement, la tête du bébé peut présenter une déformation du crâne (en pain de sucre) ou même parfois une bosse (dite séro-sanguine). Tout rentre dans l'ordre, généralement au bout de quelques jours, voire quelques semaines.

• **Les premières selles foncées** : elles sont en fait le résultat de son dernier repas utérin. Petit à petit, les selles deviennent jaune clair avec l'alimentation lactée. Le rythme normal des selles est de 4 à 5 par jour. Le bébé nourri au sein a un transit intestinal plus rapide.

• **Une tache au bas du dos** : les enfants de couleur ou d'origine méditerranéenne présentent souvent une tache de naissance bien particulière, la tache mongoloïde.
Elle est gris bleuté, installée en bas du dos ou sur la fesse. Elle s'atténuera au cours des années.

## ZOOM

### Veillez sur sa sécurité

#### En voiture

Le jour même de la sortie de la maternité, votre bébé doit voyager en toute sécurité s'il rentre chez lui en voiture. Vous avez deux solutions à votre disposition.

Première solution : votre bébé est installé dans une nacelle attachée aux ceintures de sécurité de la banquette arrière. Elle doit être équipée d'un filet de protection afin que l'enfant ne soit pas éjecté en cas de choc. Certaines maternités prêtent un tel système pour un jour ou deux, le temps que les parents s'équipent.

Deuxième possibilité : vous couchez l'enfant dans un siège rigide attaché à la ceinture du siège avant, dos à la route.

Attention : cette solution exclut la présence d'un Airbag pour le siège passager avant-droit, mais elle est la plus sûre en cas de choc frontal ou latéral. Il existe une réglementation et une homologation obligatoires des sièges auto pour enfant. Il est encore impératif d'installer le siège en respectant scrupuleusement les consignes du fabricant.

> Ne secouez jamais votre nouveau-né, et plus tard votre enfant. Le résultat d'un tel geste peut être catastrophique pour sa santé, voire même mortel.

#### À la maison

Tant que votre enfant ne marche pas, vous êtes à l'abri d'un grand nombre d'accidents. Ceux qui touchent les enfants de moins de un an sont le résultat de chutes de la table à langer, de son berceau ou de sa chaise haute lorsqu'il se tient bien assis.

Les précautions sont simples : achetez du matériel stable et homologué, ne laissez jamais un enfant seul, surtout ne le lâchez pas au moment du change ou de la toilette, enfin préférez un lit à barreaux plutôt qu'un couffin qui se renverse trop facilement ou votre lit de petit garçon qui, malgré toute la nostalgie qu'il vous fait éprouver, ne répond pas à de bonnes normes de sécurité.

> Il est souhaitable de penser à humidifier suffisamment l'atmosphère de sa chambre.

À ces précautions, vous ajouterez toujours celle de coucher votre enfant sur le dos, un geste simple qui représente une des meilleure prévention contre la mort subite du nourrisson (p. 237).

## Jouer mais pas trop fort

▌ Rien n'est plus normal que les jeux entre père et enfant soient relativement virils, mais attention, depuis quelque temps, les médecins mettent les parents en garde contre le « syndrome du bébé secoué ».

▌ Dans les premiers mois, le nourrisson est encore incapable de tenir sa tête droite dans le prolongement de son tronc.

▌ Sous l'effet de violentes secousses, sa tête bascule avec une trop forte amplitude d'avant en arrière, provoquant de graves lésions cérébrales.

▌ Méfiez-vous aussi de vos colères qui pourraient vous amenez à trop le secouer.

• **Une transpiration excessive** : à la fin d'une tétée ou d'un biberon, votre bébé a le visage mouillé de transpiration. Rien n'est plus normal, la succion représente pour lui un réel effort physique et musculaire.
De plus, l'absorption d'un liquide chaud provoque une montée momentanée de sa température interne. Transpirer est alors pour lui un moyen normal de lutter contre la chaleur.
Par ailleurs, la tétée, le bain, le change provoquent parfois chez le bébé de légers tremblements du menton ou des membres. Ce sont simplement des manifestations liées à l'immaturité du système nerveux.

• **Une respiration bruyante** : elle est souvent due à un encombrement nasal qui cédera après quelques soins et la mise du bébé dans une position semi-assise.

# VOTRE BÉBÉ COMMUNIQUE AVEC VOUS

Votre nouveau-né est doté d'une immense sensibilité et, dès sa venue au monde, il cherche le contact avec ceux qui l'entourent par tous les moyens dont il dispose : le toucher, le regard, l'odorat, et ses premières expressions sonores. Pour communiquer avec vous, il possède déjà un certain

> Quand votre bébé vous regarde, il se produit un jeu de miroir infini.

nombre de compétences mais surtout il joue de sa séduction. Car c'est un terrible séducteur qui a pour armes le sourire et les gazouillis.

## Le charme de son sourire

L'un des moyens de communication les plus précoces de votre bébé est son sourire. Pour être franc, celui-ci ressemble plus souvent à un rictus qu'à un sourire : il ferme les yeux, plisse légèrement son petit nez minuscule, étire ses lèvres d'une manière plus ou moins crispée. Vous constaterez que c'est bien souvent lorsqu'il dort qu'il sourit le plus. Il semble alors exprimer un état de bien être qui vous ravit puisqu'il témoigne du confort physiologique et affectif que vous lui offrez.

### Le propre de l'homme

▸ Les tout premiers jours, le sourire de votre bébé se manifeste par un imperceptible rictus de la bouche.

▸ Vers 5 semaines, le sourire en croissant apparaît, il est réellement évident vers 4 mois : les coins de la bouche, très légèrement relevés, se rétractent, les lèvres s'entrouvrent. Ce type de sourire signifie « Bonjour » ou « Je veux jouer. »

▸ Vers 6 mois, il acquiert le sourire simple qui exprime, comme chez l'adulte, la joie et le plaisir. Il se reconnaît par le relèvement des coins de la bouche et par le plissement des yeux.

▸ Vers 18 mois, l'enfant est capable de nuancer son sourire selon ce qu'il veut dire. Le sourire est à l'origine du rire, qui ne se déclenche que vers 10-12 mois face à des images que l'enfant juge insolites.

Ce tout premier sourire, au risque de vous décevoir, est une réaction neurologique liée à un stade de sommeil, le sommeil paradoxal. Mais, en fait, ce qui est important, c'est que vous l'interprétiez comme un sourire de communication et qu'il vous entraîne à lui parler doucement ou à lui effleurer la main, voire même à déposer sur son front un léger baiser. En quelques semaines, votre enfant s'aperçoit des réactions que son sourire provoque chez vous et que vous aussi vous lui souriez. Il comprend vite tout l'intérêt qu'il a à renouveler cette mimique.

Rapidement, il y associera des petits gloussements et des mouvements saccadés des bras et des jambes que vous interprétez comme une incitation à le prendre dans vos bras. Et là, il plantera son regard dans vos yeux. De nombreuses expériences ont mis en évidence l'attirance des bébés pour le visage humain. Elle s'explique par la fascination qu'exercent sur eux les courbes, les rondeurs, l'ombre des sourcils, l'éclat du regard. Votre bébé vous fixe intensément dans les yeux, ce qui lui donne des contrastes parfaits : l'iris de vos yeux qui se détache clairement sur le blanc de l'œil. Il observe votre bouche qui bouge lorsque vous lui parlez, il apprend à sourire en vous regardant sourire.

## Tous ses sens en éveil

Votre bébé est capable d'entrer en communication avec vous grâce à ses sens. Ceux-ci sont performants dès les premières heures de la naissance.

### ▶ Il vous voit

Pas très bien mais il distingue la forme de votre visage et vos yeux quand vous vous penchez sur son berceau. Vous constaterez qu'il maintient son

| Il lit sur votre visage |
|---|
| ▶ Un bébé est aussi capable, très jeune, de se détourner, de fuir un regard, s'il se sent mal compris. / ▶ Ainsi, si vous regardez votre bébé tristement ou d'une manière indiffé- / rente, il montrera d'abord de l'étonnement qui se transformera en pleurs si vous ne changez pas d'attitude. / ▶ Votre bébé perçoit donc relativement vite les sentiments qui vous animent. |

regard à l'horizontale quand sa tête bouge. Mais malgré le déplacement conjugué de ses yeux, il n'est toujours pas capable d'une bonne convergence oculaire.

De plus, son accommodation est encore très mauvaise. Il vous voit flou sauf lorsqu'il est dans vos bras : son système oculaire est pratiquement bloqué et ne lui permet une vision nette que pour tout ce qui est placé à 15 ou 20 cm de son œil. Cette distance est exactement celle qui sépare son visage du vôtre lorsque vous le tenez dans vos bras.

Vous pourrez jouer avec lui, dès sa 2ᵉ semaine, en lui montrant des jouets colorés. Il réagit alors bien à l'approche d'un objet ou d'un visage. Votre bébé a donc une première conscience de la profondeur du champ qui l'entoure. Vers la 4ᵉ semaine, en moyenne, il devient capable de fixer un objet, qu'il soit proche ou lointain, mais il ne peut guère y arrêter longtemps son regard. Ce n'est vraiment qu'à l'âge de 2 mois qu'il vous poursuivra réellement du regard quand vous vous déplacez dans son champ de vision.

### ▶ Il sent vos caresses

Il sent votre doigt qui lui caresse la joue ou vos lèvres qui lui embrassent les mains puisque, dès la naissance, la peau de votre bébé est capable de percevoir diverses sensations comme le chaud et le froid, la pression ou la douleur. Tous ces signaux sont transmis au cerveau par des terminaisons nerveuses spécialisées dans les différentes sensations tactiles.

### ▶ Il identifie votre odeur

L'existence de l'odorat in utero est impossible à démontrer, par contre on sait qu'à la naissance tous les capteurs au niveau du nez sont en place et sont actifs, tout comme les connexions nerveuses indispensables à la conscience d'une sensation.

La performance de l'odorat du bébé n'est plus à démon-

> Les bébés perçoivent les signaux envoyés par leurs parents et en émettent à leur tour, si bien qu'il est parfois difficile de déterminer qui regarde qui, qui répond à qui.

trer puisque c'est lui qui le guide jusqu'au sein maternel pour être nourri et des expériences ont montré que l'enfant est même capable de distinguer l'odeur du lait maternel de celui d'une autre femme. Dès les premiers jours de vie commune avec vous, surtout si vous le portez souvent contre vous, votre bébé mémorisera votre odeur et sera capable de reconnaître son papa de sa mère et des autres personnes qui l'entourent.

▶ **Il reconnaît votre voix**

Vous êtes pour lui une vieille connaissance puisque depuis longtemps déjà il entend le timbre de votre voix. Maintenant qu'il est né, les sons lui parviennent encore plus nettement. Il entend fort bien et en particulier la voix de ses parents qui déclenche son sourire. Parlez-lui doucement à l'oreille, vous constaterez qu'il saura très vite tourner les yeux ou la tête dans votre direction.

## Cultivez les contacts corporels

Les bébés aiment être touchés, câlinés, bercés et massés. Prenez le temps et le plaisir de ses contacts « peau à peau ». Cela n'altère en rien votre masculinité.

▶ **Le massage**

Si vous avez pris l'habitude de masser votre compagne tout au long de ses neuf mois de grossesse, vous éprouverez un certain plaisir sans doute à continuer. Pourquoi alors ne pas le faire aussi avec votre bébé ? Les bébés adorent ces caresses qui envahissent tout leur corps et deviennent très vite un moment relationnel privilégié.

Le massage est plein de vertu, il aide l'enfant à prendre conscience de son autonomie corporelle par rapport à sa mère, il favorise l'élaboration de son schéma corporel : il apprend la notion des limites de son corps. Mais le massage peut aider l'enfant à surmonter des moments difficiles, il calme souvent, par exemple, les coliques des premiers mois.

## ❱ Le portage

Rencontrer un père qui porte son bébé contre lui est tout à fait courant, c'est un moyen facile d'emporter son bébé partout avec soi mais ce n'est pas tout. L'enfant contre la poitrine de son père (ou de sa mère) sent son odeur, celle de ses cheveux, sa chaleur, il entend les bruits de son cœur et se balance au rythme de sa démarche. En été, il a même le plaisir d'un contact peau à peau.

> Douceur, chaleur, et odeur sont les sensations préférées des bébés. Faites-en l'expérience lorsque le vôtre se blottit au creux de votre épaule.

Contre vous, vous sentirez son corps plus ou moins se cambrer, c'est ce que l'on appelle le dialogue tonique du corps, il est différent selon qui le porte.

Le bébé reconnaît son porteur et ajuste sa position et ses mouvements. Il vit donc comme des expériences différentes le fait d'être porté par sa mère ou par son père et c'est pour lui chaque fois une expérience enrichissante.

➥ Votre bébé n'échappe pas à la règle qui veut que tous les bébés aiment être installés au creux d'un bras. Vous constaterez qu'il s'y cale de mieux en mieux, de jour en jour. Balancez-le doucement mais de manière bien marquée, il va régler sa respiration et son rythme cardiaque sur votre mouvement, il y a de fortes chances pour qu'il s'endorme sécurisé par le contact et la chaleur de votre corps.

## À qui ressemble-t-il ?

Vous allez tous deux, sans doute, prendre plaisir à rechercher les ressemblances, soit physiques soit ayant trait au caractère. Chacun de vous va s'efforcer de reconnaître chez le bébé son nez, son menton, sa bouche, ses yeux... un inventaire qui concerne aussi, bien sûr, les mains et les pieds.

### ▶ Un caractère pré-établi

Les empreintes de chacun définissent ainsi un enfant réel effaçant l'enfant imaginaire. Aux similitudes physiques, vraies ou imaginaires, vont s'ajouter, à travers le comportement de l'enfant, celles du caractère : il est agréable, est bon vivant ou, à l'inverse, c'est un enfant capricieux et volontaire. Bien sûr, en définissant ainsi votre enfant, vous faites intervenir une bonne part de subjectivité et de projections. Pourtant, des études scientifiques reconnues ont permis d'établir quatre caractères innés à la naissance. Le Pr. Ajuriaguerra, neuropsychiatre français, a ainsi déterminé, à partir d'examens neurologiques, des bébés vifs et souriants, des bébés actifs, lents, souriants mais plus tendus, des bébés excités, hypertoniques, coléreux et enfin des bébés passifs et peu communicatifs.

### Unique et pourtant semblable

▶ Même frère et sœur, chaque enfant est unique, constitué d'un assemblage génétique particulier provenant pour moitié de chacun de ses parents mais la combinaison des gènes varie d'un ovule à l'autre et d'un spermatozoïde à l'autre.

▶ Chaque cellule reproductrice est unique et l'union de deux d'entre elles aboutit à une combinaison chaque fois différente. Alors pourquoi les membres d'une même famille se ressemblent-ils ?

▶ Les scientifiques expliquent ce phénomène par le fait qu'il y aurait sans doute suffisamment de gènes similaires pour que des ressemblances puissent réellement exister entre eux.

▶ **Votre enfant appartient à une famille**

Toutes ces tentatives pour caractériser ensemble votre bébé vous aident à mieux connaître ce petit étranger et vous permettent de vous adapter à des comportements déjà connus.

Le jeu des ressemblances montre encore votre volonté d'intégrer rapidement votre enfant au groupe familial. Retrouver sur le visage de son enfant les traits de ceux que l'on aime renforce les liens de l'attachement.

Votre enfant appartient à une famille par la transmission du caractère, de talents et aussi de défauts. Toutes les projections que les parents font sur leur enfant sont issues de leur vécu, de leur histoire familiale.

Elles se caractérisent presque toujours par le désir de retrouver en lui quelque chose ayant appartenu à un être cher disparu.

Chaque bébé, selon le Pr. Cramer, psychiatre genevois, arrive chargé du passé de celui qu'il a pour fonction de remplacer. Toutes ces projections le rendent familier et expliquent l'attachement que ses parents éprouvent pour lui.

## RÉPONSES À VOS QUESTIONS

*Je viens d'être papa pour la deuxième fois, je suis très attaché à mon aîné, et je me demande si je vais savoir partager mon amour paternel ?*

▶ **L'arrivée d'un premier enfant fonde la famille.** L'aîné sera marqué de ce sceau à tout jamais. Avec lui, vous avez appris à devenir père, vous avez fait vos premières expériences de paternité.

▶ **L'arrivée d'un second enfant ne réserve généralement pas les mêmes étonnements**, les mêmes inquiétudes mais produit des sentiments identiques de tendresse et de fierté. De plus, le second n'est jamais la réplique du premier, chaque enfant est unique et montre sa personnalité dès les premiers instants de sa naissance. Ces traits personnels créeront entre lui et vous un profond attachement. Garçon ou fille, vous allez faire de nouvelles découvertes. Essayez, même si le second est du même sexe que le premier.

▶ **Efforcez-vous de ne pas trop jouer au jeu des comparaisons** car en réalité elles ne sont pas fondées. En outre, il est beaucoup plus enrichissant pour vous et votre deuxième de décider d'écrire ensemble une autre histoire qui viendra s'ajouter à la première. En respectant les différences, voire même en les cherchant systématiquement, vous donnez à chaque enfant une chance de se construire, de se singulariser, et d'avoir une personnalité qui s'épanouisse. La quantité d'amour paternel dont vous disposez est inépuisable, profitez-en !

> Vous pouvez préférer l'un ou l'autre de vos enfants, l'important est de le savoir afin de gommer toute différence dans votre comportement.

Sachez encore qu'il est normal d'avoir une préférence et que, parfois, avec le temps, les préférences s'effacent ou des affinités que l'on n'avait pas imaginées s'installent.

*Quelle attitude adopter face à la jalousie de l'aîné vis-à-vis de son cadet ?*

▶ **Vous avez un rôle important à jouer dans l'affection qui unira ces deux enfants** : la jalousie est un sentiment normal que chacun des enfants domine s'il sait qu'il reçoit la même part d'affection de ses parents.

Généralement, la naissance d'un petit frère ou d'une petite sœur provoque les premières manifestations de jalousie chez l'aîné. Il a d'autant plus peur de perdre quelque chose que toute la famille n'a d'yeux que pour le petit dernier. Cette peur est entretenue encore par les changements dans sa vie de famille, notamment un autre partage de l'espace, et par des paroles plus ou moins maladroites ou qu'il aura mal interprétées. Pour l'aider à franchir ce cap délicat, montrez-lui les photos de lorsqu'il était bébé. Ainsi, il prendra la mesure du temps passé avec ses parents avant l'arrivée du cadet, ce sont des souvenirs qui n'appartiennent qu'à lui.

▶ **Enfin, si vous avez l'impression de ne pas avoir pris toute la place que vous souhaitiez auprès de votre aîné lorsqu'il était unique, votre heure est venue.** Votre épouse, occupée aux soins que demande le nourrisson, vous donnera l'occasion de nouer avec lui une nouvelle complicité.

◥ Un contact avec un psychiatre ou un psychologue peut être nécessaire si votre aîné semble trop perturbé.

*Je suis fort inquiet depuis qu'un de mes collègues de bureau m'a parlé de la mort subite du nourrisson. Peut-on la prévenir ?*

▶ **La mort subite du nourrisson est un arrêt respiratoire.** Cet accident reste encore l'un des mystères de la médecine et aujourd'hui on ne peut pas expliquer pourquoi certains enfants en sont victimes et d'autres pas. Par contre, on connaît de mieux en mieux les facteurs de risque : le tabac, la trop grande chaleur de la chambre et du lit et surtout la manière de coucher l'enfant.

▶ **La consigne qui veut que maintenant les bébés soient couchés sur le dos a montré son efficacité** puisqu'elle a fait chuter le nombre de victimes de plus de la moitié. Les spécialistes sont formels, il ne faut pas

> Un bébé doit toujours dormir sur le dos.

craindre l'étouffement par régurgitation. À cette consigne s'ajoute celle de faire dormir l'enfant sur un matelas dur, sans oreiller ni couette et dans une chambre à 19 °C.

▶ **Les enfants au-delà d'un an n'ont plus rien à craindre**, c'est ce qui permet de penser que cette maladie est sans doute liée à un problème de développement.

## Une prise en charge spécifique

❯ Seules les familles ayant perdu un enfant par mort subite du nourrisson sont prises en charge de manière spécifique pour un second.

❯ Il existe des centres d'information et de prise en charge spécialisés pour aider les parents inquiets.

# Ses premiers bilans de santé

**Bien que tous uniques, les bébés se développent selon un ordre génétiquement établi pour tous les humains à deux conditions : qu'ils naissent en bonne santé et qu'ils vivent dans un environnement favorable tant sur le plan sanitaire qu'affectif.**

## ▶ À la naissance

Le premier bilan médical se compose de différents examens.

• Le score d'Apgar : six critères de bonne santé sont notés de 0 à 2. Le score idéal est de 10/10, au-dessus de 7, c'est encore bien. Entre 7 et 3, les enfants doivent être aidés par un peu d'oxygène, en dessous être placés en réanimation.

• Le contrôle de la température de l'enfant.

• Le test de Guthrie : l'analyse de quelques gouttes de sang prélevées au talon permet de diagnostiquer précocement une maladie, la phénylcétonurie, qui se soigne à ce stade par un simple régime alimentaire.

• Un examen du tonus musculaire et d'un certain nombre de réflexes liés à son hypertonie naturelle.

• Le médecin ou la sage-femme fait encore un examen de tout le corps pour dépister d'éventuelles malformations sur le plan osseux et au niveau des organes génitaux.

• Des explorations vérifient l'appareil digestif.

• L'enfant est pesé. Sa taille, son périmètre crânien et thoracique sont mesurés.

Les bilans de santé faits dans les premiers moments de la vie donnent un bon pronostic pour le futur.

## ▶ Avant le départ de la maternité

On vérifie :

• son bon état neurologique par la présence des réflexes archaïques : réflexe d'agrippement (**1**), sur le schéma p. 240, de marche automatique (**2**), de succion (**3**), réflexe de Moro (attitude primaire de défense face à une agression auditive ou à un changement brusque de position), réflexe des quatre points cardinaux, réflexe tonique du cou, réflexe d'allongement croisé et passage du bras ;

• son état cardiaque avec la mesure des pulsions cardiaques et artérielles, l'écoute du souffle et de la régularité de sa respiration ;

• ses fontanelles, ses yeux et ses organes génitaux ;

• la taille du foie, la rate, les reins et l'absence d'hernie ombilicale ou inguinale ;

• l'intégrité des pieds, des mains, le bon fonctionnement des hanches, des clavicules et la couleur de la peau ;

• la vue et l'ouïe par des tests de dépistage spécifiques.

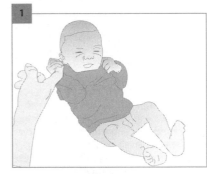

**Dans les jours qui suivent la naissance, une analyse de sang permet** le dépistage de maladies comme la drépanocytose, l'hyperplasie congénitale des surrénales et l'hypothyroïdie.

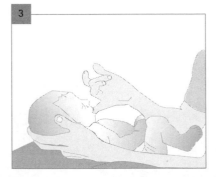

### ▶ Le test du docteur Brazelton*

Fait dans un grand nombre de maternités, ce test évalue les capacités d'adaptation du nouveau-né aux situations nouvelles et ce qu'il en apprend.

Le médecin contrôle :

• Sa capacité à se protéger de perturbations au cours de son sommeil. On éclaire ses paupières closes avec une petite lampe, le bébé sursaute d'abord, plus le geste est répété, moins le bébé réagit. Cette accoutumance prouve la bonne santé du bébé et un système nerveux parfait. Le même test est pratiqué sur le plan auditif à l'aide d'une petite clochette permettant de constater que l'enfant a la capacité de s'abstraire du dérangement sonore.

• Sa manière de se calmer seul lorsqu'il pleure. Dans cette situation, un nouveau-né essaie de se tourner sur le côté, d'étendre un bras, puis de le replier pour le ramener vers sa bouche. Un mouvement que beaucoup de bébés réussissent seuls.

Mais certains enfants ont besoin d'assistance et quelques gestes les apaisent : paroles murmurées à leur oreille ou croisement des bras sur leur poitrine brisant le cycle pleurs-soupirs, ou encore le fait de prendre l'enfant dans ses bras pour le cajoler doucement en guidant sa main vers sa bouche.

> **Si vous avez l'occasion d'assister à ce test de comportement néonatal,** vous serez émerveillé de découvrir toutes les compétences que possède déjà votre bébé.

---

* Le Dr. Brazelton est un célèbre pédiatre américain, spécialiste du développement de l'enfant.

... EN SAVOIR UN PEU PLUS

Ce test comporte 28 points pour évaluer le tonus musculaire et la qualité des réponses du bébé aux stimulations physiques :
• réflexe de la marche automatique (**2**),
• stimulation de la voûte plantaire (**4**),
• accompagnement de la tête dans le mouvement couché-assis (**5**).
Son rythme de fatigue est aussi évalué.

**⌁ Toutes** ces données permettent d'établir un pronostic sur le type de bébé que votre nourrisson promet de devenir au cours des premiers mois de sa vie. Ainsi renseignés, vous saurez mieux comment répondre à ses besoins sur les plans physique et affectif.

Impressionné par la variété de ses réponses, vous vous sentirez tout de suite prêt à le reconnaître comme une petite personne.

5

# 9

# Vous et la jeune maman

*Vous rêviez d'une famille, maintenant vous devez la vivre au quotidien. Jamais vous n'auriez imaginé que ce petit être allait changer tant de choses.*

*La vie à trois s'installe tout doucement, bousculant l'équilibre de votre couple « d'avant ». Votre compagne n'a plus la même disponibilité, elle a perdu un peu de son insouciance. Les quelques jours qui suivent la naissance sont bien connus pour être un moment délicat.*

*Il vous faut plus ou moins renouer avec une sexualité normale, celle-ci s'étant parfois un peu endormie pendant la grossesse. À vous de l'aider, par des gestes tendres, à retrouver toute sa séduction.*

*Vous aussi, la naissance de ce bébé vous a transformé. Maintenant vous n'imaginez plus votre rôle de père, vous le jouez au quotidien avec ses plaisirs et ses difficultés.*

*Vous voulez bien faire, autant auprès de la mère que de l'enfant. Ce n'est pas une tâche facile, mais, rassurez-vous, la plupart des papas y parviennent.*

# LE «BABY BLUES» DE LA JEUNE MAMAN

Vous voici quelque peu dérouté : votre compagne, qui vient d'accomplir à la fois un rêve et un exploit physique en mettant au monde un bébé, éprouve du vague à l'âme et peut fondre en larmes à la moindre contrariété. Ne vous inquiétez pas outre mesure, elle est victime d'un phénomène assez banal, le « baby blues », en langage médical : la dépression du post-partum.

> Le « baby blues » n'est pas grave et ne nécessite aucun soin particulier, juste un peu d'attention et de l'affection de votre part.

Cet épisode dépressif peut se manifester dans les tout premiers jours qui suivent l'accouchement ou parfois une à deux semaines après son retour à la maison.

## Pourquoi cette petite déprime ?

Lorsqu'elle s'installe dans les jours qui suivent l'accouchement, elle est le résultat d'une conjonction de plusieurs phénomènes. L'accouchement est une épreuve physique qui nécessite ensuite un vrai repos réparateur. Pourtant, peu de jeunes mamans ont la possibilité de prendre le temps de «souffler», de penser un peu à elles alors que leur bébé retient toute leur attention. Leur fatigue est donc naturelle et s'ajoute à la chute des hormones progestatives liée à la grossesse.

Mais il faut encore compter avec les bouleversements que ne manque pas de produire l'arrivée d'un bébé, tant sur le plan de la vie quotidienne que sur le plan affectif et pratique. Ces changements sont nombreux et conséquents. Sur le plan psychologique, votre compagne réalise qu'elle perd à jamais son statut d'enfant en devenant mère. Inconsciemment ou non, elle connaît momentanément une période, plus ou moins agréable, d'introspection : elle se souvient de son enfance.

Une certaine nostalgie peut alors l'envahir, teintée parfois d'anxiété ou même d'angoisse face à sa nouvelle responsabilité parentale. À cela s'ajoute une inquiétude quant au nouvel équilibre qu'elle va devoir trouver dans sa vie conjugale et familiale.

➥ **Consolez votre compagne, laissez-la s'épancher, même si vous estimez que ce qu'elle dit n'est pas tout à fait juste. Ces quelques larmes la soulagent souvent et tout rentre dans l'ordre deux ou trois jours plus tard.**

## De courte durée le plus souvent

Mais lorsque cette période dépressive s'installe plus tardivement, parfois deux mois après l'accouchement, les causes en sont quelque peu différentes.

À tous ces problèmes psychologiques s'ajoutent souvent les difficultés matérielles dont votre épouse n'avait, jusqu'alors, pas tout à fait mesuré l'importance. Si elle a décidé de reprendre son travail après ses deux mois de congé de maternité, elle est plus ou moins triste de devoir confier son bébé à la garde d'une autre personne : la sépara-

### Les signes avant-coureurs

▶ Une étude menée par un médecin spécialiste montre que la dépression du post-partum touche une mère sur dix, et une fois sur trois elle se révèle grave.

▶ Elle atteint particulièrement les femmes ayant déjà un terrain dépressif, les mères très jeunes ou ayant des difficultés relationnelles avec leur famille ou leur conjoint.

▶ Les symptômes apparaissent une dizaine de jours après l'accouchement. Ils se caractérisent par des insomnies, des crises d'angoisse et une anorexie.

▶ Une indifférence ou une inquiétude démesurée de la mère pour son enfant sont souvent des signes avant-coureurs et permettent à l'équipe médicale d'établir un traitement préventif.

▶ Un grand nombre d'hôpitaux comptent, parmi leur équipe soignante, un psychologue, voire un psychiatre, spécifiquement chargé des mamans fragiles.

tion est aussi délicate pour elle que pour lui. Elle se sent tiraillée entre sa volonté de garder une activité professionnelle et l'obligation de penser maintenant à se séparer d'un enfant qu'elle a longtemps attendu et dont elle a le sentiment d'avoir à peine fait connaissance. De plus, trouver un mode de garde n'est pas toujours évident et crée un stress certain. À ces difficultés, qui lui sont toutes personnelles, s'ajoutent des préoccupations que vous partagez avec elle, comme, par exemple, le fait de déménager ou de réaménager un appartement afin d'offrir un peu d'espace au nouveau venu. Face à tous ces soucis, il semble naturel de craquer de temps en temps.

## ZOOM

### La vie à trois

C'est, dès le retour à la maison, qu'il est indispensable d'organiser la nouvelle vie du couple. Vous devrez sans doute faire preuve d'un peu de persuasion et d'une bonne dose de séduction pour convaincre votre épouse que votre enfant ne doit pas accaparer tous ses instants. Votre couple a besoin de moments rien que pour lui.

Vous parviendrez plus facilement à vos fins si vous proposez à votre épouse de partager avec elle une activité qui lui était chère avant sa maternité, comme, par exemple, une activité sportive, ou d'aller ensemble, de temps en temps, au spectacle en lui laissant choisir le programme.

Peu de jeunes mamans résistent encore à une invitation au restaurant leur permettant de rompre un peu avec les tâches domestiques quotidiennes. Votre compagne prendra d'autant plus goût à ces escapades qu'elle aura trouvé un mode de garde rassurant : une baby-sitter expérimentée, à défaut un neveu, une nièce, ou encore mieux une grand-mère ravie de jouer les nounous.

L'allaitement n'est pas un frein à ces sorties en tête-à-tête puisque la jeune maman peut, avant de partir, tirer un peu de son lait et préparer un biberon, mis au réfrigérateur ; il suffit simplement de le réchauffer légèrement au moment du repas.

## Quand la déprime se prolonge

Pourtant, dans certains cas, cette petite déprime peut excéder quelques jours, voire quelques semaines au pis. Mieux vaut alors en chercher la cause profonde. Elle peut être d'ordre physique (manque d'oligo-éléments, de calcium et de magnésium, provoquant une grande fatigue) ou physiologique, comme un mauvais équilibre hormonal de l'après-maternité, ou encore psychologique lorsque la maternité réveille de mauvais souvenirs familiaux.

> Rassurez-vous, la dépression du post-partum n'a généralement aucune raison de durer.

❯ Ne laissez pas votre compagne s'enfoncer dans une vraie dépression. Si son moral ne s'améliore pas, proposez-lui de se confier à son médecin traitant ou de consulter un psycho-thérapeute.

# LA SEXUALITÉ
# DE VOTRE COUPLE

Le désir sexuel après une maternité est variable d'un couple à l'autre. Généralement, les couples qui n'ont rien changé à leurs relations au cours de la grossesse n'éprouvent aucune difficulté après l'accouchement. Seule la question se pose chez ceux pour qui la grossesse a signifié des changements de comportement. En fait, tout dépend des couples et du déroulement de la maternité.

> Un peu de douceur et un peu de compréhension mutuelle permettent un retour simple à une sexualité épanouie.

Sur le plan strictement médical, il est tout à fait possible de reprendre une activité sexuelle dans les jours qui suivent l'accouchement. Pourtant, la plupart des médecins conseillent d'attendre deux à trois semaines avant une reprise normale et régulière des rapports.

## Des problèmes fonctionnels...

Mais tout n'est pas toujours aussi simple après une naissance. Nombre de femmes se plaignent souvent de douleurs lors des rapports sexuels.

• Elles souffrent de dyspareunie (absence de lubrification du vagin) dans les semaines suivant leur accouchement. L'utilisation d'un produit lubrifiant sous forme de gel ou de gélule peut atténuer ce problème. Plusieurs explications médicales existent. La prolactine, hormone qui permet la formation du lait, inhiberait le production d'autres hormones. Elle provoquerait une sorte d'atrophie vaginale, à l'origine de l'arrêt total de la lubrification.

• Les rapports peuvent encore être modifiés en raison du changement de tonicité du vagin, surtout après plusieurs grossesses. Le vagin peut rester entrouvert, ses parois élargies et la vulve molle. Une bonne rééducation périnéale remédiera à ces inconvénients.

• Certaines douleurs ont d'autres causes. Ainsi, après une césarienne, la cicatrice peut rester assez longtemps douloureuse.

• L'épisiotomie est également souvent mise en cause dans l'origine des douleurs au moment de la reprise des rapports sexuels. Exceptionnellement, elle laisse parfois une cicatrice épaisse et gênante. Lorsqu'une épisiotomie fait souffrir longtemps après l'accouchement, elle doit être reprise chirurgicalement dans les mois qui suivent l'accouchement.

## ...et psychologiques

Mais pour certains couples, les difficultés sont d'ordre psychologique. Il existe des maris qui ont du mal à accepter le nouveau statut de leur épouse : de séductrice, elle est devenue mère. De leur côté, des femmes sont perturbées par cette transformation. Elles ne savent plus vraiment qui elles désirent être et manifestent souvent leur malaise par une attitude agressive. Il y a plusieurs années, les célèbres sexologues Master et Johnson estimaient que 47 % des femmes connaissaient une période de frigidité après l'accouchement.

> Après les neuf mois de grossesse, il faut six mois à votre femme pour qu'elle retrouve ses forces et son physique.

Bien des femmes, en réalité, éprouvent une certaine crainte au moment de la reprise d'une activité sexuelle ; elles se sentent endolories, fatiguées, mal dans leur peau, des sentiments qui ne sont pas favorables à un réel épanouissement.

Elles peuvent encore avoir peur que leur conjoint leur demande davantage que ce qu'elles sont en mesure de donner. Il faut savoir que plus le couple retarde la reprise de ces relations, plus il aura de difficultés par la suite.

➥ L'absence de désir chez la femme n'a rien d'exceptionnel à ce moment de sa vie, il ne peut se traiter que par un dialogue entre conjoints en veillant à ne pas créer un sentiment de culpabilité. C'est en parlant de ses craintes, en confiant son inconfort, voire les

## Après une intervention chirurgicale

▶ Le délai normal de reprise des rapports sexuels peut dans ce cas être allongé de huit à quinze jours.

▶ Il faut de toute façon attendre la fin des saignements, que la sensibilité utérine s'atténue et que le muscle périnéal ait repris un peu son tonus :

il ne le récupérera complètement qu'après quelques semaines.

▶ C'est seulement alors que chacun des partenaires retrouve une intensité de plaisir proche de celui qu'il connaissait avant la maternité, même s'il diffère.

## ZOOM

### Les seins, tout un symbole

Les seins ont un rôle important dans la sexualité, et l'allaitement peut créer quelques difficultés. Ainsi, une poitrine lourde et très volumineuse, la montée de lait et des seins tendus à en être douloureux peuvent perturber la relation amoureuse du couple.

Certaines femmes sont étonnées, lors des rapports sexuels, que leurs seins laissent échapper du lait de manière intempestive.

Par contre, pour d'autres, l'allaitement est plutôt source de plaisir : constater le contentement et la plénitude de son enfant au sein est un véritable bonheur. En outre, la succion du mamelon par l'enfant peut leur procurer des sensations proches de l'orgasme.

De leur côté, quelques pères éprouvent une gêne, voire un peu de jalousie, en regardant leur bébé « dévorer » le sein maternel et y prendre un réel plaisir.

Ils peuvent encore vivre avec difficulté l'allaitement en société ayant le sentiment que leur épouse manque de pudeur et révèle une intimité qui jusqu'alors était celle de leur couple.

Ces réactions sont à débattre ensemble afin qu'elles ne deviennent pas un frein à l'allaitement maternel.

douleurs ressenties au moment des rapports, que votre femme résoudra le mieux ces petites difficultés et que votre couple trouvera des solutions.

## Vos propres difficultés

Si la sexualité de votre compagne traverse des moments difficiles, sachez que vous aussi vous pouvez éprouver quelques difficultés : votre libido peut être mise à rude épreuve. Vous avez vécu l'accouchement comme une violence faite au corps de votre épouse. Vous pouvez aussi avoir du mal à endosser votre nouvelle responsabilité de père.

De plus, vous êtes obligé maintenant de partager votre épouse avec une autre personne. Vous pouvez encore ne pas reconnaître tout à fait le corps de celle qui vous a donné ce si merveilleux bébé.

Si votre femme repousse trop souvent vos avances, vous pouvez vous sentir exclu de cette nouvelle famille et remis en cause dans votre couple. Ce malaise conduit parfois certains pères à s'éloigner. L'important, là encore, est de parler pour éviter qu'un malentendu ne

### Retour à la normale

L'appareil génital de la femme reprend une activité normale bien avant le retour de couches, qui se produit 6 à 8 semaines après l'accouchement, si la femme n'allaite pas, et 2 à 6 semaines après l'arrêt de l'allaitement.

La période de l'involution utérine est marquée par des pertes vaginales, qui sont le signe de la cicatrisation de l'implantation du placenta dans la cavité utérine.

Les tissus, surtout ceux du vagin, devenus mous pour aider le passage de l'enfant, récupèrent leur tonus en quelques jours. L'utérus retrouve sa taille normale et reprend sa place dans le petit bassin au bout de 2 à 3 semaines.

Le muscle périnéal, selon la préparation prénatale et le déroulement de l'accouchement, ne retrouve pas toujours spontanément toute sa tonicité, la jeune maman doit dans ce cas suivre une rééducation faite d'un certain nombre d'exercices.

Un périnée en bon état assure des relations sexuelles de qualité grâce à ses capacités de contraction et évite une descente d'organes plus tard.

C'est pourquoi il est important que votre compagne fasse une rééducation périnéale, elle est quasiment toujours prescrite par les gynécologues.

vienne s'installer. Vous devez prendre le temps d'analyser les changements de vie et d'affectivité qui se produisent, de trouver si besoin un nouvel équilibre dans votre vie de couple.

Pour certains, cette recherche passe par une relation à deux, loin du bébé. Il n'y a rien d'anormal de confier l'enfant nouveau-né quelques jours à l'une de ses grands-mères ou à une amie pour retrouver un peu de l'insouciance passée.

Pour d'autres, au contraire, leur affectivité et leurs relations sexuelles se trouvent renforcées par l'arrivée d'un bébé.

Au sentiment d'accomplissement de leur couple s'ajoute parfois un plus grand plaisir, les exercices de musculation périnéale que suit la jeune maman n'y sont d'ailleurs pas étrangers.

## ZOOM

### Pensez contraception

Si vous ne souhaitez pas avoir un deuxième enfant très rapproché du premier, il est indispensable de prendre des précautions. En effet, une ovulation peut se produire trois semaines après l'accouchement. Vous pouvez bien sûr utiliser un préservatif si votre épouse n'a pas de contraception.

En général, les médecins lui conseilleront une contraception locale avant son retour de couches mais, dans certains cas, ils peuvent lui prescrire une pilule micro-dosée en progestérone, uniquement 10 jours après l'accouchement. Elle est parfaitement compatible avec l'allaitement.

Les pilules plus classiques peuvent être utilisées 21 jours après l'accouchement, mais ne permettent pas d'allaiter. Enfin, la pose d'un stérilet ne peut être envisagée que lorsque l'utérus a repris sa taille normale, soit un mois après l'accouchement.

## VOUS ET VOTRE COMPAGNE

## Le partage des tâches

Le séjour de quelques jours à la maternité est rarement suffisant pour permettre à votre épouse de
récupérer de ses neuf mois de grossesse et de
l'épreuve «sportive» que représente l'accouchement.
C'est donc très souvent une femme relativement
fatiguée qui rentre chez elle. Elle y retrouve les
tâches ménagères auxquelles s'ajoutent les soins au bébé.

> De retour chez elle, votre épouse a besoin de toute votre aide affective.

▶ **Impliquez-vous dès le début**

Votre compagne doit pouvoir compter sur vous tant sur le plan pratique que psychologique. À sa joie de quitter la maternité pour être
enfin en famille se mêlent quelques craintes concernant ses
premières expériences de maternage en solitaire. Votre rôle est alors
de la rassurer et d'éviter de vous angoisser dès que l'enfant pleure ou
crachouille après sa tétée.

Laissez-lui le temps de mieux connaître les réactions du nouveau-
né, et c'est la confiance que vous lui montrerez qui l'amènera à avoir
l'art du bon geste, au bon moment. C'est dans ces premiers moments
que votre congé de paternité est sans doute le plus apprécié.

➷ **Vous pourrez vous initier aux gestes simples de puériculture, si
vous le souhaitez, terminer les travaux d'installation de votre bébé
si ce n'est déjà fait, et surtout être présent auprès de votre compagne.**

N'hésitez pas à vous impliquer dans les premières semaines de votre
nouvelle vie à trois ou à quatre s'il y a déjà un autre enfant. C'est dès
le début que vous devez prendre en douceur votre place de père, et ainsi
éviter d'être exclu par la suite d'une relation fusionnelle mère-enfant
trop importante, tout en favorisant le lien irremplaçable qui unit la
mère à son enfant. De plus, vous serez peut-être étonné de constater

vos compétences : vous êtes capable de compassion et de tendresse pour cette petite personne. Vous éprouverez aussi un grand plaisir à tisser entre vous et votre bébé une profonde relation affective.

**⤙ Le congé de paternité vous offre l'occasion de faire vos premières expériences dans l'art du paternage et du compagnonnage, qui seront suivies tout naturellement de bien d'autres lorsque vous aurez repris votre activité.**

### ▌ Donnez-lui un coup de main

Pratiquement toutes les jeunes mamans se disent débordées. Votre épouse n'échappera pas à ce sentiment de n'avoir jamais le temps de souffler. Vous aurez peut-être parfois du mal à la comprendre. Pourtant, même si votre bébé, comme tous les nouveaux-nés, dort beaucoup dans la journée, il demande une vraie disponibilité, toutes les trois heures environ, pour ses repas. Tétées, changes, petits câlins, la journée passe vite. Votre épouse se sent d'autant plus submergée qu'elle est fatiguée. L'adaptation de son rythme de vie à celui du bébé est délicate : les pleurs et le biberon de nuit raccourcissent considérablement son temps de repos. La fatigue s'installe avec, à la

## Installer votre bébé

▌ Souvent pour des raisons de superstition, les parents attendent le retour de l'enfant pour lui installer sa chambre. C'est ainsi que vous deviendrez un papa bricoleur.

▌ Respectez alors quelques précautions : le sol et les murs, les tissus seront lavables, de couleur claire pour apporter le plus de lumière possible.

▌ Ne multipliez pas trop les sollicitations visuelles par des motifs et des objets accrochés, elles fatiguent le bébé.

▌ La chambre idéale est équipée uniquement des meubles indispensables : lit, rangements, coffre à jouets, un fauteuil confortable.

▌ Le mode de chauffage doit permettre une chaleur suffisante aux environs de 20 °C, uniforme et régulière.

▌ Il semble que les bébés dorment mieux lorsqu'ils ont une chambre à eux.

clef, sautes d'humeur et maux de dos. Votre collaboration s'impose donc.

➤ Vous pouvez de temps en temps prendre en charge le biberon de nuit. Si votre épouse allaite, elle peut préparer un peu de son lait dans un biberon et vous le mettre à disponibilité dans le réfrigérateur. Certains pères éprouvent un vrai bonheur à ces moments de grande intimité avec leur bébé, loin du regard de leur épouse. Malgré la fatigue, ils ne s'en priveraient pour rien au monde.

Sachez encore que le partage des tâches est plus efficace lorsqu'il est organisé. Ainsi, vous pourrez déterminer votre emploi du temps selon le type d'aide que vous apportez. De plus, votre épouse, connaissant exactement et régulièrement ce que vous prenez en charge, aura l'esprit beaucoup plus libre. Établissez un programme simple où chacun saura quelles sont ses responsabilités.

➤ La nature a donné aux hommes la force et l'endurance, c'est donc vous qui ferez les courses mais avec à la main une liste précise des achats dont votre compagne a besoin. Pensez aussi qu'Internet peut considérablement vous libérer de la corvée des grandes surfaces.

Évidemment, vous serez mis à contribution pour tout ce qui touche au bricolage : un espace bébé bien aménagé où tout se trouve sous la main évite bien des énervements et des accidents. Vous avez encore la possibilité de décharger votre compagne d'une partie de la tâche la plus ingrate et répétitive dans une maison : le ménage.

➤ Pourquoi ne pas profiter de la promenade mère-bébé du samedi après-midi pour passer l'aspirateur, faire la poussière et ranger un peu ? Pourquoi ne pas faire les vitres ou la salle de bains à fond ?

Vous avez l'opportunité de mêler l'utile à l'agréable en gardant votre bébé le temps que votre compagne s'occupe un peu d'elle.

☜ Coiffeur, cours de gym, remise en forme, petit bol d'air dans le quartier, cinéma avec une amie, vous verrez qu'elle ne manque pas d'idées et que ces espaces de liberté lui redonnent tonus et bonne humeur.

### ▌ Partager les dépenses aussi

L'arrivée d'un enfant dans le couple modifie ses rapports à l'argent. Si jusqu'à présent vous aviez établi entre vous un équilibre en vous répartissant les dépenses, il vous faut maintenant repenser votre budget en intégrant les achats liés à la vie avec un bébé. Ceux-ci représentent un budget non négligeable selon l'Institut de l'enfant, organisme étudiant la consommation des parents et des enfants. Le coût moyen annuel d'un nourrisson est de 5 793 € et celui d'un enfant de 4 mois à 1 an de 6 860 €. Généralement, les mères assurent les besoins quotidiens : elles achètent les couches, le lait, les produits d'hygiène. Les pères investissent plutôt dans l'équipement durable et coûteux : landau, siège auto, meubles. Mieux vaut discuter de la répartition des dépenses afin que cela ne soit pas source de conflits.

En effet, une analyse superficielle pourrait faire penser que les hommes achètent ce qui dure et les femmes ce qui est futile. Il semble sans doute préférable d'évaluer ensemble un budget « enfant » et de

## Grands-mères de service

▌ Les grands-mères sont très souvent sollicitées pour garder leurs petits-enfants, de manière occasionnelle et même permanente.

▌ Si leur disponibilité et leur savoir-faire sont incontestables, cette intervention dans le nouveau trio, mère-père-enfant, peut poser quelques difficultés lorsque la grand-mère est trop interventionniste et trop autoritaire.

▌ Elle relègue sa fille ou sa belle-fille au second plan, installant un climat parfois tendu dans le couple parental.

▌ Usez mais n'abusez pas des grands-parents qui souvent ne savent pas dire « non » au plaisir de garder leur petit-fils ou leur petite-fille.

le répartir entre vous selon votre mode de fonctionnement. Cette organisation a aussi l'avantage d'éviter que ne s'installe une certaine surenchère autour de l'équipement du bébé, derrière laquelle se cache toujours une rivalité, chacun cherchant à être le meilleur parent, qui bien sûr sera le plus aimé, et c'est pareil au niveau des grands-parents.

**❥ En étant un père attentif aux besoins ordinaires de votre enfant, vous montrez votre engagement dans son devenir. Acheter pour son enfant, c'est aussi reconnaître votre paternité, tout particulièrement si vous n'êtes pas lié avec votre compagne par un acte juridique. Mais peut-être que tous ces conseils vous sembleront superflus tant vous avez l'habitude de tout mettre en commun.**

### ▶ Elle en fait toutefois plus que vous

Toutes les études de l'Insee confirment une forte disproportion entre l'activité des mères et des pères.

Ainsi, les mères qui exercent une profession (qu'elles travaillent à temps plein ou à temps partiel) passent par jour et en moyenne : 10 heures 45 minutes à dormir, prendre leurs repas et faire leur toilette, presque 5 heures à exercer leur profession, y compris les activités liées comme les trajets (samedi et dimanche inclus, soit 34 heures par semaine).

## Inégalité du couple dans la vie active

▌ L'engagement professionnel des mères n'est pas comparable à celui des pères.

▌ La naissance d'un premier enfant ne change pratiquement rien à la vie professionnelle de ces derniers.

▌ Le père de deux enfants consacre 71 % de son temps à son travail contre 29 % à sa famille alors que la mère active, qu'elle ait un ou deux enfants, se partage quotidiennement entre ses deux vies, ne voulant sacrifier ni son travail ni ses enfants.

▌ Les femmes conservent une activité professionnelle à 75 % lorsqu'elles ont un enfant, à 65 % après le deuxième, et à 35 % seulement au troisième.

Elles consacrent 6 heures à l'organisation de leur foyer et 2 heures 20 minutes à leurs loisirs. Si l'on fait le total du temps imparti au travail, qu'il soit professionnel ou domestique, on constate que les jeunes mères travaillent près de 77 heures par semaine.

Les nouveaux pères et les papas poules semblent, au regard de ces chiffres, des perles rares, puisque ces études montrent que l'emploi du temps des hommes reste dominé par leurs activités professionnelles, et l'arrivée d'un enfant n'a que peu d'influence sur leur vie quotidienne.

## Des congés pour pères dévoués

La législation du travail permet aux pères qui souhaitent être très présents auprès de leur compagne et de leur enfant, pour leur convenance personnelle ou en raison de la maladie de leur enfant, d'avoir des droits équivalant à ceux des mères (pp. 376-377).

### ▶ Le congé parental d'éducation

Votre activité professionnelle ne vous passionne pas outre mesure ? Vous souhaitez profiter pleinement des premières années de votre enfant ? Le congé parental d'éducation est pour vous.

Ainsi, vous pouvez, sans perdre votre emploi, suspendre votre activité professionnelle pendant un ou trois ans. Vous ne touchez plus aucune rénumération et votre ancienneté dans la profession est interrompue. Ce congé est réservé aux personnes ayant au moins un an d'ancienneté dans l'entreprise, et peut être pris dans les trois ans qui suivent la naissance.

Votre employeur doit être averti de vos intentions deux mois avant la date prévue du congé et par lettre recommandée.

⤷ **Si votre entreprise compte plus de cent salariés, ce congé parental d'éducation ne peut vous être refusé. Par contre, dans les plus petites entreprises, votre employeur peut répondre négativement à votre demande s'il estime que votre absence est préjudiciable à l'entreprise.**

## À l'aide

Votre épouse est débordée, fatiguée, déprimée, faites appel aux services sociaux de votre mairie ou à votre Caisse d'allocations familiales.

Ces organismes peuvent mettre à votre disposition une aide-ménagère dont le travail est rémunéré en fonction des revenus de la famille.

### Le congé pour enfant malade

Sur justification d'un certificat médical, vous pouvez rester au chevet de votre enfant. Ce congé est non rémunéré et ne peut excéder cinq jours si l'enfant a moins d'un an. Certaines entreprises ont des conventions collectives plus confortables ouvrant droit à davantage de congés ou à une rémunération.

### L'allocation de présence parentale

Lorsque l'enfant est atteint d'une maladie plus lourde, une aide est versée au parent qui décide d'interrompre son activité professionnelle momentanément. Elle est attribuée sans condition de ressources et quelle que soit l'activité exercée.

Son montant varie selon que l'activité est totalement suspendue ou partiellement. Elle est versée pour quatre mois, renouvelable deux fois. Pendant toute la durée du versement, le contrat de travail et la protection sociale sont maintenus.

## RÉPONSES À VOS QUESTIONS

*Depuis le retour de la maternité, notre bébé pleure toutes les nuits, obligeant mon épouse à lui donner une tétée. Ses nuits agitées sont, sans doute, la cause de la grande fatigue de ma femme. Ma mère dit que nous donnons de mauvaises habitudes à cet enfant et qu'il faut le laisser pleurer. Ma femme s'en sent incapable.*

### Chez le nourrisson, il n'existe pas de troubles réels du sommeil,
les nuits agitées sont à mettre le plus souvent sur le compte d'une

mauvaise interprétation du comportement du nourrisson. Se réveiller et pleurer en pleine nuit est une activité tout à fait courante pour un tout-petit. Il n'y a là rien d'anormal, ni de grave, il a souvent tout simplement faim. Une tétée supplémentaire ou un biberon de lait tiède aidera à lui redonner un sommeil paisible.

▶ **Soyez rassuré, aujourd'hui donner un biberon de nuit n'est plus considéré, jusqu'à 3 mois, comme une faiblesse face à un enfant capricieux.** C'est au contraire nécessaire au développement de l'enfant qui adapte ses besoins à ceux de son organisme. Les psychologues pensent même qu'il est dommageable pour l'enfant et, en conséquence, pour ses parents, de le laisser pleurer la nuit sans le réconforter. Un bébé de quelques mois ne s'arrête jamais de crier, même s'il a compris qu'il n'aura pas satisfaction. Quand il se rendort, c'est après une colère telle qu'elle le met au bord de l'épuisement, et l'on peut craindre que, tenaillé par la faim, il se réveille durant la première phase de sommeil, encore très léger. Si vous n'y prenez pas garde, l'angoisse liée à la non-satisfaction de sa faim risque alors d'être associée, peu à peu, à l'obscurité qui l'entoure, vous promettant de bien mauvaises nuits dans les mois à venir.

▶ **Les nuits agitées ne vont heureusement pas durer.** Le biberon de la nuit n'est plus systématique au cours de la 4e semaine et disparaît tout naturellement vers 2 mois.

Voici deux signes qui doivent vous faire entrevoir ce changement : bébé va tout d'abord espacer ses repas de nuit et réclamer un peu

## Le bébé et le lit des parents

▮ Beaucoup de parents sont tentés d'installer leur bébé à leur côté pour qu'il se rendorme plus vite après son biberon de nuit.

▮ Tous les spécialistes sont unanimes : la place de l'enfant n'est pas dans le lit de ses parents, parce qu'il n'est pas en sécurité dans ce grand lit occupé par des adultes, parce que ce lit est réservé à l'intimité des parents, une notion que l'enfant doit très vite intégrer.

moins souvent, alors qu'auparavant il vous sollicitait toutes les trois heures ; ensuite, ce qui va être plus difficile pour vous à supporter, il va entrer dans la période des pleurs du soir que l'on met à tort sur le compte de la faim ou de désordres digestifs.

> On ne réveille pas un nourrisson qui dort, ni pour le changer ni pour voir si tout va bien, ni pour lui donner son biberon.

De l'avis des spécialistes, bébé a littéralement « emballé » son système d'éveil et ne sait plus l'arrêter. Une seule solution : ne pas chercher à le consoler à tout prix, ne pas lui proposer à manger, mais l'endormir au plus vite. Le seul moyen efficace serait de le laisser s'apaiser seul, encore faut-il pouvoir le supporter...

▶ **Il est indispensable de laisser un nouveau-né trouver son propre rythme et ajuster à sa manière les moments où il a faim et ceux où il préfère dormir.** Sachez également que, pendant ses premières semaines de vie, le tout-petit passe par des phases de sommeil agité, tout à fait normales. Vous pouvez penser qu'il est éveillé, qu'il souffre d'un petit malaise, vous vous précipitez pour le prendre dans vos bras... Surtout pas, vous allez interrompre son rêve.

➥ **Si vous cassez son rythme de sommeil, votre bébé risque de vous gratifier de nuits entrecoupées de pleurs.** Il va se réveiller toutes les deux heures, toutes les nuits, ou tout simplement parce que son cerveau aura enregistré qu'une période de rêve se finit toujours par un réveil. Alors, laissez-le dormir !

*Mon épouse doit reprendre son travail après son congé de maternité. Nous avons inscrit notre enfant à la crèche collective et à la crèche familiale, mais nous hésitons dans notre choix. Existe-t-il un mode de garde supérieur à un autre ?*

▶ **Le meilleur mode de garde pour un enfant est celui dans lequel ses parents se sentent le plus à l'aise** tant sur le plan de l'organisation pratique que sur les principes éducatifs. Une seule règle doit

## Affirmez votre choix

▶ Il est indispensable de confirmer très vite votre inscription à la crèche ou de prendre contact avec l'assistante maternelle qui va s'occuper de votre bébé.

▶ Jusque-là, vous étiez inscrits sur une liste d'attente. Votre démarche provoque la véritable inscription.

être respectée : ne pas en changer au cours de la petite enfance, sauf problème important. Schématiquement, la crèche collective (p. 298) privilégie la socialisation de l'enfant et fait appel à un personnel bien qualifié et parfaitement encadré.

La crèche familiale (p. 298), grâce aux nourrices, garantit une relation affective privilégiée et permet des horaires plus souples. D'une manière générale, il est rare qu'un enfant ne s'adapte pas au mode de garde choisi par ses parents. C'est le plus souvent la mère qui ne supporte pas la séparation, transmettant ainsi sa tension au bébé. Elle éprouve parfois même une certaine jalousie envers cette femme qui va partager les mêmes émotions qu'elle et à laquelle son enfant va s'attacher. De longs câlins le soir, de retour à la maison, effacent généralement ce dépit amoureux.

▶ **La séparation est un moment délicat**, la mère et l'enfant se connaissent bien et ont tissé des liens affectifs profonds. De plus, tous les parents se demandent si leur bébé ne va pas souffrir du changement d'environnement, du fait d'être dans d'autres bras et de vivre à un nouveau rythme, dicté par les horaires de travail.

Une bonne séparation se prépare, tant pour l'enfant que pour ses parents. Elle doit se faire tout doucement. Avant que votre bébé passe une journée entière chez sa nourrice ou à la crèche, quelques visites de contact s'imposent. L'idéal est que celles-ci aient lieu d'abord en compagnie de la mère, puis que l'enfant soit seul, le temps d'une demi-journée, et enfin une journée complète.

Pratiquement toutes les crèches collectives sont organisées de cette manière. Cette méthode peut tout à fait s'adapter aux crèches parentales ou aux nourrices à domicile.

Les parents, le bébé et la personne qui va le garder vont faire connaissance. Ce sera le moment de parler en couple de votre enfant (de ses jouets, de ses habitudes) et de vos principes éducatifs.

▶ **Ne manquez pas, vous aussi, de poser toutes les questions nécessaires et de confier vos craintes, même si votre épouse l'a déjà fait.** Votre interlocutrice vous expliquera l'organisation de sa journée, ses gestes de maternage, qui sont rarement les mêmes d'une femme à l'autre et, bien sûr, les contraintes à respecter pour que chacun se sente au mieux dans son rôle. De son côté, votre bébé découvrira un environnement différent, de nouveaux adultes, et surtout, s'il va à la crèche, le monde des enfants de son âge. Tout cela va l'enrichir et ne doit pas le perturber. Bien au contraire, très vite il va nouer des amitiés et apprendre à communiquer.

## Une intégration tardive

▶ Si, pour une raison particulière, l'intégration à un mode de garde ne peut se faire dans les trois mois qui suivent la naissance, il faudra attendre une autre période favorable.

▶ Il est des âges où se séparer de sa mère est plus difficile qu'à d'autres. Ainsi, les psychologues déconseillent de mettre un enfant à la crèche à 4 mois et demi parce qu'il commence alors à avoir une conscience aiguë de son environnement et des personnes qui lui sont familières.

▶ Changer ses habitudes troublerait son sentiment de sécurité. De plus, c'est souvent le début du sevrage, un moment perturbateur qu'il vaut mieux ne pas accentuer.

▶ À 8 mois, l'enfant a peur de tous ceux qui lui sont inconnus, il est donc préférable de le laisser en compagnie connue.

▶ Enfin, à 1 an, l'enfant est entièrement occupé par l'apprentissage de la marche. S'adapter et marcher sont deux activités pour lui trop prenantes pour qu'elles se déroulent en même temps.

# Les étapes de développement de la naissance à 2 ans

Ces tableaux ne sont pas des outils d'évaluation. Si votre enfant ne réussit pas une performance indiquée ci-après, ne vous inquiétez pas. Ce qu'il ne fait pas aujourd'hui, il le réussira demain ou dans quelques semaines. Et si vraiment il vous semble en retard, consultez votre médecin.

> Les étapes de développement d'un enfant ne se mesurent pas à un mois près.

| À 1 mois | À 2 mois |
|---|---|
| • Il lève la tête de temps en temps.<br>• Placé sur le ventre, il fait de la reptation.<br>• Il se met en position assise lorsqu'il est maintenu.<br>• Il réagit au bruit.<br>• Il suit des yeux un objet de couleur vive.<br>• Il émet de petits sons gutturaux.<br>• Il fixe du regard le visage de ses parents et cesse de pleurer à leur approche ou à leur voix. | • En position assise, il tient bien la tête droite un court moment.<br>• Sur le ventre, il soulève la tête et les épaules.<br>• Il se retourne de côté sur le dos.<br>• Il émet plusieurs vocalises. |

| À 3 mois | À 4 mois |
|---|---|
| • Lorsqu'il est assis, il maintient sa tête droite.<br>• Sur le ventre, il s'appuie sur les avant-bras.<br>• Il agrippe son drap et le tire vers lui.<br>• Il tient un hochet et l'agite de mouvements involontaires.<br>• Il joue avec ses mains.<br>• Il tourne la tête pour suivre un objet.<br>• Il jase.<br>• Il s'anime à la vue du biberon. | • Sur le ventre, il a les jambes en extension, sur le dos, il soulève sa tête et ses épaules.<br>• Il cherche à prendre le jouet qu'on lui présente.<br>• Il secoue vigoureusement son hochet en le regardant.<br>• Il répond à la voix par des vocalises.<br>• Il rit aux éclats.<br>• Il tourne la tête lorsqu'on l'appelle. |

EN SAVOIR UN PEU PLUS...

| À 5 mois | À 6 mois |
|---|---|
| • Il se tient assis avec un léger soutien.<br>• Debout, il commence à s'appuyer sur ses jambes.<br>• Il ramasse le hochet qui est à sa portée.<br>• Il saisit un cube et le tient tout en regardant le deuxième.<br>• Il tend la main vers un objet offert.<br>• Il pousse des cris de joie, rit en manipulant ses jouets.<br>• Il sourit au miroir.<br>• Il n'aime pas être longtemps seul. | • Il est capable de supporter son poids sur ses jambes, si on le tient debout.<br>• Il reste assis quelques instants, bien installé sur son séant. Les cuisses écartées, les yeux grands ouverts, il découvre le monde.<br>• Il tient fermement dans la main ses premiers jouets. Pour les objets plus gros, il utilise ses deux mains pour les porter à la bouche et les dévorer avec enthousiasme.<br>• Il se sert de la paume de sa main pour attraper et tenir, plus particulièrement la partie proche de l'auriculaire.<br>• Il gazouille avec délectation en faisant rouler les «r» au fond de sa gorge, fait claquer sa langue, répondant ainsi sans se lasser aux sollicitations de ses parents.<br>• Il reconnaît son nom, il est curieux de tout.<br><br>Il pèse 7 kg pour 65 cm. |

| À 7 mois | À 8 mois |
|---|---|
| • Il tient assis seul de courts moments.<br>• Il saisit deux cubes, un dans chaque main et ramasse les objets avec la main en râteau.<br>• Il porte ses pieds à sa bouche.<br>• Il tend la main au miroir.<br>• Il dit plusieurs syllabes. | • Il se soulève pour s'asseoir et tient bien assis.<br>• Debout, il tient ses jambes par jeu.<br>• Il saisit les objets avec la participation du pouce et passe facilement un objet d'une main à l'autre.<br>• Il adore taper et faire du bruit.<br>• Il participe au jeu de coucou.<br>• Il reconnaît ses jouets favoris et aime caresser ses peluches.<br>• Il cherche un jouet perdu et adore les jeter.<br>• Il associe clairement les syllabes BA BA DA DA. |

| À 9 mois | À 10 mois |
|---|---|
| • Il se tient debout avec appui et fait des mouvements de marche si on le soutient.<br>• Il marche à quatre pattes.<br>• Il saisit entre le pouce et l'index.<br>• Il tire un jouet par une ficelle et agite un grelot.<br>• Il dit ses premiers mots de deux syllabes.<br>• Il connaît un certain nombre de gestes répétitifs, il sait faire les gestes de au « revoir » et « bravo ».<br>• Il commence à avoir peur de ceux qui ne lui sont pas familiers.<br>• Il mord souvent. | • Il se met debout en s'aidant d'un support, tient avec appui et lève un pied.<br>• Il retrouve un objet caché.<br>• Il met un objet dans un autre et cherche l'objet caché dans un autre.<br>• Il répète un son.<br>• Il imite les expressions et les gestes.<br>• Il comprend « non ».<br>• Il teste ses parents au moment des repas et du coucher. |

| À 1 an | À 15 mois |
|---|---|
| • Il se déplace seul, généralement à quatre pattes. S'il est précoce, il reste debout « comme un grand », en se tenant aux meubles ou entièrement seul. Il marche le long des meubles et avance, tenu par la main.<br>• Il tient seul, mais des deux mains, sa tasse de lait, ramasse les miettes de son repas et trace à pleines mains ses premiers dessins.<br>• Il saisit les objets en faisant pince avec son pouce et son index.<br>• Il donne sur ordre.<br>• Il répète des actes pour rire.<br>• Il dit trois mots et va enrichir son vocabulaire de six à huit mots empruntés à ses activités favorites : manger, sortir, jouer, embrasser. Il commence à comprendre les questions simples et les notions de dedans, dehors, ici et là. Il imite les animaux. Il ne réussit à prononcer que les débuts ou les fins des mots.<br>• Il exprime ses sentiments, amour souvent, jalousie parfois, et teste de temps à autre son pouvoir sur ses proches en les faisant enrager.<br>**Il pèse 9,5 kg pour 74 cm.** | • L'enfant se met à genoux, se baisse pour s'asseoir et se relève seul.<br>• Il marche mais cherche encore son équilibre, levant souvent les pieds plus haut que nécessaire.<br>• Il monte les escaliers en rampant.<br>• Il tourne son poignet pour porter sa cuillère à sa bouche.<br>• Il construit une tour de trois cubes.<br>• Il parle un jargon personnel, mais utilise des sons et des inflexions qui évoquent des mots connus. Il répète des exclamations empruntées à ses parents telles que « hop là ! » ou « eh bien ! ».<br>• Il aime être le centre du monde et montre clairement ses sentiments. |

EN SAVOIR UN PEU PLUS • •

EN SAVOIR UN PEU PLUS . . .

| À 18 mois | À 21 mois |
|---|---|
| • Il monte les escaliers à quatre pattes en ramenant ses deux pieds sur la même marche et monte debout s'il est tenu. | • Il descend l'escalier main tenue. |
| • Il court et marche à reculons. Il tape du pied dans un ballon. | • Il fait une tour de cinq cubes ou les aligne pour faire un train. |
| • Il tourne les pages d'un livre et boit seul à la tasse. | • Naissance de la pensée symbolique, les objets ne sont plus figés dans leurs propriétés intrinsèques. Ils changent de fonction, évoquent d'autres objets ou d'autres situations. |
| • Il est fasciné par toutes les formes de fermetures : Éclair, Velcro, etc. | |
| • Il connaît les parties de son corps, sait désigner les objets simples ou les animaux qu'on lui nomme. Il peut analyser des situations simples et pragmatiques. Il est capable d'exécuter des ordres qui font appel à l'évaluation et à la mémoire. | • Il montre cinq parties différentes du corps sur une poupée. |
| | • Il demande à boire et à manger. |
| • Il dit très bien dix mots dont il connaît parfaitement le sens. Il construit ses premiers mots-phrases. | • Il fait ses premières recherches d'autonomie et devient curieux. |

### À 2 ans

• Il court avec beaucoup de plaisir, tape dans un ballon, monte et descend seul les escaliers, sans alterner les pieds, marche après marche, en se tenant prudemment à la rampe. Quand il court, il a du mal à ralentir. Il aime bouger en cadence et adore danser.

• Il est propre dans la journée et sait fort bien demander le pot ou aller lui-même aux toilettes.

• Il joue habilement en empilant ses cubes, il construit une tour de six cubes, il tourne les pages de ses livres, assemble ses premières briques et imite les adultes dans leurs diverses occupations.

• Il tourne les poignées des portes, ouvre les couvercles des boîtes s'ils ne sont pas trop serrés, descend et monte les fermetures à glissière.

• Il commence à «dessiner». Curieusement, il saisit le crayon à pleine main. Il peut utiliser aussi bien sa main droite que sa main gauche. Mais, avec la première, il trace des traits vers la droite et gribouille dans le sens des aiguilles d'une montre, il dessine dans le sens inverse avec la main gauche.

• Son discours devient de plus en plus complexe. Il possède une trentaine de mots associés. Il connaît aussi les pronoms possessifs et la négation.

• Il s'oppose avec vigueur et satisfaction «grâce» à un caractère entier et au maniement de la phrase négative. Il a assez de vocabulaire (de 150 à 1 500 mots) pour décrire les objets les plus familiers. Il connaît son prénom et fait la différence entre ce qui est bien et ce qui est mal.

• Il aide à ranger ses affaires.

• Il aime partager la compagnie des autres enfants tout en étant encore incapable de participer avec eux à la même activité. Il peut se laisser aller à une certaine agressivité. Il n'aime pas que l'on touche à son indépendance et a peur parfois que ses parents le quittent.

**Il pèse 12 kg pour 85 cm.**

# 10

Un papa acteur
et éducateur

*Vos premières émotions passées, vous allez traverser une période de doute : serai-je bon père ?*

*Répondre à cette question n'est pas facile, car vous n'êtes pas seul en cause, il y a d'abord votre compagne mais aussi votre bébé. Les neuf mois qui viennent de s'écouler peuvent vous donner une idée du rôle qu'elle veut que vous teniez, mais c'est aussi à vous d'exprimer vos choix.*

*Souvent la présence du père coule de source, parfois il vous faudra vous imposer. La complémentarité des deux parents dans la construction de l'enfant est aujourd'hui totalement reconnue. Même si vous avez envie de « materner », vous ne le ferez jamais comme une mère. À chacun sa place.*

*Vous êtes aux côtés de votre enfant pour l'encourager à oser, pour l'amener à tenter des aventures différentes, de jour en jour, pour lui donner les limites du possible et de l'acceptable. Les jeux plus ou moins virils auront une grande importance dans la construction des petits garçons. Vos baisers, vos câlins sont différents, les pères pouponnent en gardant toute leur masculinité.*

# UN PAPA,
# ÇA SERT À QUOI ?

Classiquement, on dit en psychologie que l'enfant a besoin d'une troisième personne pour établir une relation normale avec sa mère. La naissance n'a pas séparé réellement l'enfant de sa mère, celle-ci reste presque uniquement tournée vers lui, comme happée par ses besoins et sa séduction. Le bébé fait encore partie d'elle et lui, de son

> En tant que père, vous introduisez la notion de différence : vous êtes celui de l'autre sexe.

côté, n'a pas encore pris conscience qu'il était un être différent. Cette fusion ne peut se prolonger au risque de troubler l'équilibre psychique des deux protagonistes.

## Un acteur de séparation

Le père est là pour s'interposer. Il transforme la relation duale mère-enfant, parfois trop fusionnelle, en une relation triangulaire. Pour l'enfant, le père représente l'autorité, qui peut le séparer de sa mère, et la loi symbolique familiale et sociale. Il permet à l'enfant de grandir, d'affronter l'extérieur puis la vie.

Peu à peu, celui-ci s'aperçoit qu'il n'est pas tout pour sa mère, qu'elle est capable d'intérêt pour quelqu'un d'autre que lui, son père. Il doit aussi apprendre à vivre pour lui. Afin que l'enfant intègre son père dans son système relationnel, il faut que s'établisse avec lui une certaine distance destinée à mieux ensuite lui donner valeur et importance.

## Un législateur familial

Le père, dans la construction de l'enfant, a différentes fonctions qui évoluent et se complètent également au fur et à mesure que l'enfant grandit. Celui-ci sait d'où il vient grâce à son père, qui participe à l'élaboration de ses racines et de ses origines. Le père est la preuve vivante qu'il est le fruit de l'union de deux êtres dont l'amour est assez fort pour l'avoir conçu.

Pour être père réellement, vous devez vous sentir investi d'une mission, celle d'aider votre enfant à se construire par le respect des règles qu'imposent certaines circonstances.

Vous êtes classiquement le représentant de l'autorité, que vous soyez présent ou non. Cette fonction paternelle vous a été léguée pour une grande part par votre propre père.

Elle est le résultat d'une bonne identification à celui-ci. Pourtant, aujourd'hui, l'autorité du père n'est plus fondée sur la crainte mais sur l'amour : l'enfant obéit à son père pour obtenir son estime. C'est une autorité difficile à acquérir car elle repose sur des liens affectifs et non plus sur des règles strictes et toutes faites.

## Entre père et fils

Si vous avez un fils, votre rôle est encore plus essentiel. En effet, vous êtes un des piliers de sa construction psychique.

C'est vous qui allez le sortir des jupes de sa mère, lui donner l'envie de prendre son autonomie, le soutenir dans l'élaboration de son identité masculine.

> Par votre simple présence, vous jouez déjà un rôle dans la séparation mère–enfant.

Vous allez lui permettre d'acquérir une bonne image de soi en renforçant sa fierté d'être un garçon et souvent, le moment venu, c'est avec vous qu'il parlera sexualité de façon plus complice.

# PÈRE ET MÈRE,
## DES RÔLES COMPLÉMENTAIRES

N'ayez aucune mauvaise conscience de ne pas être un père aussi performant que la mère de votre bébé. Car le père qui se substitue totalement à la mère n'existe pas, c'est un simple rêve. En effet, votre enfant, dès sa naissance, ne confond pas ses deux parents et l'expérience qu'il acquiert, de jour en jour, lui confirme qu'ils ont des voix différentes, des odeurs qui leur sont propres, des visages particuliers avec des mimiques caractéristiques et des comportements originaux. Ainsi père et mère n'ont pas la même manière de porter ou de tenir un enfant.

> Tant dans les jeux que dans les apprentissages, les pères sont des guides plutôt directifs, amenant l'enfant à la réalisation d'une tâche.

## Un maternage viril

Observez-vous mutuellement avec votre épouse. Lorsqu'elle a le bébé dans ses bras, elle a plutôt tendance à le tourner vers elle, à le blottir contre elle alors que vous, le père, offrez à l'enfant le spectacle du monde et sollicitez ses capacités psychomotrices. Dans le portage, les deux attitudes sont donc originales : la mère par son maintien de l'enfant garde la relation fusionnelle, alors que le père installe son bébé à hauteur d'épaule, sa tête dans son cou.

Il est bien connu que ce sont les pères qui tiennent leur bébé à bout de bras, en l'air, ou qui jouent avec lui à faire des galipettes sur le tapis. Ils sont toujours les premiers à asseoir leur enfant sur leurs épaules et à l'inciter précocement à se mettre debout, tandis que les mères privilégient le dialogue et les caresses.

De même, la façon de bercer n'est pas identique : vous bercez votre bébé plutôt verticalement alors que sa mère le fait horizontalement.

❧ Vous voulez la preuve que votre enfant sait qui est qui : observez ses mimiques et ses gestes, ils sont différents selon qu'il est avec l'un ou l'autre. Alors, même si vous partagez avec votre épouse un grand nombre de soins prodigués au bébé, il saura qui le change, qui le baigne et qui lui donne à manger.

## Un entraîneur dans l'âme

La grande différence de comportement entre père et mère se voit essentiellement dans les jeux et les apprentissages. Les pères ont la réputation d'être des acteurs importants dans l'éveil de leur enfant, plus que les mères.

Ils proposent à leur enfant des situations nouvelles l'obligeant à s'adapter, à devenir malin et inventif. Ils l'encouragent à grandir. Mais ils savent aussi le rassurer face aux risques, l'encourager et le féliciter d'un « C'est bien. » sobre, qui conduit l'enfant à consolider son « estime de soi ». Ainsi, ce n'est sans doute pas un hasard si ce sont surtout les pères qui accompagnent leur enfant aux séances de « bébé nageur » ou encouragent, au square, les premières glissades du haut du toboggan.

Les pères aiment aussi les jeux physiques, jeux de lutte et de force qui, au-delà du courage et de l'effort physique, apprennent à l'enfant le respect de la règle et de l'adversaire.

---

### Des pères aimants

▶ Les pères maternants sont de plus en plus nombreux, il arrive même qu'ils soient davantage proches de leur enfant que la mère.

▶ Cela ne pose aucune difficulté dans l'équilibre psychique de l'enfant s'il n'y a pas une totale superposition des rôles et si chacun s'octroie des soins précis auprès de l'enfant.

▶ Pour les psychiatres, refuser de s'occuper de son enfant cache chez le père une profonde angoisse de retomber dans une féminité primaire.

▶ En fait, il craint que le maternage ne dévoile son attirance pour le féminin. Un père ne peut devenir paternant que s'il accepte et intègre la part de féminité que tout homme a en lui, résultat d'une identification normale à sa propre mère.

# VEILLER SUR
# SON SOMMEIL

Votre premier étonnement porte sans doute sur sa capacité de sommeil, peut-être aurez-vous même l'impression qu'il dort trop.

Le nouveau-né dort en moyenne 19 heures par jour les premières semaines. Il passe presque sans s'en apercevoir de l'état de veille à celui de sommeil.

> Le bruit, le tabagisme passif ou une tension trop forte entre vous peuvent influencer le sommeil de votre bébé. Trop le solliciter dans la journée est aussi néfaste.

## Sommeil profond et sommeil léger

À la fin du premier mois, votre bébé dort encore 70 % de son temps. Mais, si vous le regardez dormir, vous constaterez qu'il ne dort pas constamment de la même façon : ses jours et ses nuits se décomposent en sommeil profond et sommeil léger.

Dans le premier, ses yeux sont bien fermés, il respire très régulièrement, seuls ses doigts et ses lèvres peuvent bouger de manière perceptible.

Le sommeil léger, lui, se caractérise par de nombreux mouvements oculaires sous les paupières, des grimaces, des mouvements des bras et des jambes, voire du corps tout entier. Enfin, il existe un état intermédiaire entre veille et sommeil : l'enfant somnole, il peut même avoir les yeux largement ouverts mais sa conscience est celle d'un dormeur.

## Pourquoi dort-il autant ?

**Tout simplement pour parfaire sa maturation cérébrale.** On s'est aperçu aussi que c'est au cours du sommeil que l'organisme produit en quantité les substances indispensables à son développement, dont l'hormone de croissance.

Si votre bébé dort tout le temps, **c'est aussi qu'il ignore la différence entre le jour et la nuit.** Il ne commencera à faire cette distinction qu'au bout de quelques semaines. En attendant, ses temps de sommeil diurnes et nocturnes sont nombreux et ses réveils sont question de hasard. C'est vers 3 ou 4 semaines qu'il se règle sur le rythme circadien de 24 heures. **Mais votre bébé va de moins en moins dormir au fil des mois.** Ainsi à 4-5 mois, il fait des nuits de 8 à 9 heures consécutives et pique des petits sommes d'une à deux heures dans la matinée et l'après-midi, et son réveil est souvent matinal. C'est à cet âge qu'il est bon d'installer un rituel du coucher : bain, pyjama, dîner, petite histoire lui permettront de se préparer en douceur au moment où il doit quitter ses parents pour aller dormir. Une mise en condition qui sera utile tout au long de son enfance.

**Vers 1 an, le sommeil de votre enfant se modifie** pour se rapprocher de celui des «grands». Il dort en moyenne 13 heures et les cycles de sommeil sont voisins de 90 minutes. Cet enfant, en pleine acquisition motrice, a souvent un sommeil agité, marqué par des réveils nocturnes.

➤ **Même si le soir, en rentrant, vous avez follement envie de cha-huter avec votre bébé, évitez de le faire. Transformez votre besoin**

---

## Ne pas déranger

▸ Ce petit dormeur déteste, en général, être dérangé. Un réveil intempestif déclenche presque à chaque fois des pleurs.

▸ Si vous devez pourtant le réveiller, l'idéal est de calculer le moment du réveil en fonction de celui de l'endormissement afin d'interrompre le sommeil à la fin du cycle de 60 minutes.

▸ Parlez à mi-voix, caressez-lui la joue, découvrez-le progressivement.

Il ne quittera son lit douillet que lorsqu'il aura pris conscience de ce que vous voulez.

▸ Un truc pour reconnaître s'il est prêt au réveil : caressez-lui les mains. S'il supporte bien ce contact, le moment de l'éveil est proche ; s'il grimace, c'est qu'il est en plein sommeil profond, il suffit alors d'attendre quelques minutes pour l'éveiller, sans difficulté et sans cri.

de communication en jeux calmes et en câlins afin de ne pas susciter chez lui une trop grande excitation, toujours préjudiciable à un endormissement paisible.

## ZOOM

### Lui apprendre à dormir

Dès les premiers jours, on peut nettement distinguer les gros dormeurs des petits nerveux qu'un rien réveille : très rapidement, chaque enfant acquiert sa personnalité de dormeur. Certains ont besoin de leur pouce ou d'une tétine pour trouver le sommeil, d'autres de quelques notes d'une boîte à musique.

Si vers 4-5 mois, votre enfant ne fait pas encore une nuit complète, après avoir vérifié que rien ne le gêne, laissez-le pleurer sans intervenir. Au bout de deux ou trois épisodes agités, il va comprendre qu'il peut se rendormir sans la présence de ses parents.

Cette éducation peut paraître dure mais pourtant, c'est la seule qui garantisse aux parents un avenir de nuits calmes.

# RESPECTER SON ALIMENTATION

Son alimentation est différente, dans les premiers mois, selon que votre compagne allaite ou non. Pourtant quelques grands principes restent communs comme, par exemple, l'alimentation à la demande, ce qui signifie simplement que votre bébé mange quand il a faim.

> Soyez persuadé que le lait de votre épouse est le mieux adapté à l'organisme de votre enfant. Les premiers moments de la mise au sein vont rarement de soi, rassurez-la et encouragez-la.

## Le lait de sa mère

Le lait maternel est un aliment extraordinaire. Il est assimilé complètement par l'organisme de l'enfant et sa composition est idéalement adaptée aux besoins de l'enfant dès la mise au sein et jusqu'à l'arrêt de l'allaitement, même s'il se produit tard, par exemple vers 2 ans.

**La composition du lait maternel** peut varier au gré des jours, d'heure en heure, et même au cours d'une même tétée. Ainsi, le taux de lipides (graisses) peut augmenter de 1 à 4 pendant un seul repas. Le lait est alors plus gras, plus riche. Le lait en fin de tétée n'a pas toujours la

### Le premier lait

▸ Le colostrum est un liquide jaune orangé, épais et peu abondant. Il est très riche en protéines, en sels minéraux et en éléments immunitaires.

▸ On lui reconnaît une action majeure anti-infectieuse, et des vertus laxatives car il aide le nourrisson à évacuer le méconium, matière verdâtre qui obstrue son tube digestif durant sa vie fœtale.

▸ Au 3e jour de lactation, le colostrum est remplacé par un lait de transition, suivi du lait « nature » dont la composition se fixe au 20e jour de l'allaitement.

même composition, de plus il s'appauvrit la nuit. C'est le matin, entre 6 h et 10 h, que la concentration en graisses est maximale. Les premiers jours s'installe le lait primitif, pauvre en graisses et en lactose malgré son épaisseur apparente. Mais il contient d'autres sucs essentiels, plus facilement assimilables, beaucoup de protéines et les fameuses immunoglobulines qui assurent une protection contre les agents infectieux. Ce n'est qu'à partir de deux semaines que le lait maternel trouve sa maturité et sa composition définitive.

**Bien que sous l'influence de l'alimentation de la mère,** cette composition est constituée de 85 % d'eau, d'acides gras très solubles, parfaitement assimilables par les sucs gastriques de l'enfant, de protéines et de sels minéraux en quantités nécessaires pour être traités par le foie et les reins immatures du nouveau-né, enfin d'un sucre, le galactose, qui favorise la constitution du tissu cérébral. S'y ajoutent les vitamines A, B, C, D, E en quantités variables selon l'alimentation de la maman, mais au moins deux fois plus importantes que dans le lait de vache.

Le lait maternel a un pouvoir immunitaire qu'aucun autre lait ne pourra jamais égaler. En effet, ce système de protection s'appuie sur des cellules spécifiques qui fonctionnent avec certaines protéines. Leur coordination est si bien faite qu'elle peut augmenter le taux des anticorps (les soldats de l'organisme) pour lutter contre l'apparition des maladies contagieuses.

**⅄ Si vous avez la curiosité de le goûter, vous constaterez qu'au début le lait maternel ressemble au lait de vache : même couleur, même fluidité. Cela est dû aux traces de colostrum qui subsistent pendant la première semaine d'allaitement. Si vous renouvelez l'expérience un à deux mois plus tard, vous remarquerez que le lait est pâle, opalescent, avec parfois des reflets bleutés et un peu plus épais.**

### De formidables anticorps

Le facteur immunitaire du lait maternel repose sur les éléments qu'il contient tels ses protéines et composants cellulaires. Leur concentration est très élevée dans les trois premières semaines de la lactation, mais leur diminution est compensée ensuite par l'augmentation de la sécrétion lactée, si bien que la quantité d'anticorps reste élevée et constante tout au long de l'allaitement.

Le lait de la mère est un excellent protecteur contre les infections gastro-intestinales au cours de la première année si le bébé est nourri ainsi au moins 13 semaines. Si ce n'est pas le cas, il n'est protégé qu'au cours de la période d'allaitement. En revanche, le lait maternel semble beaucoup moins efficace sur les infections respiratoires qui ne seraient qu'en légère diminution chez les enfants nourris au sein.

Le colostrum, lait des premiers jours, joue dans la protection immunitaire un rôle essentiel. En effet, c'est un véritable concentré d'anticorps qui tapissent en quelques jours toutes les muqueuses de la bouche et du tube digestif. Le lait des jours suivants a tout autant d'importance.

## Les laits de substitution

**C'est ainsi que l'on nomme les laits industriels.** Votre bébé, de sa naissance à l'âge de 4 mois est alimenté au lait 1er âge qui lui apporte tout ce dont il a besoin pour sa croissance et sa maturation. Protides, glucides et lipides ont été particulièrement étudiés pour assurer l'apport énergétique au bébé tout en respectant ses capacités digestives.

**C'est le pédiatre qui prescrit le premier lait de bébé, et la quantité à donner.** Celle-ci n'est pas liée à l'âge de l'enfant, mais à son poids. Généralement, le rythme des tétées est de 6 par 24 heures. Mais il est des jours où l'enfant a très faim et boit tout ce qu'on lui donne, d'autres où il laisse systématiquement du lait au fond de ses biberons. Seule une réelle perte de poids sur plusieurs jours justifie votre inquiétude.

**Ces laits sont le plus souvent utilisés reconstitués** dans la proportion

## Initiation au goût

▶ Certains aliments ou épices donnent un goût au lait maternel.

▶ Il n'y a aucune raison de les supprimer de l'alimentation de la jeune maman, bien au contraire, ces saveurs sont souvent en étroite relation avec la culture des parents et permettent une initiation à la future cuisine familiale.

## ZOOM

### Rot, régurgitation et hoquet

Roter après le biberon n'a rien d'obligatoire. N'en faites pas une obsession. Certains bébés rotent, d'autres pas. Mais prenez la précaution de ne pas coucher votre bébé aussitôt après son repas.

La régurgitation est plus fréquente chez l'enfant nourri au biberon. C'est souvent dû au fait que bébé boit trop vite parce que la tétine est trop largement percée.

Le hoquet, lui, est provoqué par l'air que le bébé avale au cours de la tétée. Pour le faire passer, s'il se prolonge, couchez votre bébé bien à plat sur le ventre. Même si le hoquet persiste, vous pouvez sans problème recoucher votre bébé.

Un proverbe dit que le bébé qui a le hoquet profite. C'est loin d'être faux. En effet, ce hoquet ne fait que traduire l'excitation transitoire du nerf phrénique par un estomac bien rempli. Ce phénomène n'a rien d'anormal et disparaît progressivement.

d'une mesurette rase de lait en poudre pour 30 ml d'eau, de préférence faiblement minéralisée. Le respect des doses doit être rigoureux car le surdosage entraîne diarrhée, vomissements et perte d'appétit. Pour ceux et celles qui refusent de jongler avec les mesurettes, il existe un lait diététique liquide prêt à l'emploi, vendu en «brique».

**Tous les laits 1ᵉʳ âge, bien que se rapprochant du lait de la mère, restent toutefois inférieurs à celui-ci** en raison de leurs propriétés allergisantes, dues aux protéines du lait de vache et à l'absence de propriétés anti-infectieuses. Le lait sera longtemps l'aliment privilégié de votre enfant ; vers 4 mois, il passera au lait 2$^e$ âge et vers 12 mois au lait de croissance. Mais entre-temps, il aura fait connaissance avec d'autres aliments et d'autres saveurs.

## Vers 4 mois, une alimentation de transition

À cet âge, le lait devient insuffisant pour nourrir bébé. Il lui faut d'autres aliments. Cela se fait progressivement, le tube digestif et les fonctions d'assimilation devant s'habituer à cette nouvelle nourriture. Mais l'enfant a aussi besoin de s'adapter psychologiquement. Réussir un sevrage se fait en deux temps. Il faut commencer par l'alimentation

## ZOOM

### Quitter le sein

La période du sevrage est aussi une étape délicate pour votre femme, surtout si elle nourrit son enfant au sein. On n'oublie pas du jour au lendemain une relation aussi forte avec son bébé.

De toute façon, au début du sevrage, le sein reste nécessaire à l'enfant pour entretenir son intimité avec sa mère.

Un sevrage bien fait est réalisé sans précipitation, avec délicatesse, souplesse et amour. Le moment auquel le bébé sera totalement sevré est une affaire d'accord entre sa mère et lui.

S'il refuse avec colère tout autre mode d'alimentation, pour l'aider à l'accepter, il vaut mieux commencer par lui proposer une tétée et ensuite la nouvelle nourriture, de façon à ce qu'il n'associe pas celle-ci à la privation du sein.

### La règle d'Appert

▶ La ration journalière que fixe le pédiatre est établie à partir d'une formule, dite règle d'Appert, qui tient compte du poids de l'enfant : Poids du bébé en grammes + 250 = quantité de lait pour 24 heures.

▶ Vous remplissez le biberon d'eau jusqu'à la graduation qui correspond à la quantité obtenue pour chaque tétée et vous ajoutez autant de mesurettes de lait que nécessaire à raison d'une mesure de lait en poudre pour 30 g d'eau.

de transition, avec des carottes ou des farines et des bouillies à base de lait, pour ne pas trop désorienter l'enfant. L'alimentation diversifiée vient ensuite, elle consiste à amener peu à peu l'enfant à accepter, puis à apprécier les différents mets.

## Entre 4 et 6 mois, une alimentation qui se diversifie

• **Les farines** mélangées au lait représentent le premier aliment «différent», vers 4 mois. Elles sont composées principalement de mélanges de céréales pures. Elles contiennent des sels minéraux, des protéines végétales, des vitamines du groupe B. Avant 6 mois, les farines sont diastasées (leur amidon a été traité pour le rendre plus digeste) et sans gluten (certains enfants ayant des problèmes de tolérance).

• **Les fruits** sont les premiers à être introduits dans les menus de votre bébé, vers 4 mois, sous forme de jus frais, ou de purées de fruits cuits homogénéisées.

• **Les légumes** sont donnés sous forme de poudres diluées dans les biberons, de potages liquides plus ou moins coupés de lait, ou de «petits pots». Les purées de légumes s'épaissiront peu à peu. Les saveurs et les goûts nouveaux viendront exciter les sens du goût et de l'odorat de votre enfant.

• **La viande et le poisson** entrent dans les menus à partir de 6 mois mais toujours en petite quantité.

### Manger à la cuillère

Peu de bébés la refusent de prime abord. En général, ils en tètent le bord et finissent par comprendre qu'elle peut pénétrer dans la bouche.

Ce sont les bébés «gourmands» qui, impatients, manifestent parfois leur déplaisir. Pour commencer, utilisez-la plutôt avec un aliment un peu «épais», les jus de fruits à la petite cuillère atteignent rarement leur but.

Ne vous énervez pas s'il se montre maladroit et fait tout tomber.

# PROTÉGER SA SANTÉ

«Mieux vaut prévenir que guérir» : cet adage s'applique parfaitement au suivi médical de votre enfant. En effet, sa santé et son bon développement sont bien surveillés grâce à neuf examens de santé obligatoires au cours de sa première année, trois dans sa deuxième et deux par an jusqu'à l'âge de 6 ans. Leur programme est clairement défini en fonction de l'âge du petit patient.

> Si votre enfant est malade, ne soyez pas trop inquiet, les angoisses sont contagieuses et votre enfant ne se sentira que plus mal.

Les observations médicales sont collectées dans un document, le carnet de santé, qui suivra votre enfant jusqu'à la fin de l'adolescence.

Les maladies les plus communes dans la petite enfance sont d'ordre respiratoire, essentiellement les rhinopharyngites. Les épisodes fiévreux sont également fréquents, conséquences d'une agression virale ou microbienne. La visite d'un médecin s'impose dès que la fièvre dépasse 38 °C. Généralement, celle-ci cède à la prescription, le plus souvent, de paracétamol ou parfois d'aspirine.

## Les vaccinations

Les vaccinations obligatoires et conseillées s'échelonnent aussi tout au long de l'enfance, la première année étant la plus « chargée ».

Le BCG est généralement le premier vaccin, couramment inoculé à la naissance, surtout pour les enfants à risques et ceux qui seront confiés à une crèche. Son efficacité est contrôlée chaque année par un test tuberculinique. À la fin du 3e mois, votre enfant recevra la première injection de Pentacoq®, vaccin contre la diphtérie, le tétanos, la coqueluche, la poliomyélite et la méningite. Une injection de vaccin antihépatite B lui est associée.

Sont facultatifs les vaccins contre la rougeole, la coqueluche et la rubéole, les oreillons, l'hémophilus ou l'hépatite B. La plupart des vac-

## Pourquoi une obligation ?

L'obligation de vacciner n'a pas pour but de limiter les libertés mais, en protégeant chaque individu, de sauvegarder la santé publique.

Le vaccin introduit dans l'organisme provoque une « mini-maladie » inapparente ou bénigne.

Il permet donc non seulement une excellente immunité contre la véritable maladie, mais aussi d'éviter de graves complications.

## ZOOM

### Le carnet de santé

Ce livret permet aux parents de suivre de près la santé de leur enfant mais aussi son bon développement psychomoteur.

Il est très important qu'il soit bien rempli, il faut donc systématiquement demander au médecin de le compléter après chaque rendez-vous et penser à le remplir de vos observations sur la fréquence de certaines maladies. Ainsi vous saurez si votre enfant est vraiment sensible aux otites ou aux troubles digestifs. Les parents peuvent aussi y porter leurs propres observations. Depuis peu il s'est enrichi d'informations classées par thèmes : le dépistage des troubles visuels, le dépistage des troubles auditifs, les troubles neurologiques et psychologiques, les troubles de la croissance, avec notamment de précieux conseils pour prévenir les risques d'obésité, les vaccinations et enfin un chapitre sur la sécurité de l'enfant tant à la maison que dans les transports.

Il contient encore le calendrier des progrès de votre bébé : par exemple la date où il s'est assis, s'est mis à marcher, à dire ses premiers mots ou le moment où il est devenu propre.

C'est un document important pour la surveillance du poids et de la taille grâce à ses courbes. Il permet de repérer à postériori des événements passés inaperçus et qui ont des conséquences quelques mois ou quelques années plus tard. Ce carnet est un document confidentiel. Il est indispensable qu'il suive l'enfant lors de tous ses déplacements, notamment lorsqu'il est confié à ses grands-parents.

cinations sont bien supportées, certaines peuvent provoquer un peu de fièvre et sont alors suivies de la prescription d'un médicament pour la combattre.

## Choisir son médecin

Le spécialiste de l'enfant est le pédiatre mais bien des enfants, même petits, sont suivis par un généraliste. Le bon médecin est celui qui a toute votre confiance et dont le cabinet n'est pas trop loin de votre domicile.

Il est important que le contact avec lui soit de qualité et harmonieux, qu'il prenne le temps de faire un bon examen de l'enfant, de donner des conseils et de répondre à vos questions. L'idéal est de trouver un praticien donnant volontiers des mini-consultations par téléphone.

> L'automédication est dangereuse à tous les âges de la vie et un enfant n'est pas un adulte en réduction.

### La douleur

Depuis quelques années, l'existence de la douleur chez l'enfant n'est plus contestée. Elle se manifeste d'abord par des pleurs stridents, un visage très rouge envahi de sueur et des mouvements désordonnés.

Si elle se prolonge, l'enfant prend une attitude de repli, il ne crie plus, plus rien ne l'intéresse, il demeure prostré.

Tout semble accentuer sa douleur, l'effleurement du drap de son lit ou vos caresses. À ce stade, seul un médecin a les moyens de la soulager.

Les douleurs les plus communes à tous les enfants sont celles dues à des difficultés digestives et à la poussée dentaire. Mais elles n'ont pas la même intensité chez tous.

# FAVORISER SON ÉVEIL

Dès sa naissance, l'enfant est prêt à apprendre. Il est débordant d'énergie pour observer, emmagasiner des informations et les mémoriser. Éveiller son intelligence ne vous demande ni compétence particulière ni matériel compliqué, c'est une question d'amour et de disponibilité. Votre tâche principale consiste à éveiller sa curiosité et lui permettre de multiplier les expériences en les

> Si votre bébé semble s'ennuyer, proposez-lui une autre activité. Son temps de concentration et d'intérêt est court.

accompagnant de la voix pour soutenir, rassurer, solliciter, expliquer. Plus tard, lorsqu'il parlera, vous devrez aussi répondre à ses demandes.

## Apprendre par le jeu et par étapes

Il n'est pas question d'organiser des séances « langage » ou de « psychomotricité », vous devez avant tout saisir les instants où votre enfant est disponible, par exemple après ses pauses sommeil ou encore au moment du bain. L'enfant apprend par le jeu avec ou sans le soutien d'objets. Les jouets ont surtout la vertu de lui montrer qu'il peut jouer seul, une autonomie dont il saura de mieux en mieux profiter avec le temps.

### Promenades et sorties

La promenade est toujours enrichissante pour votre bébé.

Elle lui fait découvrir un autre environnement, elle l'habitue peu à peu aux changements de température, stimule les systèmes de défense de son organisme, ouvre son appétit et favorise le sommeil.

Les sorties peuvent aussi l'amener à se concentrer sur d'autres visages, d'autres enfants.

Votre bébé est un être sociable qui prend beaucoup de plaisir à échanger avec ses semblables.

Ses progrès psychomoteurs orientent les activités que vous lui offrez. La position assise et ses capacités à tenir dans ses mains lui permettent d'explorer le monde, mais la grande révolution est l'acquisition de la marche qui lui donne la liberté d'aller où il veut.

Sachez encore que les grandes étapes du développement physique sont souvent marquées par des paliers de développement intellectuel : avant d'atteindre un stade, il semble avoir besoin de comprendre, pour oublier, puis de comprendre à nouveau, etc.

## Parlez à votre bébé

C'est entre 4 et 6 mois que votre enfant fait le plus de progrès dans le domaine de l'expression orale. Il reproduit de mémoire les sons qu'il a entendus et, mieux, il fait des efforts pour imiter les mouvements des lèvres de l'adulte. Il apprend alors les voyelles et les consonnes. Un bébé ne sait parler que parce que vous lui parlez.

Tout est question d'apprentissage. Les « leçons » de langage sont simples : il suffit de raconter ce qu'il se passe, de lui poser des questions, de lui décrire ce qu'il voit, de nommer les différentes parties de son corps. Les pères apportent une contribution spécifique dans l'acquisition du langage en utilisant volontiers un vocabulaire plus technique et plus spécifique que les mères. Par exemple, la petite voiture est bien vite dénommée par sa marque ou par son nom dans la gamme.

➥ **Malgré votre bonne volonté et vos efforts, vous ne serez jamais aussi performant que votre épouse dans les soins donnés au bébé.**

| Comment savoir s'il sait |
|---|
| ▸ Les chercheurs s'appuient sur un phénomène neurologique appelé « l'habituation ». ▸ Il repose sur le fait qu'un enfant, quel que soit son âge, regarde plus longtemps ce qu'il ne connaît pas que ce qu'il connaît déjà et avec une prédilection pour ce qui est compliqué. ▸ Il sait quand il détourne le regard, quand il cherche autre chose. |

Rien d'étonnant à cela si vous vous souvenez qu'elle joue à la poupée depuis sa plus tendre enfance. Votre rôle est différent, bien des gestes et des comportements reposent sur le bon sens et sur une connaissance relativement simple de la façon de vivre et d'évoluer de votre enfant.

## ZOOM

### Devenir intelligent en neuf étapes

Le psychologue suisse Jean Piaget est la référence en matière de développement de l'intelligence de l'enfant. Il a défini la naissance de celle-ci en stades à partir de l'étude de la permanence des objets.

- Stade 1 : de 0 à 2 mois, la disparition d'un objet ne crée aucune réaction chez l'enfant.
- Stade 2 : de 2 à 4 mois, il exprime un certain désappointement.
- Stade 3 : de 4 à 5 mois, le bébé cherche l'objet si celui-ci reste en partie visible.
- Stade 4 : entre 7 et 10 mois, il cherche l'objet là où il l'a vu apparaître et non pas à l'endroit où il a disparu.
- Stade 5 : entre 10 et 18 mois, l'enfant cherche l'objet où il a disparu la dernière fois.
- Stade 6 : à partir de 15-18 mois, l'enfant cherche l'objet jusqu'à ce qu'il l'ait trouvé. Il a acquis « la permanence de l'objet ».
- Stade 7 : de 18 mois à 2 ans, il est capable de représentations mentales.
- Stade 8 : de 2 à 4 ans, naissance du jeu symbolique.
- Stade 9 : à partir de 7 ans apparaissent chez l'enfant l'intuition et la réversibilité des actions.

## VOUS ET VOTRE COMPAGNE

### De l'influence des relations conjugales

Votre enfant est particulièrement sensible aux relations qui unissent votre couple. Il se sent d'autant plus en sécurité et heureux de vivre que l'ambiance qui règne autour de lui est sereine. Celle-ci repose pour une bonne part sur le fait que votre compagne sait pouvoir compter sur vous, que vous l'aidez à se sentir bien dans son corps et dans sa tête.

> La mère fait le père et le père fait la mère. Ils deviennent parents mutuellement et s'appuient l'un sur l'autre.

▶ **Père et amant**

Le rôle que joue le père auprès de son enfant est aussi sous la dépendance de la relation que le couple rétablit après l'accouchement. Ces encouragements à aider la mère à retrouver une sexualité de femme permettent que ne s'installe une trop grande intimité entre mère et enfant, notamment chez le petit garçon qui, en période œdipienne, peut croire qu'il est facile pour lui de ravir la place de son père dans le cœur et dans le lit de sa mère. Le père amant fait barrage à cette illusion et oblige l'enfant à s'apercevoir qu'il n'est pas le seul objet d'amour de sa mère. Cette réalité est douloureuse mais nécessaire aux fondements de la loi qui interdit l'inceste.

▶ **Toujours présent**

L'image de père que vous aurez aux yeux de votre enfant dépend pour beaucoup de celle que sa mère donne de vous, indépendam-

### Le besoin d'être reconnue

▶ Votre compagne a besoin de se savoir reconnue aussi comme mère et d'être particulièrement aimée à cette période délicate où elle oublie parfois ce qui a fait sa séduction pour se dévouer entièrement à son enfant.

▶ Une vie harmonieuse à trois en dépend, mais chacun de vous doit aussi reprendre sa place d'amant.

## Incompris

▷ Les papas « tendresse » peuvent parfois déclencher un sentiment de jalousie chez leur épouse.

▷ Ces mères vivent la complicité qui s'installe entre l'enfant et le père comme une atteinte à leur toute-puissance maternelle.

▷ Elles considèrent leur bébé comme leur propriété exclusive et voient le père comme un rival.

▷ Il est important que chacun soit ce qu'il est et qu'il respecte l'autre. Enfin, il n'y a pas de modèle de père « tendresse ». La paternité, en tant que responsabilité, ne passe pas par des trucs mais par une volonté d'assumer un rôle de guide.

ment de vos qualités et vos défauts. C'est ce qu'elle dit de vous, c'est son analyse de votre personnalité qui construit votre identité de père.

Elle a encore le pouvoir de vous rendre présent même si vous n'êtes pas là en rappelant vos paroles, en imaginant vos réactions de fierté, d'étonnement ou de réprobation. Elle fait vivre la fonction paternelle et permet à l'enfant de l'intérioriser.

Au fil des années, vous deviendrez un référent présent dans la vie de votre enfant. Cette présence « pensée » ou « ressentie » du père ouvre pour l'enfant les portes de la symbolisation et du langage. Il apprend que les personnes et les objets peuvent exister par les mots qui les nomment. Il comprend que les bornes et les lois subsistent en l'absence de celui qui les a prononcées.

### ▷ Éduquer ou préparer l'avenir

Un enfant se fait à deux, il s'élève aussi à deux. Son éducation repose sur de grands principes. Si vous ne l'avez pas fait avant, il est temps maintenant d'en discuter ensemble. Vous devrez définir les valeurs morales et culturelles que vous voulez transmettre à votre enfant, les notions de respect, de confiance et de discipline que vous partagez. De la confrontation des points de vue naîtra une ligne directrice consensuelle qui servira de base à l'éducation de votre enfant. Ce débat, plus ou moins animé, est d'autant plus important que, dans le couple, chacun n'a pas la même histoire, n'a pas reçu la même éducation ou n'a pas les mêmes origines culturelles. Vos diversités pourront ainsi devenir de multiples richesses. Ces échanges ont aussi l'intérêt de désamorcer les conflits qui naissent souvent de l'incompréhension.

## RÉPONSES À VOS QUESTIONS

*J'ai le sentiment que notre enfant aîné souffre beaucoup de l'arrivée du bébé, comment l'aider ?*

▶ **L'arrivée d'un petit frère ou d'une petite sœur entraîne toujours un profond bouleversement chez l'aîné.** Ses sentiments sont faits d'un mélange de joie et de jalousie. Aussi, il est recommandé de préparer la rencontre. Vous lui avez peut-être montré une ou deux échographies, vous lui avez sans doute proposé de poser sa main sur le ventre de sa mère au moment où le bébé faisait des cabrioles, alors, poursuivez son initiation.

▶ **L'aîné est à la recherche d'un nouveau statut, c'en est fini de sa vie d'enfant unique.** Les premières manifestations d'un certain inconfort psychique se traduisent souvent par des nuits agitées. Beaucoup d'enfants profitent de l'absence de leur mère pour essayer de s'installer dans le lit conjugal. Dormir contre son papa peut être

### Montrez à votre aîné des photos

▷ Évitez de projeter des images de l'accouchement, souvent trop fortes pour ne pas être traumatisantes ; de plus, elles appartiennent avant tout à l'intimité de votre couple.

▷ Par contre, à la naissance de son petit frère ou de sa petite sœur, l'aîné sera heureux, grâce à quelques photos prises à la maternité, de faire sa connaissance.

▷ Vous pouvez aussi réaliser une cassette audio des premiers cris et des premiers vagissements.

d'un grand réconfort pour une nuit, mais mieux vaut expliquer à l'enfant au réveil que cette expérience n'est qu'une exception. Si ses nuits sont perturbées au moment de l'absence de sa mère, vous pouvez compenser son sentiment d'abandon par un câlin un peu plus long au moment du coucher.

▌ **Mais souvent les choses se compliquent dès le retour à la maison.** Bon nombre d'aînés régressent, jouent au bébé, ne veulent plus manger qu'au biberon, recommencent à mouiller leur lit alors qu'ils étaient propres. Exigences et colères se multiplient. Ils peuvent même exprimer clairement leur envie de voir disparaître l'intrus. N'y attachez pas trop d'importance. Valorisez plutôt le statut d'aîné et de grand et aménagez dans votre emploi du temps des instants rien qu'entre vous et lui. Très vite, l'enfant s'apercevra que le rôle de bébé ne lui convient plus.

➤ Faites-le participer. L'amour entre frère et sœur naîtra de gestes quotidiens, après tout ce bébé est aussi un peu à lui et il aimera jouer à l'aîné. Il prendra un réel plaisir à participer à la toilette du bébé. Il peut aider au moment du change en allant chercher les couches ou les vêtements du bébé. Il peut aussi lui parler doucement et le bercer pour l'aider à s'endormir.

▌ **Cependant, il est des moments plus tendus que d'autres dans la relation difficile avec le nouveau venu.** Les repas seront pratiquement toujours mal vécus par l'aîné. Pour qu'il ne se sente pas trop exclu, demandez-lui de participer. Faute de quoi, il imaginera forcément une bêtise à faire pour monopoliser l'attention.

➤ Bien calé dans un fauteuil et sous l'œil attentif des parents, il peut donner le biberon ou tout simplement surveiller le moment où la petite lumière du chauffe-biberon s'éteint pour indiquer que le lait est à bonne température.

▌ **De même, il est important que vous et votre épouse lui réserviez des moments bien à lui**, où il se sent plus considéré et indispensable qu'avant. C'est ainsi qu'il aura le sentiment d'avoir toute l'affection de ses parents. Jamais il ne doit se sentir exclu ou abandonné. Ce n'est pas le moment d'abréger l'histoire ou les câlins du soir ou même de le changer de chambre. Mieux vaut attendre.

*On dit que le père, c'est l'autorité. Mais, en devenant père, je n'éprouve aucune envie d'être celui qui réprimande et qui brime. Peut-être que je changerai d'avis lorsque mon enfant grandira et fera des bêtises.*

▶ **L'autorité et la discipline ont mauvaise réputation mais éduquer, c'est donner des limites.** Avoir en charge l'autorité d'éduquer un enfant n'est pas le contraindre à faire uniquement ce que veut l'adulte. Ne serait-ce que pour sa sécurité physique et psychique, l'enfant a besoin d'un cadre précis qui le sécurise. Les limites peuvent se poser tranquillement et

> Punir d'une tape ou d'une fessée ne sert qu'à calmer les nerfs des parents.
> La violence n'est jamais éducative.

avoir des contours souples. En fait, la meilleure autorité est celle qui ne se voit pas mais qui est bien là, qui apprend à l'enfant à se contrôler. L'enfant se construit en s'appuyant sur certains principes mais aussi en s'y opposant.

▶ **L'élaboration de règles et leur respect interviennent très tôt dans la vie de l'enfant**, faute de quoi, quand il sera obligatoire d'intervenir pour limiter ses bêtises vers 18 mois, l'âge de toutes les

## Répéter autant de fois qu'il le faut

▶ Les parents doivent dire « non » et fixer les limites autant de fois qu'il le faudra, jusqu'à ce que le bébé assimile l'interdit.

▶ Ils peuvent éprouver un certain sentiment de découragement ou avoir l'impression qu'ils passent leur vie à brimer leur enfant.

▶ Ils doivent aussi compter sur le besoin inné des enfants de tester, de mesurer les limites de leur propre pouvoir.

découvertes, l'enfant supportera difficilement l'interdit. Les « non », les « Ne touche pas ! » seront de véritables incitations à la provocation. Un enfant discipliné est celui qui a compris le « pourquoi » des règles qu'on lui demande de respecter.

▶ **Chez un bébé de quelques mois, les premières limites se posent généralement dans la gestion de ses pleurs** qui ne demandent pas tous l'intervention systématique et immédiate de ses parents. Ne pas le satisfaire sans raison lui apprend à auto-contrôler ses émotions et à retrouver seul son calme. Mais c'est vers 7-8 mois, lorsqu'il commence à se déplacer à quatre pattes que vos interventions vont devenir de plus en plus nombreuses. Elles se basent essentiellement sur des critères de sécurité.

▶ **Autre circonstance classique où vous pouvez assez simplement exercer un peu de discipline : le moment où l'enfant jette tout à terre.** Après avoir ramassé plusieurs fois les objets, il y a de fortes chances pour que vous vous lassiez de son jeu. En décidant de laisser les objets là où ils sont, vous montrez simplement que sa volonté se heurte à des limites. Il en éprouvera une certaine frustration qu'il devra surmonter. De même, très vite, un petit enfant doit apprendre que certains objets lui sont interdits, à lui et pas forcément aux autres : il comprend ainsi que les règles ne sont pas toujours applicables à tous. Rapidement, l'enfant saura ce qui est défendu et

## Parler d'une même voix

▶ Le père comme la mère doivent s'efforcer de transmettre les mêmes limites faute de quoi l'enfant ne comprendra pas ce que l'on attend de lui et n'éprouvera pas un réel sentiment de sécurité.

▶ De plus, il saura bien vite jouer sur les deux tableaux, cherchant à opposer ses parents pour imposer ses volontés et ses choix.

▶ En réalité, les enfants capricieux ne sont que le résultat d'une éducation incohérente. Les enfants ne naissent pas insupportables.

autorisé au ton de la voix, aux mimiques du visage de l'adulte et à ses gestes.

❯ Ces quelques exemples vous montrent que l'autorité s'installe très tôt dans la vie des bébés et que beaucoup de parents l'appliquent sans s'en apercevoir. Si l'autorité, c'est interdire, souvenez-vous qu'elle a aussi pour fonction de permettre.

# Choisir le bon jouet

**Pour un enfant de moins de 2 ans, ce n'est pas toujours simple. En effet, un bon jouet doit correspondre aux capacités psychomotrices de l'enfant, lui donner l'occasion de développer ses capacités sans le décourager et enfin répondre à des normes de sécurité. N'hésitez pas à demander conseil au commerçant spécialisé, il connaît bien ses produits et notamment ceux qui ont fait leur preuve. Regardez encore attentivement l'emballage, certains fabricants indiquent la tranche d'âges pour laquelle ils recommandent leurs produits.**

## ▼ À chaque âge ses jouets

### De 0 à 3 mois

- Boîtes à musique,
- mobiles,
- petits objets doux de berceau,
- poupées molles,
- pantins et animaux de tissu.

### De 3 à 6 mois

- Hochets colorés et musicaux, mobiles,
- petits animaux en caoutchouc à manipuler et à mordiller,
- portiques à tendre au-dessus du lit ou du landau.

### De 6 mois à 1 an

- Tapis d'éveil,
- peluches de 20 cm environ (notamment l'ours),
- cubes souples de tissu,
- balles en mousse,
- balles en plastique colorées, animées et musicales,
- tableau des découvertes,
- premiers livres en tissu ou plastique

### De 1 an à 2 ans

*Tous les jouets qui favorisent la marche :*
- objets et animaux à tirer,
- porteurs,
- chariots à pousser,
- véhicules simples à rouler.

*Des jouets qui développent la dextérité :*
- cubes de bois,
- briques à encastrer,
- tampons encreurs.

*Des jouets qui éveillent l'intelligence :*
- boîtes à trier,
- jeux pour le bain,
- premiers puzzles de 4/5 pièces,
- premiers jeux éducatifs en tissu ou carton fort.

*Des jouets pour s'exprimer :*
- téléphone,
- peluches,
- poupées.

# Les modes de garde

**Si votre épouse maintient une activité professionnelle après la naissance de votre enfant, vous devrez le confier à la garde d'une crèche ou d'une personne. Ne soyez pas inquiet, tous les bébés supportent d'être séparés de leurs parents pour quelques heures.**

Une période d'adaptation de quelques jours est toutefois nécessaire.

## ▼ La crèche collective

La crèche accueille entre 30 à 60 enfants, selon sa taille, de 2 mois et demi à 3 ans. Elle est sous la responsabilité d'une directrice et d'auxiliaires de puériculture, une pour 5 enfants de moins de 2 ans, et d'éducatrices de jeunes enfants, une pour 8 enfants plus grands. Tout ce personnel est parfaitement qualifié tant sur le plan sanitaire qu'éducatif. La crèche est ouverte du lundi au vendredi, généralement de 7 h à 19 h. Les deux parents doivent justifier d'une activité professionnelle rémunérée et le tarif de la crèche est calculé selon leurs revenus. L'inscription dans une crèche municipale se fait auprès du service social de la mairie. Chaque année, l'ensemble du personnel élabore un projet pédagogique qui sert de fil conducteur aux différentes activités. Sollicitations, imitations donnent souvent aux enfants une grande autonomie. Seul inconvénient de la crèche, elle ne peut pas accueillir les enfants malades.

## ▼ La crèche familiale

C'est un système de garde individuelle mais avec une forme très organisée. La crèche familiale regroupe un certain nombre d'assistantes maternelles accueillant des enfants à leur domicile, sous le contrôle d'une puéricultrice, directrice de la crèche. De plus, régulièrement enfants et assistantes maternelles se retrouvent ensemble dans un lieu mis à la disposition de la crèche pour partager des activités communes et ainsi favoriser la socialisation des enfants. Ses tarifs sont calculés au prorata des revenus des parents. Ce mode de garde offre aux parents beaucoup de souplesse dans les horaires.

## ▼ La crèche parentale

C'est un mode de garde collectif, créé et autogéré par les parents sous la responsabilité d'un professionnel de la petite enfance. La crèche parentale doit être agréée par la Direction départementale des Affaires sanitaires et sociales. Selon les cas, elle emploie plus ou moins d'auxiliaires de puériculture ou fait appel aux parents pour garder les enfants, préparer les repas ou s'occuper de la comptabilité. Le nombre d'enfants et leur âge sont variables d'une structure à une autre. Les tarifs sont similaires à ceux des crèches municipales. C'est souvent un lieu innovant en matière d'éveil, mais qui demande de la part des parents organisateurs énergie et persévérance. L'ambiance y est généralement chaleureuse.

**S U L P   U E P   N U   R I O V A S   N E . . .**

## ▼ La halte-garderie

Elle accueille des enfants de 3 mois à 6 ans, pendant la journée, sous la responsabilité d'une personne qualifiée dans la petite enfance.

La halte-garderie ne pouvant accueillir qu'un nombre bien défini d'enfants, il est généralement demandé aux parents de réserver quelques jours à l'avance en précisant le jour et l'heure à laquelle ils veulent déposer leur enfant. Ils doivent presque toujours apporter le repas de l'enfant s'il est là au moment du déjeuner ainsi que des changes.

C'est aujourd'hui un mode de garde très utilisé par les parents qui travaillent à temps partiel.

## ▼ L'assistante maternelle

C'est une personne agréée par la Direction départementale de l'Action sociale qui garde à son domicile un ou plusieurs enfants. Elle doit avoir reçu une formation avant de se voir confier son premier enfant. Son embauche exige un contrat de travail et l'établissement de feuilles de salaire, sa rémunération est au minimum 2,5 fois le Smic horaire par enfant. Les parents doivent fournir les repas et les changes de l'enfant tant qu'il ne mange pas comme un grand.

L'assistante maternelle peut être payée en chèques « emploi service ». Pour en trouver une, il faut vous adresser au service de la petite enfance de la mairie. Ce mode de garde offre une assez grande souplesse.

## ▼ La garde à domicile régulière

C'est la solution la plus confortable pour les parents mais aussi la plus onéreuse malgré les aides et les déductions fiscales. Les parents deviennent des employeurs à part entière. Ils peuvent établir une rémunération à l'heure ou au mois. Le système de la garde partagée permet d'embaucher une personne pour s'occuper des enfants de deux familles différentes.

## ▼ La jeune fille au pair

Il s'agit toujours d'une jeune fille ou d'un jeune homme de nationalité étrangère qui poursuit ses études en France. Elle (il) doit avoir plus de 18 ans et moins de 30 ans. Ses heures de travail sont réglementées, elle (il) doit être logée dans une chambre individuelle, nourrie avec le reste de la famille et touche un minimum d'argent de poche.

## ▼ La (le) baby-sitter

C'est une ou un étudiant qui vient à domicile garder l'enfant pour quelques heures. Elle (il) est rémunérée à l'heure, elle (il) peut être indépendante ou appartenir à une association, voire à une entreprise spécialisée.

Avec la PAJE (p. 380), les parents qui emploient une assistante maternelle ou une employée de maison ont droit au « complément de libre choix du mode de garde » (sous condition de revenus). Cette aide prend en charge tout ou partie des cotisations sociales en fonction des revenus.

# 11

## Des difficultés
## dans la paternité

*C'est un coup de tonnerre dans un ciel bleu : vous vous étiez réjoui à la perspective de devenir papa, vous aviez fait déjà des projets et voilà qu'en quelques heures vos espoirs se sont envolés.*

*Ne soyez pas trop triste, la fausse couche de votre compagne appartient aux aléas de la nature. Dans quelques mois, il y a toutes les chances pour que vous retrouviez le bonheur d'attendre un enfant.*

*Plus délicates sont les situations où l'enfant attendu n'est pas tout à fait celui qui voit le jour. La naissance d'un enfant prématuré ou d'un enfant handicapé est toujours un choc, une blessure narcissique que vous devrez soigner en couple. Vous et votre épouse éprouverez sans doute un sentiment d'injustice et traverserez des moments d'angoisse et de culpabilité.*

*Mais les situations difficiles entraînent souvent des comportements d'exception. Disponible auprès de cet enfant, acteur important dans son développement, soutien solide pour votre compagne, vous vivez une paternité différente mais souvent extrêmement riche.*

# LA FAUSSE COUCHE

Il y a quelques semaines, votre compagne vous a annoncé la bonne nouvelle, vous allez être papa. Et puis, elle a ressenti des douleurs dans le bas du ventre et s'est mise à perdre du sang abondamment.

Lorsqu'elle est arrivée à l'hôpital ou à la clinique, vos craintes se sont confirmées : il s'agissait bien d'une fausse couche.

> Vous pouvez ressentir une déception, avec toujours un peu cette crainte : pourrai-je un jour concrétiser mon désir de paternité ?

## Un accident banal

La fausse couche est en réalité relativement fréquente dans la vie d'une femme. Dans 50 à 70 % des cas, elle est due à une anomalie de l'œuf, l'œuf clair c'est-à-dire non fécondé, qui a juste développé une partie de son placenta. Dans d'autres cas, l'œuf, bien que fécondé, peut être de mauvaise qualité et ne peut donc poursuivre son développement.

Certaines fausses couches sont le fait d'une malformation ou d'une anomalie utérine, d'un déséquilibre hormonal, d'un fibrome ou de la béance du col.

Des infections peuvent encore être à l'origine de fausses couches. Mais, dans la grande majorité des cas, il s'agit d'une anomalie

### Après un examen médical

▸ L'attention du praticien peut est attirée par l'arrêt de la croissance de l'utérus.

▸ Mais habituellement c'est à l'échographie de contrôle qu'une constatation s'impose : l'œuf est sans embryon (œuf clair) ou l'œuf a un embryon qui ne présente aucun mouvement ni battement cardiaque.

▸ De tels diagnostics sont faits entre les 7e et 11e semaines d'aménorrhée, dates où normalement on voit les battements cardiaques à l'échographie.

génétique due au mauvais hasard de la recombinaison des gênes. Il faut considérer cet accident comme une loi de la nature et c'est sans doute mieux ainsi.

## La reconnaître

La plupart des fausses couches se manifestent par des saignements et l'expulsion naturelle de l'œuf. Mais parfois, c'est silencieusement que l'œuf stoppe son développement, un fait que le médecin découvre au cours d'une échographie (cet examen doit, dans certains cas, être renouvelé afin de confirmer le premier diagnostic). Lorsque l'œuf est éliminé naturellement, un examen médical et une échographie vérifient qu'il a bien été expulsé totalement. Si ce n'est pas le cas, le médecin peut prescrire des médications comme le RU 486®, le Cytotec® ou le Méthergin® qui déclenchent des contractions de l'utérus pour éliminer l'œuf et éviter ainsi le recours ultime à une aspiration endo-utérine sous anesthésie générale.

## Il n'y a pas lieu de douter de soi

Dans la vie d'une femme, une fausse couche est d'une grande banalité physiologique. Pourtant le retentissement psychologique peut être très important. Tout dépend de l'histoire personnelle de chaque couple, des efforts mis en œuvre pour obtenir cette grossesse, et enfin s'il s'agit d'un premier enfant ou d'un enfant programmé après d'autres naissances.

> Un accompagnement psychologique de ces parents « empêchés » devrait être mis en place dans toutes les maternités.

C'est pourquoi, pour certains couples, le vécu de cet événement va bien au-delà de la réalité physiologique, ce n'est pas un embryon qui est perdu mais un projet d'enfant.

☛ **Pour vous aussi, c'est une perte. Certains hommes ont besoin de laisser libre cours à leur émotion devant le rêve brisé.**

## ZOOM

### Les fausses couches à répétition

Si votre épouse a fait deux ou trois fausses couches spontanées, il est indispensable d'en rechercher médicalement la cause par des examens approfondis.

Il peut s'agir des séquelles d'une infection, d'une déficience hormonale, mais aussi d'une malformation utérine.

Plus récemment, les médecins ont mis l'accent sur une possibilité de rejet dû à des troubles immunologiques. Toutes ces causes peuvent être recherchées.

Dans le cas de fausses couches répétées, en raison d'une possible anomalie chromosomique portée par l'un des membres du couple, il faudra avoir recours à un caryotype de chacun (prise de sang pour analyse des chromosomes) afin de mieux définir les chances de maternité sans risques.

### Mieux vaut prévenir

▶ Au cours de la grossesse, toute perte de sang doit être signalée au médecin, mais elle ne signifie pas obligatoirement une fausse couche.

▶ 15 % des saignements se produisant au cours du 1er trimestre de la grossesse sont le fait d'une localisation particulière du futur placenta, sans conséquence sur une évolution satisfaisante.

# LES GROSSESSES
# À RISQUES

Médicalement, ces grossesses dites « pathologiques » ont des causes multiples mais elles ne concernent pas plus d'une grossesse sur dix. Sous ce terme, se cache essentiellement la crainte d'une naissance prématurée. Seul un bon suivi médical tout au long de la maternité permet de détecter très tôt les complications.

> Pour quantité de raisons, 5 % à 10 % des futures mamans sont susceptibles d'accoucher prématurément.

## Des facteurs multiples et variés

Sont considérées comme grossesses à risques toutes celles comportant des troubles de la croissance du fœtus auxquels s'ajoutent des pathologies particulières (pp. 144-146) et certaines intoxications. Font encore partie de ces grossesses celles qui sont multiples, très rapprochées — soit moins d'un an après le premier enfant, et les grossesses nombreuses, notamment après le quatrième ou cinquième enfant.

Des conditions de vie et de travail difficiles, des transports longs et pénibles, et, bien sûr, des grossesses antérieures compliquées nécessitent également une surveillance particulière. Dans certains cas, plusieurs de ces facteurs s'additionnent.

## Une surveillance accrue

La médecine obstétricale et néonatale dispose de nombreux moyens d'investigation pour poser un diagnostic très précocement et mettre en place une thérapie adaptée. Parfois, l'hospitalisation de votre compagne est indispensable pour 3 ou 4 jours, mais le plus souvent le suivi de sa grossesse se fait à domicile, sous la surveillance d'une sage-femme qui peut se rendre à son chevet plusieurs fois par semaine.

## ZOOM

### L'hospitalisation de jour

L'exploration fonctionnelle constitue une autre forme de surveillance. En quelques heures, elle permet de faire le point du déroulement de la grossesse.

Elle conjugue matériel sophistiqué et équipe médicale compétente et se déroule généralement de la manière suivante : prise de sang, consultation médicale, monitoring pendant une demi-heure, amnioscopie, échographie et, si besoin est, Doppler.

C'est le système de l'hospitalisation à domicile qui mobilise beaucoup de sages-femmes dans bien des régions. Elle représente une véritable alternative à l'hospitalisation loin des siens.

La prescription commune à toutes ces futures mamans en difficulté est le repos, souvent en position allongée, le plus longtemps possible dans la journée. Ce repos devient total en cas de menace d'accouchement prématuré avéré.

➥ Vous devez être extrêmement disponible si votre compagne doit passer de longs moments allongée. Vous pouvez réclamer à votre mairie, au centre de PMI le plus proche ou à la Caisse d'allocations familiales l'intervention d'une travailleuse familiale. Vous pouvez encore demander à votre belle-mère, à votre mère ou à une amie, de vous seconder dans la prise en charge de la vie quotidienne pour si possible vous libérer un peu, le temps d'organiser les loisirs de votre femme : lectures, cassettes ou DVD, activités manuelles ; essayez de lui rendre le temps moins long.

### Pourquoi doit-elle rester allongée ?

▌ La position allongée permet de réduire la pression exercée sur le col et de limiter les efforts abdominaux qui agissent également sur le col de l'utérus.

▌ Ce repos forcé est obligatoire en cas de contractions et de modifications précoces du col de l'utérus.

▌ On prescrit parfois, en plus, un cerclage du col ou des médicaments destinés à réduire les contractions.

# L'ENFANT PRÉMATURÉ

C'est un enfant qui a « décidé » de naître avant la date prévue du terme de la grossesse ou qui, pour des raisons
médicales, n'a pas pu attendre d'être tout à fait prêt pour
voir le monde (p. 65). Ce bébé, quoique n'ayant pas bénéficié de toute la durée normale du séjour utérin, est bien

> Aucun prématuré n'est identique et chacun a son propre avenir.

développé mais pas tout à fait fini, notamment sur le plan pulmonaire,
ce qui peut nécessiter une prise en charge médicale dans un service spécialisé de réanimation néonatale.

## Protégé dans sa bulle de plexiglas

L'incubateur dans lequel les médecins l'installent dans les minutes qui
suivent sa naissance a pour fonction de le maintenir dans une chaleur et une atmosphère propice à poursuivre son développement.
L'arrivée de cet enfant un peu plus tôt que prévu est source de bien
des inquiétudes, plus ou moins fondées selon la durée de son séjour
dans l'utérus maternel et selon son poids de naissance.
Sa petitesse vous étonne, son aspect fragile vous inquiète, la poursuite
de son bon développement pose quantité de questions, parfois même
sa vie est suspendue à un fil.

## Jouer les intermédiaires

▸ Les services de réanimation néonatale sont très souvent débordés.

▸ C'est pourquoi, faute de place, il
peut arriver que votre enfant soit
transféré temporairement dans un
autre établissement que celui où il est
né.

▸ Votre rôle d'intermédiaire entre
l'enfant et sa mère va alors être
encore plus important.

## ZOOM

### Des soins de plus en plus sophistiqués

La médecine néonatale est de plus en plus sophistiquée, et vous serez peut-être étonné, les premiers jours, de voir le matériel qui aide votre enfant à vivre. Dans sa couveuse, qui le met à l'abri des microbes, votre enfant est sous ventilation assistée avec calcul automatique du taux d'oxygène dans le sang.

Il est nourri par nutrition artificielle continue avec une sonde directe dans l'estomac, son alimentation est parfaitement calculée en fonction de ses besoins.

Il est souvent traité médicalement par un produit, le surfactant, qui accélère sa maturation pulmonaire.

## Une rencontre toujours émouvante

Si votre enfant naît prématurément, vous serez sans doute le premier à faire connaissance, l'accouchement se déroulant le plus souvent par césarienne pour éviter à cet enfant fragile l'effort de la naissance. Il se peut même qu'il ne soit pas hospitalisé sur son lieu de naissance. Vous le retrouverez, installé dans sa couveuse, nu, avec un petit bonnet de laine ou de coton sur la tête et des petits chaussons de couleur aux pieds.

> Dans cette situation, vous vous sentirez père avant qu'elle ne se sente mère.

Le matériel qui l'entoure, les alarmes qui se déclenchent brusquement vont vous mettre mal à l'aise. Vous êtes angoissé pour sa vie et à la fois confiant de le voir sous cette haute protection médicale. Votre rôle de père va être tourné vers l'enfant et la mère.

Vous serez d'abord celui qui fait le lien entre les deux, apportant des nouvelles à votre épouse avec le délicat souci de lui dire la vérité sans pour cela trop l'inquiéter. Vous serez aussi sollicité pour tisser les premiers liens affectifs avec votre enfant : l'équipe médicale vous encouragera à lui parler, à toucher ses mains, son corps, peut-être aussi à le masser doucement.

Ces contacts précoces provoquent chez l'enfant un grand apaisement et un certain élan vital. Vous partagerez avec votre épouse ces instants dès qu'elle pourra se déplacer.

## Un lien privilégié

Vous resterez peut-être un certain temps l'interlocuteur privilégié de votre bébé, car la relation mère-enfant ne s'établit pas toujours rapidement après une naissance prématurée.

En effet, votre épouse peut éprouver des difficultés à s'attacher à votre bébé. Elle peut avoir le sentiment qu'il n'est pas totalement le sien, qu'il lui a été donné. Cette impression est le résultat de l'interruption brutale du travail psychique que fait la mère à la fin de sa grossesse : stimulée par les mouvements de l'enfant, par son poids de plus en plus présent, elle l'imagine de mieux en mieux et fait quantité de projets.

Elle peut aussi être déçue de l'aspect de ce bébé qui ne ressemble pas au bébé rose et potelé qu'elle attendait et du fait qu'elle n'ait pas su mener à son terme la mission qu'elle s'était fixée. Enfin, l'angoisse de perdre cet enfant peut provoquer un sentiment à la limite du rejet, comme si elle ne souhaitait pas s'attacher à ce petit être qu'elle risque de perdre.

### Des conséquences plus ou moins graves

▸ Selon les conditions et le terme de la naissance, les prématurés mettent plusieurs mois à rattraper leur retard de poids et de taille, quelques-uns devront attendre deux ans.

▸ Certains seront plus que d'autres sujets aux infections respiratoires ou à des troubles digestifs.

▸ Malgré les progrès de la médecine néonatale, les grands prématurés restent les plus fragiles et leur développement peut poser quelques difficultés de handicaps moteurs et de difficultés cognitives.

# DEUX OU TROIS ENFANTS À LA FOIS

Les grosses multiples sont souvent à l'origine d'une naissance prématurée ; 20 à 30 % ne dépassent pas la 33e semaine d'aménorrhée ; plus il y a d'enfants, plus la probabilité est grande et la prématurité des enfants importante. C'est pourquoi, ces grosses demandent un repos accru. La manière dont les enfants se présentent au moment de l'accouchement peut entraîner des naissances compliquées qui doivent avoir lieu dans des maternités spécialisées.

> « Jumeaux et plus » est une association d'entraide qui peut vous donner de nombreux conseils pratiques.

## Une attention redoublée

Les jumeaux et les triplés se développent in utero, rarement de façon identique et ont fréquemment une différence de poids et de maturation à la naissance. Cependant, paradoxalement, l'enfant qui semble le plus fragile développe souvent plus rapidement son appareil respiratoire que son frère ou sa sœur. Ces enfants requièrent bien évidemment une attention double ou triple. Toujours attendues, grâce à l'échographie, ces naissances donnent au père l'occasion d'être très présent. Sans vouloir vous décourager par avance, avez-vous fait le calcul du temps passé par jour à la toilette de jumeaux, à leurs changes et à l'entretien de leur linge ? 12 heures 30 minutes. Il faut gérer 14 tétées et bien des nuits sont entrecoupées de concerts à deux voix. Et si, par malchance, vos jumeaux ou triplés ne vivent pas tous au même rythme, la vie n'est alors pas simple.

## Respecter chaque personnalité

Le plus difficile pour les parents de multiples, c'est de trouver le temps de quelques câlins individualisés. Pour leur équilibre psychique, les enfants doivent assez rapidement s'individualiser. C'est maintenant que les parents doivent commencer cette éducation en veillant par exemple à ce que ce ne soit pas toujours le même enfant qui s'installe dans les bras du père ou à qui celui-ci donne le bain ou son biberon. Les enfants doivent passer indifféremment des bras de l'un à l'autre. Certains pédiatres conseillent de les inscrire dans deux crèches différentes.

## Accoucher de multiples

‣ La moitié des jumeaux pèsent moins de 2,5 kg à la naissance.

‣ La manière dont ils se présentent, ou leur position dans l'utérus, entraîne des accouchements plus ou moins compliqués.

‣ On note souvent encore un temps de travail plus long.

‣ L'accouchement des grossesses multiples demande beaucoup de précautions, il doit se pratiquer dans une maternité spécialisée et adaptée à la prise en charge d'un enfant prématuré.

# L'ENFANT HANDICAPÉ

Il arrive parfois que la joie de la naissance soit perturbée par l'arrivée d'un enfant handicapé.

La nature du handicap de l'enfant, son influence sur
sa santé, sur son développement et son physique, ne
peuvent être bien définies qu'à la suite d'un diagnostic médical approfondi.

> L'enfant handicapé
> perçoit vite
> sa différence.
> Il mesure les efforts
> qu'il doit faire là
> où les autres
> réussissent sans
> difficulté.

## Faire le deuil de l'enfant parfait

**Dans certains cas, l'anomalie a été diagnostiquée in utéro** grâce au
diagnostic prénatal. Parfois, la malformation ou la maladie est établie
avant même que les parents aient pu donner un prénom à cet être
encore très en devenir, avant même aussi qu'à travers ses mouvements
ils lui aient inventé une personnalité imaginaire.

Si c'est votre cas, il vous faudra avec votre épouse décider de prendre
la responsabilité de lui donner la vie, sur les conseils de médecins
spécialisés, en pesant le pour et le contre. Plus vous aurez d'informations sur l'enfant, plus votre imaginaire aura construit de projets, plus
votre décision sera difficile. Si vous faites le choix de fonder une
famille, les quelques mois qui vous séparent de l'accouchement vous
prépareront un peu à la confirmation du handicap à la naissance.

Vos projets familiaux s'adapteront à cette situation nouvelle, vous
chercherez sans doute à être bien informés sur le handicap qui touche

### Avec qui en parler?

▶ Vous trouverez dans les centres de
diagnostic anténatal des équipes plu-
ridisciplinaires réunissant les meilleurs spécialistes de la région où ils
sont implantés.

▶ Ces médecins vous aideront à envisager clairement l'avenir et apaise-
ront souvent vos craintes.

votre enfant afin de l'accueillir dans les meilleures conditions possibles.

**La découverte du handicap à la naissance est une situation plus compliquée :** vous attendiez avec enthousiasme un enfant en parfaite santé (c'est-à-dire avec toutes ses possibilités de développement), et le médecin vous annonce qu'il vous faut renoncer à beaucoup de vos rêves. Pour vous, comme pour votre compagne, votre premier sentiment est celui de l'injustice. Tous deux, vous souffrez à la fois de n'avoir pas réussi dans cette grande aventure qu'est la vie, et d'anticiper les difficultés futures de santé et d'intégration sociale de cet enfant pas comme les autres.

Votre cheminement psychologique est lent et douloureux, l'enfant que vous avez mis neuf mois à imaginer n'est pas celui que vous accueillez. Vous êtes en situation de choc émotionnel. Pour certains, la douleur perdurera toute la vie.

L'expérience montre que tout se passe mieux si les parents comprennent et acceptent la vérité et s'ils ont la volonté et l'énergie de se battre pour aider leur enfant.

## ZOOM

### Expliquer aux autres enfants

Les frères et sœurs vont généralement bien accepter d'avoir un aîné ou un cadet handicapé. Bien évidemment, de temps en temps, ils vont manifester un peu d'impatience quand ils s'apercevront que certaines performances ne lui sont pas accessibles, notamment dans les jeux.

C'est en leur expliquant le plus tôt possible en quoi consiste le handicap que vous éviterez les sentiments de honte ou même de peur de contagion et que vous développerez un sentiment de solidarité et de clan.

À vous encore de veiller à ce que toute la vie de la famille ne soit pas totalement inféodée à cet enfant différent. La fratrie a droit et besoin d'une vie normale.

## Couver n'est pas aider

▶ Vous voulez aider cet enfant, évitez de trop le surprotéger.

▶ Cette attitude conduit souvent la famille à se refermer sur elle-même, essayant de soustraire l'enfant à d'hypothétiques dangers et surtout au regard des autres.

▶ Si vous le mettez en contact avec le monde, avec d'autres enfants, vous travaillez à son épanouissement dans sa différence. Une mission qui vous redonnera toutes vos forces.

## Accepter la différence

Sauf traitement possible ou réparation chirurgicale « miracle », la cicatrice ne se refermera jamais, vous devrez vivre avec. Certains parents, peut-être plus souvent les pères, nient l'infirmité et refusent, tout au moins si elle n'est pas évidente, de la voir.

D'autres vont chercher, de médecin en médecin, ce qu'ils souhaitent entendre et l'éventuelle opération ou traitement qui effacera le handicap.

Les parents qui comprennent et acceptent les difficultés de leur enfant sont ceux qui lui donnent les meilleures chances : la vérité permet de mettre en place toutes les solutions pour aider cet enfant. Plus que tout autre, il a besoin de l'amour de ses parents. Généralement, cet enfant est surprotégé par la mère, votre fonction séparatrice de père a donc encore plus de valeur, tout comme les sollicitations par les jeux (pp. 274, 287).

❧ Si cette situation est la vôtre, vous devez être un père à part entière pour cet enfant. Vous pouvez encore être utile dans le cadre d'une rééducation ; votre goût de l'effort pour atteindre un but deviendra pour l'enfant, craintif, replié parfois sur lui-même, un vrai moteur de progrès. Veillez simplement à ne pas en vouloir trop. En rééducation comme dans les jeux, il faut demander ni en deçà, ni au-delà des performances possibles. Ne laissez pas votre compagne se débrouiller seule avec les soins.

## Préserver son couple

▸ Ne sacrifiez pas tout à cet enfant. Vous avez besoin de souffler, de vous retrouver de temps en temps à deux.

▸ Comme tous les enfants, il peut certainement être confié à une personne compétente, voire à un de ses grands-parents.

▸ Il tirera bénéfice d'une atmosphère familiale détendue et pourquoi pas joyeuse.

## VOUS ET VOTRE COMPAGNE

## Elle a besoin de votre soutien

Une fausse couche précoce comme tardive, un accouchement prématuré comme la naissance d'un enfant handicapé sont, bien évidemment, psychologiquement traumatisants. Face à de tels événements, les réactions de votre compagne seront sous l'étroite dépendance de son caractère et de l'importance du traumatisme.

▶ **Accepter une fausse couche**

Plus de la moitié des femmes confrontées à cet épisode médical témoignent de leur désarroi psychique. Votre compagne va éprouver une profonde tristesse, parfois un état dépressif. Cette déprime s'explique en partie par une chute hormonale brusque mais aussi par une déception brutale, alors qu'elle traversait un grand moment d'euphorie.

Dès le début de la grossesse, les fantasmes, les projets autour de l'enfant voulu et attendu occupent l'esprit de la future maman, presque à plein temps. Si votre compagne fait une fausse couche tardive, elle a peut-être déjà « rencontré » votre enfant lors de sa première échographie, elle peut alors considérer que c'est un enfant perdu et non un embryon qui n'a pas poursuivi

> Il est souhaitable d'attendre quelques cycles de repos avant d'envisager une autre grossesse.

son développement. Elle devra alors faire le deuil de cet enfant qui n'a pas pu naître. Connaître les causes médicales qui en sont à l'origine sont pour elle importantes. Cette information calmera ses sentiments de culpabilité et ses craintes de ne pas être capable de mettre un enfant au monde. Elle retrouvera le désir de recommencer.

➥ **Soyez disponible aux côtés de votre épouse, partagez ensemble cette peine, mais surtout évitez tout propos culpabilisant. C'est généralement de culpabilité qu'elle souffre le plus. Rassurez-la, cette fausse couche précoce n'est pas due à une imprudence.**

#### ◗ L'enfant prématuré, source d'inquiétude

La fragilité de l'enfant n'échappe pas aux parents, notamment à la mère. Souvent, elle n'a pas pu, en raison d'une naissance par césarienne pour préserver l'enfant de tout effort, ou pas eu le temps de faire sa connaissance avant qu'il soit dirigé vers un service de soins intensifs. Cette situation très particulière est vécue de manière angoissante par la mère qui ne reçoit des nouvelles de son enfant que par des intermédiaires, le personnel médical et vous, le père.

Elle imagine les difficultés, les souffrances de votre enfant de manière plus ou moins réaliste et avec un profond sentiment d'impuissance, puisqu'elle ne peut ni le serrer dans ses bras, ni le nourrir, ni apaiser son malaise. Pour l'aider à surmonter ce moment fait de tristesse, d'abattement et de déception de n'avoir pas été au bout de sa mission, vous devrez l'accompagner au chevet de votre enfant dès qu'elle aura la force de marcher un peu si le service de néonatalogie est dans le même hôpital que la maternité, ou dans les heures qui suivent sa sortie si l'enfant a été dirigé vers un autre hôpital. Malgré toute votre préparation, cette rencontre représente un choc émotionnel important pour elle qui requiert toute votre attention. Pour certaines femmes, le déroulement interrompu de leur grossesse peut être à l'origine de difficultés psychiques.

En effet, les derniers mois de la grossesse sont particulièrement riches en projets et en fantasmes que la naissance prématurée vient interrompre brusquement. C'est ce qui explique en partie une difficulté, que l'on remarque chez certaines mères, à s'attacher à leur

### Les unités kangourous

◗ Des maternités ont ouvert des unités « Kangourous » dont la caractéristique principale est de laisser l'enfant au maximum en contact avec ses parents, même s'il a besoin de soins sophistiqués.

◗ Pourtant de telles unités ne peuvent accueillir que des enfants faiblement prématurés dont la vie n'est pas en danger.

bébé, cela peut être le cas de votre épouse. Un accouchement diffi-cile, dont le déroulement n'a pas été tout à fait celui que la mère avait espéré, un bébé qui, physiquement, n'est pas exactement l'enfant imaginé, provoquent parfois une réaction instinctive de rejet.

➘ En alliance avec l'équipe médicale, vous pouvez aider votre compagne à devenir une mère attentive et aimante. Montrez l'in-térêt que vous portez à ce bébé, mettez en valeur ses progrès et ses compétences, faites des projets pour lui.

▶ **Des moyens de communiquer**

La relation parents-enfant peut être entretenue de plusieurs façons. L'allaitement maternel à distance : votre épouse tire son lait donné ensuite au biberon à l'enfant, peut-être par vous selon votre dispo-nibilité. À ce lien symbolique s'ajoutent les vertus incomparables du lait maternel pour le petit prématuré (pp. 278-280). Certaines uni-tés de néonatalogie proposent aux pères et aux mères d'enregistrer sur cassettes des messages tendres, des comptines, des petites his-toires ou même la musique que les parents écoutaient le plus au cours de la grossesse. Ces cassettes, diffusées dans la couveuse, apportent à l'enfant une sensation d'apaisement lorsqu'il est agité, il cherche du regard, fait des petits mouvements lents et s'endort tranquillement.

▶ **Faire face au handicap**

Votre compagne exprimera sans doute aussi une grande culpabilité : quel est le comportement, quelle est l'imprudence, cause du handi-cap ? Est-elle porteuse d'une maladie génétique qu'elle ignore ? Les questions se bousculent dans sa tête que les propos apaisants du médecin ne suffiront pas à résoudre. Le premier sentiment qu'éprou-vent la plupart des jeunes mamans est alors celui de l'injustice. Ces situations provoquent toujours une énorme souffrance : le bonheur espéré et promis n'est pas au rendez-vous. Pourtant, à de rares exceptions près, l'amour maternel fait d'une immense compassion pour cet enfant différent, qui a tant besoin d'aide, se construira à son contact. La plus grande difficulté est que cet amour ne devienne pas trop envahissant, perturbant toutes les autres relations et plus tard le besoin d'autonomie de l'enfant.

➤ Votre attitude a une grande importance pour l'avenir de votre couple. Si vous multipliez les reproches, les « Tu aurais dû... », vous isolez votre compagne dans sa souffrance et l'avenir de votre couple, avec un tel poids de culpabilité, risque d'être compromis. Certains pères ne supportent pas de voir leur vie bouleversée et choisissent une forme de fuite, laissant à leur compagne toutes les responsabilités. Mais, heureusement, beaucoup affrontent avec réalisme et compétence cet événement.

> La majorité des pères décident de s'allier avec leur femme et les soignants pour donner à leur enfant les chances qu'il peut espérer.

## RÉPONSES À VOS QUESTIONS

*Il y a quelques jours, mon épouse a fêté ses 40 ans. Bien sûr, je lui ai offert un cadeau, mais c'est elle qui m'a fait le plus beau des présents en m'annonçant qu'elle était enceinte. Aujourd'hui, ma joie est un peu ternie : cette grossesse ne sera-t-elle pas compliquée en raison de son âge ?*

▶ **Votre situation n'est pas exceptionnelle puisque les grossesses dites « tardives » représentent 2,4 % des naissances, soit 18 000 enfants par an. Ces grossesses demandent un bon suivi médical.** En effet, elles occasionnent parfois une certaine fatigue générale et des troubles veineux, d'autant plus fréquents que la femme y était déjà sujette avant la grossesse. On sait encore que plus une femme enceinte est âgée, plus elle est exposée à l'hypertension, au diabète et aux problèmes gynécologiques. Les fausses couches du premier trimestre sont relativement nombreuses, 30 % de ces grossesses ne se poursuivent pas au-delà du 2ᵉ mois. Les risques de naissance prématurée sont aussi plus grands. Ainsi les statistiques médicales montrent que le taux de prématurité passe de 6 à 16 % des naissances quand la mère a plus de 40 ans.

▌ **On sait aussi que l'âge de la mère augmente les risques de trisomie 21, de 1 % environ.** Cet handicap pourrait être lié au vieillissement de l'ovocyte qui a l'âge de la future maman puisque chaque femme possède à sa naissance son propre potentiel d'ovules.

◥ **Mais ce tableau un peu sombre ne doit pas vous décourager car un suivi médical et des examens spécifiques permettent à une très grande majorité de femmes, qui ont dépassé 38 ans, de connaître la joie d'être mères.** De plus, celles qui ont fait volontairement ce choix de grossesse sont parfaitement disposées à pratiquer tous les examens que cela impose et à prendre toutes les précautions nécessaires.

> L'accouchement peut être délicat : les femmes de plus de 40 ans accouchent par césarienne deux fois plus que les autres mères.

*Ma femme sera enceinte de 6 mois au moment où nous prenons nos vacances. Y a-t-il des destinations déconseillées et des précautions particulières à prendre pour que tout se passe bien ?*

▌ **Vous devez faire en sorte d'éviter que votre bébé ne naisse avant la date prévue.** Bien sûr, ce n'est sans doute pas le moment de programmer des vacances « découvertes » avec étapes touristiques tous les jours ou un séjour aventure dans une région reculée, loin de tout centre de soins. Mieux vaut encore ne pas envisager une vie quotidienne « à la dure » ou un emploi du temps chargé en activités sportives.

▌ **Au programme des vacances d'une future maman, il faut inscrire repos, détente, bonheur.** Mieux vaut éviter les régions trop chaudes, l'état de grossesse entraîne une moins bonne résistance au soleil et à la chaleur. Parmi les activités sportives, la marche et la natation sont les plus recommandées.

Les bains de mer dans une eau plutôt chaude, aux environs de 20 °C, sont tout à fait conseillés. Il est préférable d'éviter les vagues trop fortes et les plongeons, et de nager calmement sans trop s'éloigner de la rive pour reprendre pied facilement en cas de fatigue. Les sports nautiques, comme le hors-bord, la plongée sous-marine et le ski nautique, lui sont déconseillés.

La marche est idéale pour la future maman à condition de ne pas trop lui demander d'effort physique. Les courses en montagne ou les longues randonnées pédestres sont à garder pour plus tard.

▌ **Tous les moyens de transport sont autorisés à deux conditions : que le trajet ne soit pas trop long et qu'il puisse se dérouler confortablement.** Les voyages en voiture seront entrecoupés d'étapes toutes les deux heures et se dérouleront aux périodes fraîches de la journée. Le train est parfait pour les longues distances, plutôt de nuit en couchette. L'avion est aussi un bon moyen de transport à condition que le vol soit de courte durée, deux à trois heures étant l'idéal. On conseille aux futures mamans de ne pas dépasser quatre fuseaux horaires et de penser à bien s'hydrater pendant le vol, de se promener de temps en temps dans l'allée centrale et de porter des bas de contention.

▌ **Le second trimestre de grossesse est le bon moment pour programmer des vacances :** il n'y a plus de risques de fausses couches et la naissance est encore loin.

▌ **Deux dernières recommandations :** les vacances ne doivent pas interrompre les visites prénatales, elles se feront donc sur le lieu de vacances et votre épouse ne doit pas oublier de glisser dans sa valise son carnet de maternité.

## Le port de la ceinture de sécurité

▌Elle est obligatoire pour les futures mamans. Vous devrez contrôler que votre épouse l'a bien installée afin d'éviter tout risque de choc sur l'abdomen.

▌Il faut glisser la sangle inférieure bien sous le ventre et non sur celui-ci. La ceinture doit être tendue.

▌En voiture, la meilleure place d'une future maman est à l'arrière, toujours attachée.

EN SAVOIR UN PEU PLUS

# Les causes de la prématurité

**Depuis quelques années, les médecins se sont mobilisés pour combattre la prématurité parce qu'elle représente un risque important de perturbation dans le développement des enfants. Parfois même, la prématurité est si grande qu'elle met en danger la vie même du bébé malgré les progrès fantastiques de la néonatalogie. Des études permettent de mieux cerner les situations à risques.**

Les causes sont nombreuses et il est parfois difficile de savoir exactement pour une femme donnée ce qui s'est passé. Plus d'un tiers des accouchements prématurés ne peuvent être prévus et plus d'un tiers pourraient être évités.

## ▶ Des facteurs obstétricaux

- Des difficultés peuvent apparaître, liées à la morphologie de l'utérus. Certaines femmes ont des utérus très petits et donnent toujours naissance à des prématurés.
- Il y a également les accidents utérins comme la béance du col qui, reconnus à temps, peuvent être combattus par un cerclage.
- À redouter aussi les accès de fièvre dans le premier mois : ils sont susceptibles de cacher une infection. Non traités, ils peuvent entraîner une naissance avant terme.
- Un choc violent sur l'abdomen, lors d'un accident de voiture ou lors d'une chute occasionnant un vrai traumatisme, peut

aussi déclencher une naissance avant terme.
- À cela peuvent s'ajouter les suites d'une opération pratiquée en urgence et sous anesthésie générale.
- Des maladies chroniques comme le diabète sont aussi en mesure de provoquer un déclenchement anticipé.
- Enfin, l'accouchement prématuré peut être décidé par le médecin, notamment lorsqu'il constate une souffrance fœtale, par exemple lors d'une grossesse gémellaire ou multiple. Les deux enfants sont trop à l'étroit dans l'utérus maternel et l'accouchement avant terme est alors souvent obligatoire.

## Le taux des naissances prématurées ▶

En vingt ans, ce taux a diminué de moitié, il représente aujourd'hui 7 % des naissances.
Le taux de prématurité a sans doute été modifié par les progrès de la médecine périnatale qui sauve des enfants nés à moins de 28 semaines d'aménorrhée.
Est dit prématuré un enfant qui naît à moins de 37 semaines ; son poids peut être très variable mais dépend de son âge.

Selon la date « normale » prévue pour l'accouchement, l'état du col, la perte ou non des eaux, le médecin prescrira le repos complet associé à des médicaments qui auront pour effet d'arrêter le travail de l'accouchement et de maintenir la grossesse au moins jusqu'à 37 semaines.

La lutte contre la prématurité passe par un suivi régulier de la grossesse, avec des consultations régulières, l'observation des examens prévus garantissant que la moindre difficulté sera diagnostiquée à temps et prise en charge rapidement.

◀ Tout faire pour l'éviter

## ▌ Des facteurs liés aux conditions de vie

- Un travail pénible, la charge d'une famille nombreuse, trop de voyages, surtout en voiture ou debout dans les transports en commun, peuvent être causes d'une naissance prématurée.
- D'une manière générale, le temps de l'attente d'un enfant ne devrait pas se superposer avec celui d'une vie fatigante et stressante.
- Quatre catégories professionnelles présentent des risques accrus, ce sont les employées de commerce, le personnel médico-social, les ouvrières spécialisées et le personnel de service.

## ▌ Des facteurs psychologiques

Les femmes accouchant prématurément présentent, plus fréquemment que les autres, des difficultés d'adaptation à la modification de leur image corporelle, une absence de sentiment de plénitude lors de la grossesse, et sont habitées par le besoin de tout faire vite et de tout prévoir d'avance.

La prévention de la prématurité passe par une surveillance médicale régulière de la future maman, une fois par mois et plus si besoin. C'est en connaissant bien son corps que la future maman peut moduler ses activités et avoir un comportement adapté à la situation.

EN SAVOIR UN PEU PLUS . .

# 12

## La paternité autrement

Dans certains cas, vouloir être père n'est pas facile. Bien que toutes les conditions psychiques soient là, que le couple souhaite intensément devenir parents, le corps en décide autrement.

L'infertilité contrarie le projet de créer une famille. Mais elle ne fait que repousser ce projet dans le temps. En effet, la médecine de l'infertilité a fait des progrès considérables et les techniques de procréation médicalement assistée permettent à bien des couples de retrouver l'espoir.

Bien sûr, cette médecine de pointe n'est pas sans susciter des débats au sein du couple, notamment lorsque l'un de ses membres est fertile et que l'autre rencontre des difficultés, mais elle pose aussi des problèmes d'éthique qui sont du domaine philosophique, social et politique.

Si vous vivez cette expérience, sachez qu'il vous faudra de la patience, de la ténacité, et beaucoup de compréhension envers votre compagne, qui aura peut-être le rôle délicat de mener à bien le développement d'un enfant tant désiré, tant attendu.

# VOTRE MÉDECIN SUSPECTE UNE INFERTILITÉ

Devant vos difficultés à concrétiser votre désir d'enfant, vous redoutez peut-être une stérilité. Sachez que ce terme, bien que très utilisé, ne s'applique en réalité qu'aux situations définitives et irréversibles : il correspond à l'absence totale de possibilité de procréation.

Il est beaucoup plus probable que votre couple, comme bien d'autres, soit victime d'une infécondité qui se traduit par l'absence d'enfant à un moment donné de sa vie.

> La stérilité masculine reste encore un sujet délicat, tant fertilité et virilité demeurent associées dans de nombreux esprits.

## Bien des causes possibles

Différentes causes peuvent être à l'origine d'une infertilité masculine :

• Une atteinte de l'épididyme : vos testicules font leur travail, mais votre système de distribution est déficient en raison d'une infection vénérienne ou d'une anomalie congénitale (déformation, absence ou obstruction des conduits due à un mauvais développement des voies excrétoires au stade embryonnaire).

• La non-descente de vos testicules dans les bourses : la nature est ainsi faite, la spermatogenèse n'est possible qu'à une température maximale de 33 °C et non de 37 °C, donc les testicules doivent être hors du corps (il est préférable que la fixation du ou des testicules se fasse chirurgicalement à la puberté).

• Une varicocèle, ou plusieurs varices du testicule, induirait une augmentation de chaleur ayant des conséquences néfastes sur la spermatogenèse.

• Une infection antérieure : celle-ci a pu passer inaperçue car une infection est parfois difficile à détecter, notamment si elle siège au niveau de la prostate, ce qui est fréquent, ou du canal déférent.

➥ Il est possible que vous puissiez encore avoir quelques difficultés en raison de votre âge.

• Une maladie sexuellement transmissible, parfois la tuberculose ou certains parasites tropicaux.

• Une lésion post-traumatique : chaque testicule est approvisionné en sang grâce à une artère, mais il suffit que celle-ci soit obstruée plus de six heures pour que le testicule qu'elle irrigue soit définitivement détruit. D'où les douloureuses conséquences sur la fécondité de chocs traumatiques et d'interventions chirurgicales à proximité des vaisseaux testiculaires. C'est notamment le cas lorsque, par exemple, vous avez été opéré d'une hernie inguinale au cours de l'enfance. De même, si vous n'avez pas été soigné rapidement d'une torsion testiculaire, vous pouvez rencontrer des difficultés de fertilité.

> On ne connaît pas tous les critères de fécondité du sperme et seuls tous les paramètres recueillis par le spermogramme donnent un bilan utilisable. Il y a aussi d'heureuses surprises.

➥ Votre profession peut aussi être la cause de votre infertilité si vous travaillez, par exemple, dans une atmosphère très chaude (boulanger, métallurgiste, etc.) ou si vous manipulez fréquemment des éléments radioactifs.

• Une lésion des tubes séminifères peut être la conséquence d'oreillons contractés après la puberté. Le virus, lorsqu'il atteint les testicules, région du corps qui l'attire tout particulièrement, infecte les tubes séminifères. L'orchite qui s'ensuit laisse des lésions dans 30 % des cas. Heureusement, elle s'installe rarement dans les deux testicules, tout au plus dans 10 % des cas, laissant une fécondité intacte.

➥ Si vous êtes obèse, atteint d'une cirrhose ou diabétique, vous pouvez devenir également un mauvais procréateur. Mais ces cas se soignent généralement bien. Enfin, si vous appartenez au genre angoissé et hyper-anxieux, vous pouvez connaître les mêmes troubles. Une prise en charge psychologique est capable de vous aider, de même si vous souffrez de problèmes d'érection ou de troubles de l'éjaculation. Bien qu'il existe des médications favorisant l'érection, une approche globale est nécessaire.

## Poser un diagnostic

▌ Le diagnostic de votre infertilité repose d'abord sur un examen du sperme : le spermogramme. Celui-ci mesure la viscosité, le volume de l'éjaculat et le nombre ainsi que la mobilité des spermatozoïdes.

• Le sperme, naturellement visqueux au moment de l'éjaculation reste épais, réduisant la pénétration des spermatozoïdes dans la glaire cervicale féminine.

• Un éjaculat normal varie de 3 à 5 ml, en dessous, cela est souvent dû à une malformation des glandes génitales, pas du tout à une anomalie anatomique, au-dessus il faut rechercher une infection chronique de l'appareil génital.

• L'acidité du sperme, le pH, ainsi que de nombreux dosages chimiques sont analysés afin d'apprécier le fonctionnement de certaines glandes.

• Dans un éjaculat, la vitalité des spermatozoïdes est normalement supérieure à 75 %. Une vitalité basse, nécrozoospermie, peut signifier une atteinte infectieuse de certaines glandes.

• Le nombre normal de spermatozoïdes correspond à au moins 20 millions de spermatozoïdes par millilitre. Moins, cela ne signale pas

### Un prélèvement délicat et sous condition

▌ Le recueil du sperme par masturbation n'est pas sans poser quelques problèmes. Beaucoup d'hommes ont des difficultés d'érection, ils éprouvent de la gêne à pratiquer cet acte sur commande et sans réel plaisir.

▌ Normalement effectué en laboratoire par masturbation, vous pouvez réaliser le prélèvement chez vous si vous êtes trop gêné par ces conditions matérielles. Vous devrez suivre alors des consignes précises de recueil car le sperme est sensible, notamment à la température.

▌ Dans tous les cas, un délai d'abstinence est demandé au couple, habituellement de trois jours.

forcément une infertilité si ce nombre est compensé par une bonne mobilité. Le pouvoir fécondant du sperme tient à la capacité des spermatozoïdes à traverser la glaire cervicale et à remonter jusqu'à l'ovule.

• La mobilité des spermatozoïdes est évaluée en mobilité de déplacement, rapide ou lente, en mobilité sur place et immobilité. Les mobilités particulières laissent supposer des anomalies dans la morphologie des spermatozoïdes.

• La morphologie de la tête, de la pièce intermédiaire et du flagelle des spermatozoïdes est étudiée. Après comptage, on établit un pourcentage de normalité (la tératozoospermie). Au-delà de 40 % de gamètes malformés, le sperme devient de plus en plus inapte à la fécondation.

▶ **Toutes les anomalies n'ont pas la même signification et orientent le diagnostic.** Une tératozoospermie totale est souvent associée à des anomalies du caryotype et peut donc faire penser à une maladie génétique. L'association de plusieurs anomalies sur les spermatozoïdes complique fortement le pronostic.

## ZOOM

### Le spermogramme toujours à renouveler

Ne vous étonnez pas si votre médecin vous prescrit plusieurs spermogrammes. Ces examens déterminent si l'anomalie repérée est transitoire ou non, ou encore due à un mauvais recueil de l'éjaculat.

De plus, les variations spermatiques sont normalement fréquentes. Les examens se programment tous les trois mois afin que le renouvellement des spermatozoïdes soit complet.

Au cours de l'un de ces spermogrammes, le médecin peut demander un examen biochimique du liquide séminal en ayant recours à des marqueurs spécifiques selon les glandes : prostate, vésicules séminales ou épididyme.

La masturbation n'est pas un geste facile dans les conditions de prélèvement. Elle demande souvent de surmonter des tabous ou des interdits religieux.

De plus, il faut savoir que si le spermogramme permet de repérer certaines malformations des spermatozoïdes, l'origine des défauts touchant les gamètes mâles ne peut être, très souvent, déterminée.

▶ **D'autres examens du sperme sont parfois indispensables. Voici ce qui peut vous être prescrit :**

• **La recherche d'auto-anticorps.** Les hommes souffrant de cette forme de stérilité s'immunisent contre leur propre semence.

• **Un spermatocyte.** La présence d'un germe signifie que le patient souffre d'une maladie infectieuse génito-urinaire dont les germes infectent le sperme. Un traitement antibiotique redonnera aux spermatozoïdes leur pouvoir fécondant.

• **Des dosages hormonaux.** Celui de l'hormone folliculo-stimulante, FSH, détermine un trouble de la spermatogenèse, parfois au niveau de la maturation des cellules. Celui de la testostérone renseigne sur le fonctionnement endocrinien du testicule. Un dosage anormal de la prolactine révèle un problème hypophysaire. L'inhibine B donne des indications sur la fonction spermatique. Le rôle de l'hormone anti-mullérienne est actuellement en cours d'évaluation, elle devrait donner des renseignements sur la fonction testiculaire.

## Des examens complémentaires

Votre médecin peut encore avoir recours à des examens échographiques. L'échographie testiculaire évalue le volume des testicules, constate la présence ou non d'une hydrocèle ou d'une varicocèle et vérifie l'état du tissu testiculaire. L'épididyme est aussi examiné.

L'échographie par voie endorectale donne de bonnes informations sur la prostate, les vésicules séminales et les canaux éjaculateurs. La plupart de ces anomalies ainsi diagnostiquées sont soit acquises de naissance, soit le résultat d'une inflammation ou d'une infection chronique.

Des examens exceptionnels vont chercher des réponses à des questions qui ont pu naître à la suite d'examens « classiques ». Ils sont donc réservés à des cas précis. Ainsi la fragmentation de l'ADN spermatique est une voie d'étude.

En cas d'azoospermie, la recherche de sperme dans les urines peut se justifier. La biopsie testiculaire permet encore de déterminer les causes de certaines azoospermies. Réalisée sous anesthésie générale, elle étudie sur un fragment de tissu le nombre de spermatozoïdes mobiles disponibles et permet d'évaluer s'il est possible d'envisager une fécondation intra-conjugale, une partie du sperme est alors congelée.

## ZOOM

### Le test post-coïtal

Il a pour fonction de mesurer l'efficacité du rapport sexuel dans les heures qui suivent. Le test de « Hühner », un des tout premiers examens complémentaires prescrits, analyse le nombre de spermatozoïdes et leur mobilité dans la glaire cervicale juste avant l'ovulation. Ce test exige un protocole très précis et, en cas de résultats incertains, il est renouvelé lors du cycle suivant.

Il est considéré comme positif si l'examinateur trouve un nombre minima de 40 à 50 spermatozoïdes dans une quantité bien définie de prélèvement. Le médecin considère alors que la cause de l'infertilité du couple est féminine.

Si le test est moyen, il prescrira un examen du sperme pour déterminer si la cause de l'infertilité est masculine, due à une anomalie ou à un défaut de spermatozoïdes, ou féminine, due à une réaction hostile de la glaire vis-à-vis des spermatozoïdes.

Le « test de pénétration croisé » peut être programmé à la suite d'un test de Hühner négatif. Il est recommandé en cas d'anomalies du sperme constatées et lorsque le spermogramme est satisfaisant. Ce test consiste à observer en éprouvette, sur une durée de quatre heures, et pour un couple donné, le comportement des spermatozoïdes mis au contact de la glaire. Le test est réalisé avec un échantillon de spermatozoïdes « témoins », puis avec un prélèvement de glaire « témoin ».

Les résultats sont ensuite croisés pour déterminer la cause des résultats négatifs du test de Hühner : la glaire, les spermatozoïdes ou les deux.

➥ La congélation du sperme peut être nécessaire pour préserver sa fertilité avant une intervention chirurgicale touchant la sphère génitale, ou encore avant une chimiothérapie.

## Surmonter son trouble

Rares sont les hommes qui acceptent facilement l'annonce de leur infertilité. Si c'est votre cas, vous vous sentirez peut-être victime d'une malchance et d'une fatalité. Cette nouvelle a presque toujours une influence sur l'image gratifiante que chacun a de soi. Elle provoque un profond sentiment d'infériorité. En effet, la sexualité masculine est ainsi faite que l'infertilité bouscule l'identité sexuelle, débouchant parfois sur une véritable crise : un homme qui ne peut pas faire d'enfants peut ressentir cela comme une mise en doute de sa virilité. L'homme, qui identifie sa masculinité à son sexe et à son sperme, supporte difficilement le discours médical qui parle de sperme pauvre ou insuffisant, et de spermatozoïdes paresseux ou malformés.

> L'infertilité masculine représente 30 à 40 % des cas de stérilité.

---

### En nombre suffisant

▸ Normalement, un éjaculat est de 2 à 6 ml et contient 40 à 60 millions de spermatozoïdes par millilitre.

▸ Si votre diagnostic parle d'oligozoospermie, cela signifie que le biologiste a compté moins de 20 millions de spermatozoïdes mobiles par ml dans votre éjaculat.

▸ L'oligozoospermie est assez sévère pour un nombre variant de 1 à 5 millions de spermatozoïdes/ml et très sévère lorsqu'on en compte moins de 1 million/ml.

▸ Dans 8 % des cas, on découvre une azoospermie, c'est-à-dire l'absence totale de spermatozoïdes. Les raisons de ce trouble peuvent être hormonales, soit au niveau glandulaire, soit au niveau de l'hypophyse. Certaines thérapeutiques hormonales en viennent pourtant à bout.

▸ Mais il peut s'agir aussi d'une obstruction des voies excrétoires ou d'une malformation testiculaire empêchant son fonctionnement. Un caryotype est indispensable dans tous les cas.

Vous aurez, bien évidemment, une réaction personnelle, intimement dépendante de votre propre histoire et de votre appartenance culturelle. Si vous vivez dans un milieu ou dans une culture où la puissance et la virilité se mesurent au nombre d'enfants donnés à son épouse, vous vivrez bien sûr très mal votre infertilité. Une aide psychologique temporaire peut s'avérer utile pour mieux supporter la pression sociale.

## ZOOM

### Une affaire de couple

Le diagnostic d'infertilité aura sans doute des répercussions sur votre couple, sur son équilibre psychique et sexuel. Le sentiment le plus partagé est la culpabilité envers sa conjointe.

De son côté, votre femme aura peut-être tendance à adopter une attitude de surprotection vis-à-vis de vous. Mais il se peut aussi que votre couple connaisse des conflits : votre femme fertile est tiraillée entre son désir d'enfant, la culpabilité qu'elle ressent à tenir intensément à ce projet et l'évidence de ne pas pouvoir le réaliser avec vous, l'homme qu'elle a choisi pour fonder une famille.

Mais il arrive aussi que le couple décide d'affronter la fatalité, choisissant de vivre sans enfant ou de fonder une famille avec le concours d'un donneur.

# CHIRURGIE
# ET TRAITEMENTS MÉDICAMENTEUX

Le diagnostic posé, votre médecin vous proposera une thérapie. Elle peut prendre diverses formes selon les causes de votre infertilité.

Certains traitements sont relativement simples, comme la prise de médicaments, d'autres sont plus délicats comme la chirurgie réparatrice. Bien qu'elle doive toujours être tentée, cette dernière ne donne malheureusement pas souvent le résultat escompté.

> La vasectomie reste la seule méthode contraceptive masculine efficace mais elle n'est pas facilement réversible.

## La chirurgie réparatrice

Elle traite les stérilités dues à un obstacle à une éjaculation normale des spermatozoïdes. Grâce à la microchirurgie, le parcours des spermatozoïdes est rétabli. Mais l'intervention ne sera réellement réparatrice que si la lésion est peu étendue et le reste des conduits intact. C'est ce qui explique que le succès de ce type d'intervention ne soit que de 20 %.

Mais peut-être souffrez-vous de la présence d'une varicocèle. On estime que 10 à 15 % des hommes pourraient en être porteurs. La

### Un effet contesté

▶ L'incidence sur la fécondité masculine d'une varicocèle est contestée par certains médecins et les interventions chirurgicales pour la traiter ne sont plus systématiques, elles seraient réservées comme ultime recours lorsqu'aucune autre cause d'infertilité d'un couple n'a pu être trouvée.

▶ Attention, une varicocèle gauche modérée, et uniquement à gauche, est banale en raison de l'anatomie particulière du système veineux qui n'est pas symétrique, il faut donc éviter toute intervention intempestive.

chirurgie consiste, selon le cas, à ligaturer la veine spermatique ou à pratiquer son embolisation (ou obstruction).

Votre spermogramme va s'améliorer une fois sur deux environ, mais vous devrez attendre plusieurs mois pour constater cette amélioration.

## Après une vasectomie

La chirurgie permet parfois de retrouver une fonction reproductrice interrompue par une vasectomie (qui consiste en la section ou ligature volontaire de la partie des canaux déférents situés dans les testicules afin d'empêcher les spermatozoïdes d'atteindre les vésicules séminales).

**➤ Mais il est toujours conseillé à ceux qui veulent subir une vasectomie de recueillir et de garder des paillettes de sperme dans une banque du sperme (CECOS) avant l'intervention.**

## Les traitements médicamenteux

Ils peuvent vous aider à devenir père dans deux cas. Lorsque vos analyses révèlent un dysfonctionnement hormonal telle une absence de sécrétion d'hormones hypophysaires. La prescription de ces hormones, non sécrétées par l'organisme, permet souvent aux testicules de se remettre à fonctionner.

> Armez-vous de patience, le traitement est souvent long.

En quelques semaines, ils sont capables de fournir des spermatozoïdes de bonne qualité. Il s'agit le plus souvent d'une déficience de fonctionnement de l'hypophyse.

Des médicaments vous seront également prescrits pour traiter toutes les infections du sperme. Sous l'effet des germes, les tissus de l'appareil génital sont atteints, les toxines ainsi produites modifient l'acidité du liquide spermatique qui, à son tour, influence la mobilité des spermatozoïdes.

Le germe identifié par spermoculture permet de déterminer l'antibiotique qui va le combattre.

# AVOIR RECOURS
# À UNE MÉDECINE DE POINTE

Mais il se peut aussi que votre infertilité nécessite une intervention médicale agissant sur la fécondation même. Les PMA, procréations médicalement assistées, peuvent aider votre couple à concrétiser son désir d'enfant. Elles sont constituées d'un ensemble de méthodes cliniques et biologiques d'intervention médicale directe sur les cellules reproductrices, les spermatozoïdes et les ovules

> L'insémination artificielle donne des résultats variables : de 10 % à 18 % de grossesses par cycle d'insémination réalisée.

issus du couple ou faisant appel à un don. Cette assistance prendra donc diverses formes selon les raisons de l'infertilité de votre couple.

## Les différentes méthodes

• **L'IAC (insémination artificielle avec recours au sperme du conjoint)** vous est proposée si votre infertilité est liée à des problèmes mécaniques ou si votre sperme n'a pas les qualités nécessaires à une fécondation « normale », ou encore lorsque la glaire féminine fait défaut. Voici comme cela se passe.

Le sperme une fois recueilli, le liquide spermatique est éliminé afin de sélectionner les spermatozoïdes les plus mobiles. Ceux-ci sont ensuite triés naturellement par migration. Ne sont conservés que ceux dont la mobilité est la plus rapide. Pour être fécondante, la préparation doit compter un nombre de spermatozoïdes supérieur à 1 000 000/ml. L'insémination est programmée juste avant l'ovulation. Par prudence, dans certains cas, l'ovulation est stimulée (p. 346). L'insémination peut se pratiquer de différentes manières : le sperme est déposé à l'entrée du col de l'utérus ou plutôt de manière intra-utérine à l'aide d'une petite canule. Toutes les conditions sont réunies pour qu'une fécondation soit possible.

## Votre épouse peut être mère

▌ L'IAC est la technique la plus ancienne, elle consiste à déposer des spermatozoïdes dans les voies génitales de la femme.

▌ Elle ne peut être proposée que si celle-ci possède au moins une trompe perméable.

▌ Dans tous les cas d'insémination artificielle, vous devrez, vous et votre épouse, signer un consentement officialisant votre demande conjointe.

• **L'IAD (insémination artificielle avec recours au sperme d'un donneur)** vous sera proposée si vous souffrez d'une infertilité avérée, si les tentatives avec votre propre semence ont échoué, y compris la fécondation in vitro avec ICSI, ou si l'on vous sait porteur d'une maladie génétique.

Les gamètes sont fournis sous forme de paillettes congelées par un CECOS, centre d'étude et de conservation des œufs et du sperme seul habilité à recevoir et à garder les dons. Ces centres obéissent tous à un code déontologique précis reposant sur le bénévolat du don, sur son anonymat et le respect de la règle qui veut que seul un couple ayant eu déjà un ou des enfants peut faire don de sperme à un couple en âge de procréer, vivant ensemble depuis deux ans, reconnu comme souffrant d'infertilité masculine et où le conjoint est susceptible de transmettre à la femme et à l'enfant une maladie très grave.

• **La fécondation in vitro (FIV)**, qui fut d'abord proposée pour traiter les stérilités féminines dues à des trompes malades, est aujourd'hui un recours lorsque l'infertilité est causée par un trop petit nombre de spermatozoïdes mobiles. Cette technique est aujourd'hui bien maîtrisée techniquement, mais ses résultats semblent avoir atteint un certain plafond soit, dans les meilleurs services, 40 %.

> La fécondation in vitro a un avantage certain sur les autres méthodes, elle permet un contrôle immédiat de la fécondation.

Son principe consiste à provoquer la rencontre de l'ovule et des spermatozoïdes en éprouvette et de permettre le développement d'un

## ZOOM

### D'où viennent les dons?

Il existe une vingtaine de CECOS, centres agréés répartis dans toute la France. En moyenne, ce sont près de 3 000 couples qui s'adressent chaque année à eux pour avoir un enfant et 1 000 pour tenter une seconde ou une troisième naissance.

Le sperme des donneurs est recueilli après masturbation, il est préparé afin de supporter sans dommage la congélation. Les gamètes sont conservés prêts à l'emploi dans des petits tubes stockés dans de l'azote liquide à moins 196 °C. Les donneurs sont soumis à des examens cliniques, génétiques, bactériologiques et à une analyse de leur sang afin de déterminer s'ils ne sont pas porteurs d'une maladie chromosomique, héréditaire, d'une maladie infectieuse, virale, notamment le sida.

> L'IAD est parfois vécue douloureusement par les hommes. Il leur faut de longs mois, voire plusieurs années pour se débarrasser de l'idée d'être des pères illégitimes.

Les donneurs retenus sont répertoriés en fonction de leur morphologie et de leurs caractéristiques physiques afin de permettre aux parents receveurs de mettre au monde un enfant le plus proche possible physiquement d'eux, et ayant le même groupe sanguin et le même facteur Rhésus.

Afin d'éliminer tout risque de consanguinité, un même donneur ne peut être à l'origine de plus de cinq naissances. Toutes ces règles sont parfaites, le seul problème tient à la rareté des donneurs.

### Jamais l'un sans l'autre

▸ L'infertilité étant une affaire de couple, en cas de déficience spermatique, il peut être utile de rendre la compagne hyperfertile pour compenser le problème masculin, d'où les stimulations de l'ovulation.

▸ Ainsi le couple a une meilleure probabilité d'avoir l'enfant qu'il désire.

embryon de quelques cellules dans un milieu de culture pour ensuite le réimplanter dans l'utérus féminin.

Si vous devez faire appel à une FIV pour devenir papa, on vous demandera de donner du sperme et l'on prélèvera un ovocyte chez votre épouse. Votre sperme sera préparé, les spermatozoïdes les plus mobiles seront isolés. Comme pour les autres méthodes d'aide à la procréation, la FIV nécessite une demande et un consentement du couple.

➥ C'est le cycle de votre épouse qui détermine le jour où sont recueillis les gamètes mâles et femelles. On vous demande de ne pas avoir de relations sexuelles dans les trois à cinq jours qui précèdent les prélèvements. Le recueil de votre sperme est fait le jour de la ponction de l'ovocyte. Dans certains cas, le sperme est d'abord congelé avant d'être préparé et mis en contact avec l'ovule. Si la FIV est pratiquée avec l'aide d'un tiers donneur, le CECOS confie les paillettes de sperme au couple qui les dépose au laboratoire chargé de la fécondation.

• L'ICSI (Intracytoplasmic Sperm Injection) est une technique dérivée de la fécondation in vitro. Elle est en plein développement car elle donne un très grand espoir dans les soins des stérilités masculines, notamment celles dues à des insuffisances spermatiques sévères, les spermatozoïdes étant alors souvent incapables de pénétrer la membrane qui entoure l'ovocyte. Cette technique a même permis à des hommes, dont le sperme ne contenait pas de spermatozoïdes, de devenir pères. En effet, aujourd'hui, on peut la pratiquer en prélevant des spermatozoïdes, lorsqu'ils sont présents, dans l'épididyme ou dans le testicule, un obstacle empêchant leur parcours normal.

> Avec l'ISCI, pour la première fois, une technique d'assistance médicale à la procréation s'intéresse au problème masculin.

## Les enfants de l'ICSI

La légère augmentation de fréquence des problèmes génétiques rencontrés chez les enfants nés d'une ICSI est, semble-t-il, due non à la méthode, mais à l'hérédité des hommes qui ont aujourd'hui accès à une paternité qui leur était jusqu'alors refusée.

En effet, certains d'entre eux sont en fait porteurs sains d'une anomalie génétique. Il est donc nécessaire de pratiquer un bilan génétique des deux membres du couple avant toute ICSI.

En réalité, les études faites sur le développement des enfants issus d'une ICSI montrent qu'il est tout à fait comparable à celui d'enfants issus de la FIV (p. 362).

De leur côté, les spermatozoïdes subissent une préparation qui va diminuer leur mobilité, cela est indispensable pour procéder à la micro-injection au cœur de l'ovocyte, dans son noyau, sans perturber sa structure. Le spermatozoïde peut être utilisé frais ou après congélation.

La rencontre des gamètes, masculins et féminins, est faite par le biologiste grâce à un matériel microscopique sophistiqué. Un seul spermatozoïde est aspiré dans une micro-pipette d'injection qui sera ensuite introduite doucement dans le cytoplasme de l'ovocyte.

La technique consiste à recueillir des ovocytes suivant la méthode habituelle de stimulation et de déclenchement de l'ovulation. Puis les ovocytes sont débarrassés des cellules folliculaires qui les entourent. Seuls les ovocytes matures sont soumis à la fécondation. Les ovocytes ainsi micro-injectés sont replacés en éprouvette dans un milieu de culture à 37 °C.

## ZOOM

### Un parcours psychique particulier

La manière dont est vécue dans le couple une ICSI est relativement originale. L'homme tout d'abord déçu de ne pas pouvoir être père, se sentant même coupable de ne pouvoir donner à sa compagne l'enfant qu'elle souhaite, voit renaître son espoir lorsque l'on propose au couple cette méthode d'assistance.

Mais sa joie d'une possible paternité biologique est quelque peu assombrie par le sentiment de devoir infliger à sa compagne un traitement médical contraignant. Il perçoit une grande part de responsabilité dans cette entreprise.

Par contre, lorsque le traitement est suivi d'une grossesse, l'homme éprouve un profond sentiment de réussite alors que sa compagne se sent investie de la lourde responsabilité de mener à bien le développement de ce futur bébé tant espéré.

La fécondation se produit 18 à 24 heures plus tard. Lorsque les embryons atteignent quatre cellules, soit 48 heures après leur formation, le gynécologue les transfère, au nombre de deux ou trois, dans l'utérus de la femme.

L'ISCI a des résultats identiques à ceux obtenus par la fécondation in vitro, soit 20 à 25 % de grossesses par tentative. C'est une moyenne nationale. Certaines équipes médicales atteignent les 40 %. L'ICSI représente actuellement 40 à 50 % des tentatives de fécondation in vitro, mais elle ne devrait concerner que des indications réellement masculines car elle n'apporte rien dans les autres cas.

## Trouver le bon centre de soins

Vous êtes sans doute inquiets à l'idée de trouver un établissement qui soit réputé et le plus proche de votre domicile. En effet, loin de chez soi, certains traitements peuvent vous obliger à vivre quelque temps à l'hôtel. Si les conseils du médecin traitant habituel ne suffisent pas, si la réputation d'un centre de fertilité n'est pas établie dans la région, sachez que ces centres sont répertoriés dans les directions départementales d'action sociale, chaque centre est agréé et doit publier tous les ans ses résultats. Vous pouvez les demander à l'établissement en question. Les centres sont souvent embouteillés, et il faut généralement attendre quelques mois pour avoir son premier rendez-vous.

⤵ **Tout homme et toute femme portent en soi le désir de faire un enfant sans l'aide de la médecine, et ce n'est jamais facile de pousser la porte d'un spécialiste à qui il incombe de déterminer, pour un couple donné et compte tenu de l'âge de chacun et de ses antécédents, le traitement qui lui sera le mieux adapté. Les traitements sont souvent éprouvants et leur taux de réussite variable.**

## VOUS ET VOTRE COMPAGNE

### L'infertilité au féminin

Vous pouvez rencontrer aussi quelques difficultés à devenir père si votre épouse souffre d'une infertilité. Chez la femme, les fonctions de reproduction sont complexes et l'ovule, à l'inverse des spermatozoïdes, n'est pas directement observable. Tout cela explique

> Dans un cas sur deux, les infertilités sont tout à fait bénignes.

que les examens exploratoires pour comprendre les raisons d'une infertilité sont nombreux et souvent compliqués. Les anomalies de fonctionnement sont aussi relativement fréquentes, le déroulement séquentiel du cycle apportant sans doute une certaine fragilité aux fonctions de reproduction.

▶ **Des causes multiples**

Vous l'avez compris, les difficultés chez une femme à concevoir un bébé peuvent être nombreuses. Il peut s'agir de malformations diverses de l'utérus, de polypes utérins, d'un déséquilibre hormonal, d'une infection des trompes dite stérilité tubaire (les maladies des trompes sont responsables de 50 % des stérilités durables), d'une anomalie de la glaire sécrétée par l'utérus, d'une endométriose (p. 396), de troubles

### Un diagnostic parfois difficile

▶ En moyenne, 10 à 12 % des couples ont des difficultés à avoir un enfant. Le plus souvent, le diagnostic commence par l'établissement d'une courbe des températures et par des dosages hormonaux au 3e jour du cycle.

▶ Chirurgie et traitements hormonaux permettent dans un grand nombre de cas d'obtenir une grossesse.

▶ En fait, le plus compliqué est de déterminer la cause de l'infertilité.

Les infertilités définitives (3 %) sont liées à l'absence d'ovaires en raison soit d'une malformation à la naissance, soit d'une ablation chirurgicale.

▶ Il peut s'agir encore d'une altération du fonctionnement ovarien en relation avec une anomalie chromosomique, d'ovaires irradiés par des soins aux rayons ou détériorés par une chimiothérapie.

du fonctionnement des ovaires tel un kyste, ou du mauvais fonctionnement du corps jaune (p. 395), celui-ci ne produisant pas la progestérone indispensable à la nidation de l'œuf dans la paroi utérine.

### ▶ Sans cause apparente

Certaines infertilités ne peuvent être expliquées, malgré tous les examens. On parle parfois à leur sujet de stérilités «idiopathiques» qui seraient liées à un refus de l'inconscient à satisfaire le désir conscient de grossesse.

Ce phénomène psychique est très curieux puisqu'il semble qu'il puisse entraîner des lésions organiques. Ce sont parfois ces stérilités qui donnent naissance à un bébé après l'adoption d'un premier enfant ou alors que le couple est en attente d'une aide à la procréation.

## Donner un coup de pouce à l'ovulation

Pour obtenir une grossesse, il suffit parfois de simplement surveiller l'ovulation d'un cycle spontané. Mais l'intervention peut être plus contraignante. Certaines situations d'infertilité nécessitent une stimulation de l'ovulation. Celle-ci est réalisée à partir de deux protocoles. Le premier consiste à prendre des médicaments qui stimuleront l'hypophyse qui, à son tour, stimulera les ovaires par la production d'hormones FSH et LH. Le deuxième intervient directement sur les ovaires par l'administration d'une association de FSH et de LH.

### Savoir attendre

▶ Le diagnostic médical de l'infertilité étant posé, le médecin prescrit différents traitements.

▶ Leur efficacité est rarement immédiate dès le premier cycle. Vous ne devez pas être impatients et vous souvenir que, sans aucune difficulté, les chances physiologiques d'une grossesse sont de 25 % par cycle.

▶ Généralement, il faut poursuivre le traitement de six mois à un an avant d'obtenir un résultat, un délai que tous les couples trouvent très long.

Lorsqu'il y a assez de follicules et que leur taille est conséquente, que la sécrétion d'estradiol est suffisante, on provoque une ovulation dans les 36 heures qui suivent par l'injection d'une hormone, l'HCG.

### ▶ En préparation d'une FIV

Si la prise en charge de l'infertilité implique une fécondation in vitro (pp. 340, 348), un autre type de traitement est mis en place. Ce traitement a l'avantage de provoquer une mise au repos des ovaires grâce à l'administration d'hormones synthétiques, agonistes du GnRh (Gonadotropin Releasing Hormone), hormones qui relient dans leur fonction-

> La première tentative de PMA suscite toujours un immense espoir, malgré un taux de réussite moyen de 25 à 30 %.

nement l'hypothalamus et l'hypophyse. Une fois les ovaires au repos, ils sont stimulés pendant 10 à 12 jours, jusqu'au déclenchement de l'ovulation par de l'hCG.

Une surveillance rigoureuse est entreprise afin de contrôler parfaitement l'ovulation et ainsi de permettre une bonne programmation de l'heure du recueil des ovocytes, 35 heures après l'injection d'HCG. En effet, le recours à une fécondation in vitro nécessite toujours la sélection de plusieurs ovules faite au cours d'un même cycle.

Les ovules sont recueillis à maturité et juste avant qu'ils ne soient expulsés des follicules. Pour être sûr de cette récolte, le médecin propose une stimulation plus importante que celle nécessaire à une simple insémination.

### ▶ Un traitement contraignant

La stimulation ovarienne est sans doute la partie la plus pénible des traitements de l'infertilité. Elle oblige à toute une série de piqûres sur quinze jours, à des examens sanguins et à plusieurs échographies. Généralement, la prescription exige une piqûre d'hormones matin et soir très précisément dosée et injectée à heure fixe. Heureusement, ces piqûres peuvent être faites à domicile par une infirmière, par vous ou même par votre épouse puisqu'elles sont sous-cutanées.

## Une aide psychique

Le recours à un psychologue peut être utile pour aider votre couple à supporter les contraintes des traitements prescrits par le médecin.

Son rôle est notamment d'empêcher que les actes médicaux soient vécus par le couple, ou par celui qui porte la responsabilité de l'infertilité, comme la confirmation de son incapacité à procréer ou l'expiation d'une culpabilité fataliste.

Enfin, le psychologue soutient le couple face à l'agression des traitements et l'aide à supporter les échecs.

Seul ou en couple, selon ce que vous ressentez, n'hésitez pas à franchir le pas.

Il est possible encore d'utiliser certains produits sous forme de sprays à inhaler, ou bien en injection sous-cutanée plutôt qu'intramusculaire. La prise massive d'hormones peut être à l'origine de petits désagréments sans gravité, comme une prise de poids, des vertiges, des vomissements et des douleurs abdominales. Dans des cas heureusement rares, la patiente peut être victime d'une hyperstimulation qui peut nécessiter une hospitalisation.

## Quand il faut entreprendre une PMA

Pour vous et votre compagne, s'engager dans une procréation médicalement assistée (pp. 339-244), c'est choisir de passer à l'action pour combattre un profond sentiment de perte et d'impuissance à enfanter. Bon nombre de couples effacent ainsi une part importante des idées noires, nées de conflits psychiques, parfois violents, que leur infertilité fait remonter à la conscience.

### ▶ Quelques contraintes

Les injections médicamenteuses, les examens et les consultations doivent être programmés de manière très précise afin que la ponction des ovocytes se fasse le matin pour une prise en charge correcte. La patiente est donc souvent amenée à prendre son traitement le soir, à des moments où elle ne se sent pas forcément disponible.

Les examens, bilans sanguins et échographies, sont nombreux et demandent de fréquents déplacements. Tout cela est, bien sûr, source de fatigue et de nervosité. Vous devez aussi être conscient que la grossesse peut se révéler difficile si elle est multiple. Votre avis est important quant au nombre d'embryons transférés que vous et votre compagne souhaitez.

Généralement, les deux ou trois premiers mois, les contraintes médicales sont bien supportées, mais bien des couples trouvent ensuite assez pesant de voir leur vie rythmée par des rendez-vous médicaux. Décider de faire un bébé en ayant recours à une FIV est sans aucun doute très éprouvant.

☛ Votre rôle de soutien psychologique est important. Soyez impliqué dans cette aventure. Si vous avez des conduites addictives telles que tabac, boisson, drogue, c'est sans doute le moment d'entreprendre un sevrage. Ainsi, vous montrez que vous êtes prêt à changer vos habitudes pour mieux accueillir cet enfant. Soyez disponible, gentil, accompagnez votre épouse à ses rendez-vous médicaux, venez la rechercher. Lorsque vous la sentez préoccupée, tendue, proposez-lui un dîner romantique ou un week-end chez des amis, ou toute autre marque d'attention personnelle.

▌ **Le recueil des gamètes**

C'est un moment qui peut être difficile. Habituellement, la ponction se fait sans hospitalisation, en hôpital de jour, ou parfois avec une

## Cinq ans de patience

▌ Chaque année, on estime que 50 000 couples décident de se faire aider par la médecine pour avoir un enfant.

▌ La nature de cette intervention est différente selon les causes de l'infertilité dont ils souffrent et leur âge.

▌ Ainsi, l'âge moyen des couples candidats à une FIV est de 33,8 ans pour les femmes et de 35,7 ans pour les hommes.

▌ Un couple s'engage dans ce traitement en moyenne après 5 ans d'infécondité.

hospitalisation d'une journée. Si votre épouse est traitée de manière ambulatoire, elle arrivera le matin à l'hôpital pour que soit effectuée une ponction vaginale sous échographie afin de repérer les follicules dont le contenu sera aspiré. Cet acte médical ne dure pas plus de 5 minutes. Après un repos de 2 heures, elle regagnera votre domicile.

> Le médecin vous accompagne et vous aide à faire des choix en fonction de vos difficultés et de ce que vous êtes prêts à supporter pour satisfaire votre désir d'enfant.

Pour certaines femmes, l'anesthésie, locale ou générale, que nécessite cet acte médical est l'occasion de se remémorer, souvent assez douloureusement, les interventions chirurgicales antérieures qui auraient dû traiter leur infertilité.

Ces ponctions, par l'espoir qu'elles apportent au couple, ont une forte valeur symbolique. Bien que matériellement séparés, mari et femme sont profondément unis par la pensée et le sentiment amoureux souvent mis en paroles.

▶ **Un bébé en devenir**

Le résultat des ponctions est analysé en laboratoire. Seuls quelques ovocytes sont susceptibles d'être mis en fécondation. C'est souvent par l'intermédiaire du téléphone que le couple apprend que la fécondation in vitro a permis la constitution de plusieurs embryons. C'est donc une joie qui se partage dans l'intimité. Le couple comblé voit dans ces quelques cellules cultivées la garantie de sa fécondité. Tous deux parlent de « leurs embryons », montrant ainsi qu'ils les ont totalement investis et les projettent dans un imaginaire riche et puissant.

🔽 Vous serez peut-être étonné de la réaction de votre épouse. Elle peut se sentir presque du jour au lendemain femme à part entière. Elle développera sans doute des sentiments que l'on peut qualifier « d'amour pré-maternel ». Quant à vous, il est possible que vous soyez moins enclin aux rêves qu'elle et que vous réserviez vos sentiments à l'instant où vous serez vraiment père. Mais cet embryon est le vôtre. Certains d'entre vous souhaitent même le voir et parfois veulent des photos.

### ▶ Le transfert des embryons

Mais, c'est au moment du transfert que votre couple sera le plus en communion. Vous viendrez ensemble à ce rendez-vous. Vous devrez d'abord discuter du nombre d'embryons à transférer si la fécondation assistée a été très fructueuse. Il se peut que vous ne soyez pas d'accord, généralement les hommes sont plus raisonnables, freinant leurs épouses qui sont

> Depuis la naissance d'Amandine, il y a vingt ans passés, environ plus de 60 000 enfants sont nés par FIV en France.

prêtes à assumer une grossesse multiple, même compliquée. Le transfert d'embryons marquera pour vous le début de la grossesse. Votre confiance en la compétence scientifique est alors totale. C'est de retour chez vous que l'angoisse naît et elle est d'autant plus présente que ce transfert n'est pas le premier et que d'autres tentatives ont échoué. Celui-ci se passe comme un examen gynécologique, il ne nécessite aucune anesthésie. Aujourd'hui la plupart des équipes médicales estiment que le nombre normal d'embryons réimplantés ne doit pas dépasser le nombre de deux. Les embryons surnuméraires pouvant être couplés et réimplantés ultérieurement.

🐾 **C'est très naturellement et symboliquement que vous prendrez la main de votre épouse tout le temps du transfert, vivant ainsi un acte de procréation sans relation sexuelle. Tous deux, vous aurez le sentiment que ce geste engage votre vie future de parents.**

## Pourquoi pas un second ?

▐ Dès lors que la première grossesse est engagée, vous envisagerez une seconde.

▐ Les couples qui ont eu la chance que la PMA les comble, dès la première tentative, sont les plus pressés, ils ont foi en la méthode et ne voient pas pourquoi elle ne réussirait pas à tous les coups.

▐ Ils se rêvent avec deux enfants et, si ce sont des jumeaux qui sont attendus, ils seraient ravis d'être à la tête d'une famille nombreuse.

▌ **La réduction embryonnaire**

C'est au cours de la première échographie que le médecin annonce au couple l'existence de plusieurs embryons. Si ce nombre excède trois, il propose généralement une réduction embryonnaire afin de ne pas compromettre la poursuite de la grossesse et éviter la naissance d'enfants trop prématurés pour survivre sans séquelles (p. 309).

Il vous faudra donc prendre la décision de garder les trois embryons ou de n'en laisser que deux poursuivre leur développement. Dans le premier cas, vous pèserez le pour et le contre d'une grossesse compliquée et fatigante ainsi que le poids financier d'une famille nombreuse. Dans le second, vous vivrez une expérience compliquée et paradoxale : alors que vous avez eu tant de difficultés à concevoir, voici qu'il vous faut vous séparer d'embryons à vos yeux si précieux. Et pourtant, beaucoup de couples acceptent le geste médical qui, au hasard, décide que certains embryons ne poursuivront pas leur développement.

▌ **Dix jours interminables**

Les dix jours d'attente pour savoir si la grossesse est bien installée vont vous paraître terriblement longs. Ils seront parfois ponctués de fantasmes et de phobies. Rares sont ceux et celles qui dorment bien ou qui mangent avec appétit. Votre femme guette la moindre manifestation de son corps, les signes de l'arrivée de règles ou l'annonce d'une grossesse certaine.

## Le statut juridique des embryons

▌ Alors qu'en situation normale la femme peut décider seule de garder ou non un embryon, donc de poursuivre ou non sa grossesse, les embryons congelés surnuméraires dans le cadre d'une assistance médicale à la procréation appartiennent aux deux membres du couple.

▌ Ils ne seront réimplantés, détruits ou donnés qu'avec l'accord des deux, donc du vôtre.

### ▶ L'embryon s'installe

Pleurs, cris de joie, les résultats des analyses qui confirment la grossesse sont toujours accueillis avec une grande émotion. Il faut dire que l'événement tant attendu a suscité tellement d'efforts, tellement de tensions que cette nouvelle libère vos corps et vos esprits. À l'annonce de la grossesse, vous éprouverez un bonheur comparable à celui que donne la naissance d'un bébé dans les couples qui ne connaissent pas de difficultés. Vous aurez déjà le sentiment que votre bébé est là.

**⤳ Vous vivrez les premières semaines de la grossesse avec une alternance d'angoisse et d'optimisme, vous percevrez les premières modifications corporelles de votre compagne comme des signes rassurants. Au deuxième trimestre, avec l'éloignement du risque d'une fausse couche précoce, s'installeront la tranquillité et l'idée d'avoir un enfant.**

### ▶ La tristesse de l'échec

La moitié des couples connaissent ce sentiment, elle engendre toute une gamme de troubles psychiques. Vous et votre compagne traverserez une période dépressive faite d'une grande lassitude avec parfois un rejet de la vie sexuelle.

Certaines femmes connaissent un véritable épisode dépressif avec insomnies, perte d'appétit, voire même un désintérêt général de la vie. Elles peuvent éprouver une profonde « dé-estime » d'elles-mêmes, haïr leur corps qu'elles considèrent incapable de satisfaire leur désir. Une impression de vide les envahit que la compassion de leur entourage ne réussit pas à combler.

Ces manifestations sont d'autant plus fréquentes que le diagnostic arrive après de longs mois de rapports sexuels programmés, d'attentes angoissées, de l'apparition des règles et de déceptions sans cesse renouvelées. L'origine de la stérilité a une grande incidence sur l'ampleur des réactions.

## Un espoir déçu

▌ Votre déception sera encore plus profonde si vous avez vécu la merveilleuse émotion des débuts d'une grossesse et qu'une fausse couche vient mettre à mal tous vos espoirs.

▌ De même, vous vivrez de manière tout aussi difficile l'annonce, à la suite d'examens prénataux, d'une anomalie chromosomique. Vous aurez le sentiment d'être victime d'une véritable catastrophe.

🢂 Bien que terriblement triste, vous devrez aider votre femme à surmonter ce moment difficile. Soyez attentif, protecteur, essayez de lui redonner confiance en l'avenir. Vous devrez sans doute lui réaffirmer haut et fort votre amour car elle craint que votre capacité de procréation vous éloigne d'elle et vous fasse choisir une femme féconde pour satisfaire votre désir de paternité. Vous aurez sans doute encore à débattre ensemble du bien-fondé d'une autre tentative, une décision parfois délicate.

Mais peut-être êtes-vous un couple qui a d'emblée une réaction plus « active » face à l'échec. En accusant la médecine et les médecins d'incapacité à réaliser votre désir, vous vous préservez de toute angoisse. Vous ne tournez pas votre agressivité contre vous-même mais contre la science dans une démarche d'accusation active. Il y a de fortes chances pour que vous renonciez à poursuivre d'autres tentatives dès le premier échec.

▌ **L'enfant efface la souffrance**

La plupart des couples deviennent des parents comme les autres. Ils feront face aux difficultés ordinaires que rencontre tout parent. Leur histoire particulière les aura marqués et aura contribué sans doute à des réaménagements dans les relations de leur couple.

Une seule particularité a pu être observée parmi les couples ayant réussi leur PMA : après la naissance, les mères voient leur stress chuter de manière importante alors que celui des pères augmente. Les psychologues expliquent ce phénomène par une plus grande implication des pères vis-à-vis de l'enfant né, comme si leur engagement était destiné à faire contrepoids à la blessure narcissique de l'infertilité.

## Lorsque le don est indispensable

Le traitement de l'infertilité par don d'ovule reste l'un des plus délicats et est donc réservé à des situations bien précises : ménopause précoce, insuffisance ovarienne, conséquence d'une chimiothérapie ou d'une chirurgie radicale, et enfin risque de transmission d'une maladie héréditaire grave.

Toute demande d'ovocytes exige de vérifier que l'embryon aura les conditions nécessaires à son implantation et à son développement. La fécondation se fait in vitro avec du sperme frais ou congelé. La loi française veut que l'embryon ainsi obtenu soit congelé 6 mois avant d'être transplanté afin de vérifier que la donneuse n'est atteinte d'aucune maladie virale. Comme le don de sperme, le don d'ovocytes est anonyme, gratuit et volontaire. Mais il n'est pas pratiqué par tous les centres français.

### ▶ Le don d'embryon, un engagement délicat

Les conditions d'une grossesse par fécondation in vitro entraîne un certain nombre d'embryons surnuméraires. 70 % d'entre eux sont porteurs d'un projet parental et sont transférés à leurs géniteurs. Les

### Un acte mûrement réfléchi

▶ Faire appel à un don étranger n'est pas sans poser des problèmes éthiques et juridiques, cela demande donc une réflexion approfondie de la part du couple donneur et receveur. Ce don est vécu par les couples comme un don d'enfant.

▶ La démarche de donner comme de recevoir nécessite presque toujours la consultation d'un psychologue spécialisé et une demande auprès du juge aux affaires familiales pour obtenir un accord.

▶ Chaque année, une dizaine de couples stériles voient ainsi leur espoir d'enfant satisfait.

30 % restants sont susceptibles d'être donnés à des couples stériles, parfois porteurs de maladies génétiques.

Ce don est bien sûr soumis à des règles (p. 388). Chacun des membres du couple doit être stérile. La technique d'implantation est identique à celle de toute FIV, elle est précédée d'un test de dépistage de maladies infectieuses. Seuls certains centres de FIV sont agréés pour pratiquer le don.

▶ **Quelles vont être vos réactions ?**

Devenir père grâce à un don d'ovule ou d'embryon suscitera peut-être chez vous un certain nombre de questions. Quels liens génétiques aurez-vous ? Si votre enfant voit le jour à la suite d'un don d'ovule, il aura pour moitié votre patrimoine comme dans une conception classique. S'il est le résultat d'un don d'embryon, il ne partagera rien génétiquement de vous, et vous serez à égalité génétique, comme pour une adoption.

➤ En fait, il est là grâce à votre femme qui, certes, ne lui a pas apporté son patrimoine génétique mais l'a fait grandir en son sein et lui a donné vie. Demandez-lui ce qu'elle pense. Comme toutes les femmes ayant connu cette expérience, l'ayant porté 9 mois, elle a le sentiment qu'il est entièrement de sa chair. Entre la don-

## Une filiation compliquée

▶ Dans tous les cas de don de sperme, comme dans ceux de don d'ovocyte, la consultation d'un psychiatre ou d'un psychanalyste est obligatoire.

▶ En effet, la médecine va créer une brèche dans la filiation, le problème de l'enfant volontairement venu d'un tiers demande une réflexion de chacun des membres du couple.

▶ Lorsque l'enfant grandira, une question taraudera toujours les parents : faut-il garder le secret ou peut-on le lui dévoiler sans perturber les liens affectifs ?

▶ Il est souhaitable que les parents aient réfléchi à ce problème avant de l'aborder avec l'enfant. Ainsi, le moment venu, ils seront parfaitement sereins. Il est impossible de donner des règles et des conseils, chaque cas est trop particulier.

neuse d'ovocyte et la receveuse ne se joue aucune rivalité mais un sentiment de générosité et d'entraide. Laissez les joies de la paternité vous envahir.

### ▶ Qui est le vrai père ?

La rupture avec la filiation du père reste de loin la plus délicate. Raconter à un enfant qu'il est né grâce au sperme d'un donneur, c'est déclarer la stérilité du père, lui donner une image de défaillance sur le plan de la sexualité et poser l'identité du géniteur. De nombreux témoignages montrent que c'est souvent l'homme infertile qui veut garder le secret vis-à-vis de l'enfant, mais aussi d'un maximum de personnes de son entourage.

Sa crainte la plus profonde est que l'enfant ne le rejette et parte à la recherche d'un père anonyme. Ces pères redoutent encore que l'enfant mette en doute leur statut paternel, les agresse ou les humilie. Toutes ces craintes reposent sur des fantasmes d'images parentales et sur une construction toute personnelle du roman familial.

## L'adoption, un recours

Confronté aux échecs des traitements d'une PMA, votre couple pensera peut-être à l'adoption. Certains attendent d'avoir épuisé toutes les possibilités d'obtenir un enfant biologique avant de s'engager dans une procédure d'adoption, d'autres s'y décident bien avant, sachant que les délais pour devenir parents adoptifs sont toujours longs.

### ▶ Quand la décider ?

Il semble que les couples commencent leurs démarches d'adoption au plus tôt dès le premier échec de PMA, rarement avant. Ils considèrent qu'il existe une compatibilité dans leurs démarches bien que les procédures soient différentes puisque le recours à une PMA offre une possibilité de filiation biologique alors que l'adoption est une filiation de substitution.

En France, on estime que parmi les couples stériles, 15 % font une demande d'adoption avant de commencer leur traitement par PMA, 46 % pendant et 38 % après. Malheureusement, le manque d'enfants adoptables français et étrangers ne permettra pas, bien souvent, la réalisation de leur souhait. En effet, une demande sur dix aboutit à une adoption.

> En France, la loi de bioéthique exige que, lors du consentement à une PMA, l'équipe médicale rappelle aux couples la loi sur l'adoption.

On ne peut pas prétendre que l'adoption soit une solution idéale de remplacement lorsqu'il y a échec de PMA ou lorsque la stérilité ne peut être soignée. Adopter ce n'est pas avoir un enfant, c'est l'élever. Cette expérience est tout à fait honorable mais différente de celle d'avoir un enfant. Adopter, c'est montrer un sentiment profond d'altérité.

### ▶ Une paternité soudaine

Adopter est un acte d'amour et un processus psychique. Vous allez devenir père pratiquement d'un jour à l'autre, sans avoir eu vraiment le temps de vous préparer. Vous serez peut-être tout de suite séduit ou au contraire vous aurez besoin de temps pour mieux aimer cet enfant.

Profitez de votre congé d'adoption pour faire sa connaissance et vous apprivoiser mutuellement. Cet enfant a besoin de toute votre affection pour compenser un démarrage un peu compliqué dans la vie. Vous apprendrez votre métier de papa au jour le jour. Vous aurez comme tout parent des joies et des désillusions.

Pour réussir une adoption, il est important que l'enfant sache la vérité. Dès ses premiers mois, ne lui cachez rien et parlez librement devant lui. Mais c'est au moment où il commence à avoir accès au langage qu'il pourra mieux comprendre ce que vous lui dites. Après, avec l'âge, viendront les questions sur ses origines auxquelles vous répondrez spontanément et naturellement.

## RÉPONSES À VOS QUESTIONS

*Des difficultés dans ma sexualité peuvent-elles avoir une incidence sur ma fertilité ?*

▶ **Assurément, ce sont toutes les difficultés qui empêchent un rapport sexuel complet.** Les troubles de l'érection se manifestent par l'incapacité d'obtenir ou de maintenir une érection suffisante pour assumer un rapport sexuel. Les spécialistes estiment que 10 à 20 % de la population masculine en souffrirait à des degrés divers. Ce trouble serait plus fréquent avec l'âge.

> Les troubles de la sexualité sont du domaine des psycho-thérapeutes et notamment des sexologues.

Souvent, il est d'origine organique, mais il est difficile de faire la part entre cette origine et celle de nature psychologique car la souffrance psychologique est toujours extrêmement présente. Les troubles de l'érection d'ordre organique ont des causes neurologiques, endocriniennes ou vasculaires. Certains médicaments peuvent aussi avoir une influence sur les capacités érectiles, tout comme le diabète qui peut être ainsi révélé.

Cependant les causes psychiques restent les plus fréquentes, ce sont l'anxiété, la non-estime de soi et la dépression. Il existe de nombreux traitements allant de l'aide psychologique à la prescription de médicaments.

▶ **L'éjaculation précoce avant pénétration est le trouble le plus fréquent** et celui que l'on réussit à soigner le mieux. Elle est due à l'absence de perception du seuil éjaculatoire et donc à l'incapacité de maîtriser l'éjaculation. Les causes en sont presque toujours psychologiques à l'origine : expériences sexuelles précoces traumatisantes, éducation sexuelle répressive, mésentente conjugale. Psychothérapie, conseils et quelques prescriptions médicamenteuses aident assez facilement à un retour à la normale.

▶ **Il existe encore d'autres troubles de l'éjaculation comme** l'impossibilité d'éjaculer à l'intérieur du vagin ou la non-éjaculation.

▶ **C'est souvent quand l'infertilité est due à des troubles sexuels que les difficultés dans le couple atteignent leur paroxysme.** L'homme bien sûr en souffre mais la femme a aussi sa part de souffrance, tout en y participant aussi plus ou moins consciemment ou plus ou moins inconsciemment. Généralement, dans les premiers mois où le trouble se manifeste, la femme excuse son conjoint et explique le symptôme par le stress ou la fatigue. En réalité, elle ne perçoit pas vraiment l'inquiétude, voire l'angoisse, qui agite le psychisme de son homme.

Devant la persistance des troubles, son attitude évolue vers une meilleure compréhension voire une aide, mais parfois, au contraire, les relations se dégradent. Cette évolution dépend étroitement du climat psychoaffectif qui lie le couple, de l'état de satisfaction ou d'insatisfaction de la sexualité conjugale antérieure et de l'état psychologique de la femme. Il n'est pas rare qu'elle se croit en partie responsable du trouble et culpabilise. Ces sentiments la conduisent à se replier sur elle-même, une attitude que choisit aussi son conjoint. Il est évident alors que la distance entre eux s'accroît de jour en jour, la solution de leur problème devenant de plus en plus délicate. Les scènes de reproches sont de plus en plus nombreuses et violentes : il est temps de consulter ou la séparation est proche.

## Sexualité et infertilité

▶ Il existe une corrélation certaine entre les problèmes sexuels et l'infertilité des couples : vaginisme, dyspareunie, anorgasmie (p. 249).

▶ Dans la majorité des cas, ces difficultés sont d'origine psychologique et ont, bien sûr, des conséquences sur la fréquence des rapports sexuels du couple.

▶ On estime que la moyenne « normale » de deux coïts par semaine permet au couple de ne pas rater la période de fécondité.

▶ Une baisse de la libido ou des relations sexuelles doit amener à consulter.

▶ **En voulant traiter à tout prix votre infertilité, vous pouvez rencontrer des difficultés dans votre sexualité** : votre femme a de moins en moins de désir et vous connaissez des troubles de l'érection ou de l'éjaculation. Les rapports de manière répétitive et à une date précise tuent l'amour. Ainsi, après plusieurs années d'attente infructueuse, une sexualité programmée sans plaisir peut s'installer. Désir sexuel et désir de procréer sont alors totalement confondus. La relation intime se transforme en une relation technique, la vie privée n'existe pratiquement plus, elle est observée par toute une équipe de spécialistes. Bien des couples en souffrent.

Normalement, la sexualité du couple ne doit pas pâtir des traitements. En effet, si au moment de la phase de stimulation ovarienne, certains traitements, limités à quelques cycles, modifient la libido de la femme en diminuant la sécrétion d'œstrogènes, le désir de l'autre reste intact.

Après une insémination ou un transfert d'embryons, le couple peut reprendre une activité sexuelle normale. Si des difficultés apparaissent, elles sont souvent la conséquence d'une sexualité antérieurement perturbée. Dans ce cas, le recours à une procréation médicalement assistée va accentuer la mésentente car la femme,

## Le poids du secret

▶ Les techniques qui modifient la filiation (don de sperme, d'ovule ou d'embryon) soulèvent toujours la question du secret vis-à-vis de l'enfant.

▶ Si le couple vit difficilement cette situation et choisit de se taire, son mal-être sera fort probablement ressenti par l'enfant qui en sera troublé.

▶ Par contre, si le couple est serein face à ce problème, qu'il en parle ou non à l'enfant, est son affaire. Une seule règle doit être observée : il faut éviter le doute et la confusion dans l'esprit de l'enfant.

▶ Les parents qui font le choix de révéler à l'enfant ses origines génétiques doivent le faire lorsqu'il est encore jeune et de manière naturelle dans leur discours. Mieux vaut ne jamais avoir à être obligé de le dire.

dans la majorité des traitements, n'a plus besoin de rapports sexuels pour avoir un enfant. Ces couples traverseront peut-être l'épreuve des traitements, mais risquent de ne pas résister au temps s'ils n'abordent pas la question.

*Après une PMA, la grossesse est-elle compliquée et n'y a-t-il aucun risque pour l'enfant à venir ?*

▶ **La plupart des grossesses, obtenues grâce à une procréation médicalement assistée, ne demandent aucune surveillance spécifique.** Quelques-unes échappent toutefois à cette règle. Ce sont les grossesses multiples en  raison du transfert de plusieurs embryons après une fécondation in vitro, ou les grossesses chez les femmes de près de 40 ans, cas assez fréquents en raison de parcours médicaux longs et délicats.

▶ **Toutes les études faites depuis bientôt vingt ans montrent que les enfants nés par  procréation médicalement assistée ont un développement physique et psychique tout à fait normal.** Ces enfants sollicitent simplement l'attention singulière de leurs parents de manière tout à fait semblable à celle portée aux enfants adoptés. Mais attention, un surinvestissement serait à l'origine de troubles du sommeil et de l'alimentation. Il semble encore que, au cours de leur petite enfance, ces enfants consultent beaucoup plus que les autres, notamment pour des troubles ORL et broncho-pumonaires ou pour des problèmes dermatologiques. Les parents s'inquiètent encore souvent de l'agressivité et du retard dans l'acquisition de la marche. Tous ces comportements s'expliquent : ces enfants sont d'autant plus précieux qu'ils sont nés à la suite de grossesses aussi « précieuses » ; enfin, il semble qu'ils aient un niveau scolaire légèrement meilleur que dans la population générale de leur âge, tout simplement parce qu'ils sont très entourés et aidés après avoir été si attendus.

# La spermatogenèse ou l'histoire de la plus petite cellule du corps humain

**Avant de devenir fécondant, le spermatozoïde, gamète mâle, doit subir un certain nombre de transformations tout au long du parcours qui le conduit du testicule aux vésicules séminales.**

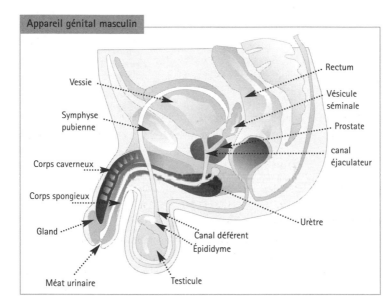

Appareil génital masculin

- Vessie
- Symphyse pubienne
- Corps caverneux
- Corps spongieux
- Gland
- Méat urinaire
- Rectum
- Vésicule séminale
- Prostate
- canal éjaculateur
- Urètre
- Canal déférent
- Épididyme
- Testicule

Chaque testicule renferme une multitude de tubes séminifères, tapissés de cellules germinales qui se transformeront grâce à différentes étapes en spermatozoïdes au bout de 74 jours. Dans les testicules, les spermatozoïdes ne sont pas mobiles, ils le deviennent en traversant les 5 m de canaux de l'épididyme, transportés par le plasma séminal produit par la prostate et les glandes séminales. Les spermatozoïdes passent ensuite à travers les 30 à 40 cm de canaux déférents pour être mis en attente dans les vésicules séminales, situées de part et d'autre de la prostate. Ce parcours s'effectue en une quinzaine de jours.

# Les gestes techniques de la fécondation in vitro

**Depuis plus de vingt ans, le protocole de la fécondation in vitro est toujours le même quelle que soit l'équipe médicale qui la pratique.**

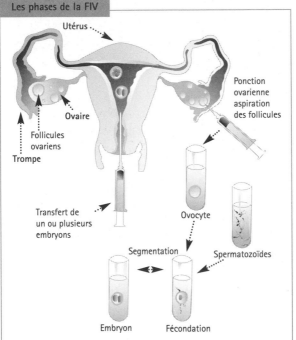

Les phases de la FIV

- Utérus
- Ponction ovarienne aspiration des follicules
- Ovaire
- Follicules ovariens
- Trompe
- Transfert de un ou plusieurs embryons
- Ovocyte
- Segmentation
- Spermatozoïdes
- Embryon
- Fécondation

Les ovaires de la femme sont stimulés afin de déclencher l'ovulation sous contrôle médical. Les ovocytes, il y en a toujours plusieurs, sont recueillis par voie endo-vaginale puis placés dans une éprouvette pour être mis au contact des sper-matozoïdes.

Les embryons ainsi obtenus sont mis en culture jusqu'à ce qu'ils comptent quel-ques cellules. Selon le souhait du couple et les pratiques de l'équipe médicale, deux à trois embryons sont transférés dans l'utérus maternel où ils se nichent très naturellement.

La maturité des follicules de l'ovaire est contrôlée par une échographie. Leur ponction est aussi réalisée sous échographie et avec le recours d'une légère anesthésie générale. C'est tout le contenu des follicules qui est aspiré de manière endovaginale par une aiguille placée dans une sonde. L'opération dure une dizaine de minutes environ.

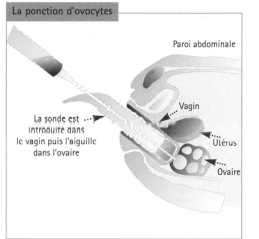

**La ponction d'ovocytes**

Paroi abdominale

Vagin

La sonde est introduite dans le vagin puis l'aiguille dans l'ovaire

Utérus

Ovaire

Le médecin introduit dans la cavité utérine un tube de plastique d'un diamètre extrêmement fin contenant les embryons. Ceux-ci sont poussés à l'intérieur. Le transfert ne dure pas plus de 10 minutes et est totalement indolore.

Le couple devra attendre une dizaine de jours pour savoir si la grossesse est engagée.

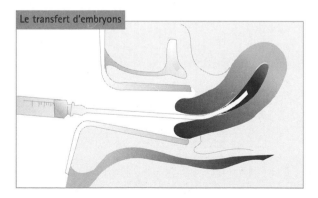

**Le transfert d'embryons**

# Annexes

# L'état civil

## La filiation

*Il existe aujourd'hui trois types de filiation : l'enfant légitime, l'enfant naturel et l'enfant adoptif.*

### Le statut légal de l'enfant

L'enfant légitime est celui qui naît d'un couple marié. L'enfant naturel simple est né dans une famille où les deux parents sont célibataires. L'enfant naturel adultérin a un de ses deux parents marié avec une autre personne que celle qui est son père ou sa mère.

### L'enfant légitime

*C'est celui qui est conçu par un couple marié ou qui a été conçu entre le 180ᵉ jour après le mariage et le 300ᵉ suivant la séparation du couple pour cause de divorce ou de décès.*

Légalement, et dans le cadre de ce qu'on appelle la présomption de paternité, l'enfant a pour père le mari de sa mère. C'est la déclaration de naissance qui prouve la filiation légitime.

Une femme mariée qui a un enfant d'un autre homme que son mari peut si elle le souhaite demander que cet enfant ne soit pas légitimé par celui-ci. Elle déclare l'enfant à son nom avant la naissance.

### L'enfant naturel

*C'est celui qui naît hors mariage et son père doit le reconnaître pour établir avec lui sa filiation. Ce geste doit être volontaire et peut être effectué sans l'accord de la mère.* La reconnaissance se fait auprès de l'officier d'état civil au moment de la déclaration de naissance ou avant même la naissance.

Celui-ci doit en informer la mère par courrier. Le père et la mère peuvent reconnaître l'enfant avant sa naissance s'ils sont tous deux célibataires, liés ou non par un acte de concubinage ou un Pacs. C'est une filiation naturelle simple. L'enfant porte le nom du premier des parents qui l'a reconnu. Il peut porter le nom de son père s'il l'a reconnu en second en s'adressant au juge des tutelles et avant sa majorité.

Si le père ou la mère sont mariés, chacun de son côté, il est indispensable que le mari légitime de la mère n'élève pas l'enfant car il pourrait faire valoir la «possession d'état» et ainsi légitimer l'enfant en son nom. Aujourd'hui, enfant naturel et enfant légitime ont les mêmes droits.

Si la reconnaissance en paternité n'est pas faite dès la naissance de l'enfant, le père doit engager une «action en reconnaissance auprès du tribunal de grande instance» dans les deux ans qui suivent la naissance ou la fin du concubinage notoire ou qui suivent la majorité de l'enfant. Enfin, la filiation peut être établie par un testament enregistré par un notaire.

### La filiation peut être contestée

Notamment, une femme peut contester la paternité de son ancien époux, mais uniquement si c'est pour légitimer l'enfant en se remariant avec son père biologique.
Cette démarche doit être entreprise dans les six mois qui suivent le remariage et avant les 7 ans de l'enfant.

### L'enfant adoptif

*Il voit sa filiation établie par le jugement de l'adoption plénière.*

Celle-ci est retranscrite sur les registres de l'état civil du lieu de naissance de l'enfant. En cas d'adoption simple, l'enfant garde son nom auquel s'ajoute celui de ses parents adoptifs.

## Le nom de l'enfant

*Depuis le 1er janvier 2005, les enfants nés d'un couple marié ou non peuvent porter le nom de leur père ou de leur mère, voire les deux, dans l'ordre choisi par eux.*

Seule restriction à cette nouvelle loi : les enfants des mêmes père et mère devront avoir les mêmes noms et toujours dans le même ordre. Si l'enfant n'est reconnu que par l'un de ces deux parents, il porte le nom de celui qui l'aura reconnu en premier. Il est possible de changer le nom d'un enfant à condition qu'il ait moins de 13 ans, qu'il soit de rang supérieur au petit dernier, et qu'il suffise d'ajouter au nom du père celui de la mère. Les démarches sont à faire auprès du greffier en chef du juge aux affaires familiales.

S'il existe un désaccord entre les parents sur les noms et leur ordre, c'est la loi antérieure qui s'applique, c'est donc le nom du père qui l'emporte.

## La déclaration de naissance

*Dans un délai maximal de trois jours après l'accouchement, la déclaration de naissance de l'enfant doit être faite à la mairie dont dépend la maternité (arrondissement, ville, village).*

Vous ou toute autre personne effectuant cette déclaration doit obligatoirement

### L'enfant peut-il changer de nom ?

• L'enfant qui porte uniquement le nom de sa mère peut, par la suite, prendre celui de son père si celui-ci le reconnaît. Mais les parents doivent en faire la demande conjointe auprès du greffier en chef du juge aux affaires familiales tant qu'il est mineur. À partir de 13 ans, le juge lui demandera son avis.

• Si l'enfant n'a pas de père reconnu et que sa mère se marie, l'époux de celle-ci peut lui donner son nom. Pour faire une « dation de nom », les époux doivent en faire la déclaration conjointe devant le greffier du tribunal de grande instance.

• Si l'enfant a plus de 13 ans, il devra donner son accord. Dans les deux ans qui suivent sa majorité, il pourra, s'il le souhaite, reprendre son nom d'origine en faisant la demande au juge des affaires familiales.

avoir avec elle le livret de famille remis au couple au moment du mariage (ou du moins une pièce d'identité), ainsi que le certificat de naissance délivré par le médecin ou la sage-femme ayant pratiqué l'accouchement.

La déclaration de naissance donne lieu à l'enregistrement d'un acte de naissance. Celle-ci, officiellement reconnue et inscrite sur le livret de famille, permettra l'établissement de documents tels que copie ou extrait de l'acte de naissance, fiche simple ou familiale d'état civil.

## La recherche en paternité

*La loi française veut que cette recherche ne puisse être faite qu'à la demande de la justice. Cet examen consiste à comparer les sangs du père et de l'enfant.*

Mais il ne peut pas être imposé, le père est libre d'accepter ou de refuser l'examen biologique. D'autre part, cet examen ne constitue pas l'unique preuve de la paternité devant les tribunaux, il faut par exemple fournir des témoignages, apporter les preuves qu'il existait une vie commune entre les parents présumés, 180 à 300 jours avant la naissance. L'action peut être tentée dans les deux ans qui suivent la séparation.

Il existe des tests de paternité à faire soi-même vendus sur Internet. Ce sont des kits permettant de prélever à l'intérieur de la bouche de l'enfant et de l'adulte un peu de salive contenant l'ADN de chacun. Les prélèvements sont ensuite envoyés en laboratoire pour analyse. Mais la loi française, à l'inverse de la loi anglaise, ne reconnaît aucune valeur juridique à ces procédés.

# Droits et devoirs envers l'enfant

## L'autorité parentale

*Elle représente l'ensemble des droits et des devoirs attribués au père et à la mère pour mieux protéger l'enfant mineur et assurer son éducation.*

Elle recouvre les droits et les devoirs de garde, de surveillance, d'éducation et, s'il y a lieu, de gestion des biens de l'enfant. Désormais, la loi consacre l'égalité des droits et des devoirs entre la mère et le père. Chacun des parents contribue à l'entretien et à l'éducation des enfants à proportion de ses ressources, de celles de l'autre parent ainsi que des besoins de l'enfant.

• **En cas de mariage**, l'autorité parentale est exercée conjointement entre mari et femme ; l'un et l'autre ont les mêmes droits et les mêmes devoirs à l'égard de l'enfant, et chacun d'entre eux est réputé agir avec l'accord de l'autre.

• **En cas de désaccord grave**, l'un des parents peut s'adresser directement au juge des tutelles du tribunal de grande instance dont dépend le domicile familial. C'est une solution ultime. En cas de désaccord persistant, le juge prend lui-même la décision qui lui semble la plus conforme à l'intérêt de l'enfant.

• **En cas de séparation ou de divorce**, la séparation des parents ne change rien à l'exercice de l'autorité parentale et chacun des parents doit maintenir des relations personnelles avec l'enfant. S'il y a désaccord sur cet exercice ou si le changement de résidence d'un des parents pose des difficultés, c'est le juge aux affaires familiales qui statue selon l'intérêt de l'enfant. L'autorité parentale peut alors être attribuée à l'un des parents. Le parent qui n'a pas l'exercice de l'autorité parentale conserve le droit de surveiller l'entretien et l'éducation de ses enfants. De même, il doit être tenu informé des choix importants relatifs à leur vie.

• **En cas de concubinage**, l'autorité parentale est exercée en commun par les deux parents dès lors qu'ils ont tous deux reconnu l'enfant dans la première année de sa naissance. La condition de communauté de vie est supprimée. En cas de séparation d'un couple non marié, les règles sont identiques à celles qui s'appliquent en cas de divorce.

• **En cas de décès du mari**, l'autorité parentale est attribuée en totalité à la mère. À défaut, il y a ouverture d'une tutelle que la mère peut choisir d'avance par testament ou par déclaration spéciale devant notaire.

En l'absence d'une telle déclaration, la tutelle est généralement transmise aux ascendants les plus proches, comme les grands-parents, ou à un tuteur désigné par le conseil de famille.

## L'adoption

*L'adoption en France est longue et compliquée : il faut en moyenne trois ans pour adopter.*

La loi de 2005 institue la création d'une Agence française de l'adaptation chargée de simplifier et d'harmoniser les procédures selon les départements.

### L'adoption plénière

*C'est la plus fréquente pour les enfants de moins de 15 ans.*

Si l'enfant a plus de 13 ans, le tribunal

demandera son consentement. Elle peut être faite à la demande d'un couple marié ou d'une personne célibataire âgée de plus de 30 ans. L'adoption plénière est irrévocable et donne à l'enfant adopté tous les droits d'un enfant légitime.

## L'adoption simple

*Elle est permise quel que soit l'âge de l'enfant.*

### Conditions pour adopter

Toute personne de plus de 28 ans peut demander l'agrément.
Les couples mariés peuvent adopter avant cet âge s'ils sont unis depuis plus de deux ans. La différence d'âge entre adoptant et adopté doit être d'au moins 15 ans.
Un célibataire peut donc adopter, mais le lien de filiation ne sera établi qu'à son égard. Seuls les couples peuvent adopter de manière plénière. L'adoption nécessite l'intervention de deux ordres, administratif et judiciaire. La phase administrative menée par l'Aide sociale à l'enfance, sous le contrôle du conseil général, examine l'agrément nécessaire pour les pupilles de l'État et les enfants étrangers. L'agrément constitue un «certificat de bonnes vie et mœurs» avant le jugement d'adoption prononcé par le tribunal de grande instance. En cas de refus d'agrément, les adoptants peuvent saisir le tribunal administratif qui jugera s'il y a eu ou non erreur d'appréciation des services sociaux. Il existe deux types d'adoption. Toute demande doit être présentée au tribunal de grande instance du domicile de l'adoptant qui a six mois pour statuer. Une enquête sociale confirme que la famille adoptante est capable d'accueillir un enfant.

L'enfant garde des liens de sang avec sa famille d'origine. Cette adoption lui donne des droits de succession et elle peut être révoquée. Elle est aujourd'hui fréquente dans les situations de familles recomposées.

## L'adoption d'un enfant étranger

*Actuellement, 4 000 ou 5 000 enfants adoptés en France viennent de l'étranger.*
Les deux tiers des familles font des démarches seules et sont parfois victimes de «trafics». Les représentations françaises doivent maintenant les accompagner dans leurs démarches. Ainsi, elles ont reçu une note signée du ministre délégué à la Famille et du ministre des Affaires étrangères les enjoignant d'offrir aux adoptants accueil et écoute. Les informations relatives au lieu de naissance et à l'environnement direct de l'enfant doivent être collectées afin de permettre aux familles et aux enfants de mieux connaître leurs origines. Enfin, il est recommandé aux familles de ne pas changer le prénom d'origine de l'enfant. Les délais d'acquisition de la nationalité seront raccourcis en cas d'adoption simple.

### La convention internationale de La Haye

Depuis février 1998, la loi française en matière d'adoption s'est alignée sur la Convention internationale de La Haye tout particulièrement en ce qui concerne l'adoption d'enfants venus de l'étranger. Cette convention cherche à garantir que toute adoption est faite dans l'intérêt supérieur de l'enfant et le respect de ses droits fondamentaux. Elle définit un cadre de coopération juridique entre les États d'où sont originaires les enfants et ceux des parents adoptants.

# PACS et concubinage

*Aujourd'hui, deux formes juridiques permettent de lier un couple qui ne souhaite pas se marier : le PACS et le certificat de concubinage. Parents pacsés ou concubins ont les mêmes droits et devoirs envers leurs enfants. L'un comme l'autre permettent notamment de bénéficier d'avantages identiques à ceux des couples mariés. Ainsi, PACS et certificat de concubinage sont utiles pour obtenir le statut d'ayant droit à l'égard de la Sécurité sociale et des caisses d'allocations familiales.*

## Le PACS (pacte civil de solidarité)

Dernier-né dans l'arsenal des lois qui régissent les liens d'un couple :

• Il est accessible à deux personnes, quel que soit leur sexe, mais il est interdit entre frères et sœurs et entre parents et enfants.

• L'acte se fait à la mairie par une simple déclaration ; il ne nécessite pas la présence d'un officier d'état civil. Il est interrompu par le décès ou par la volonté de l'un des partenaires.

• Les partenaires s'apportent aide mutelle et matérielle et contribuent selon leurs facultés respectives aux besoins de la vie courante. Les contractants sont solidaires de leurs dettes.

• Ils sont soumis au régime matrimonial de la communauté réduite aux acquêts.

• Ils établissent une déclaration d'impôts commune.

• En cas d'abandon du logement ou d'un décès, le contrat de location continue au profit du partenaire.

• Le PACS est interrompu par le décès ou par la volonté d'un des partenaires.

Une convention type aide à ne rien omettre dans la rédaction du contrat.

## Le certificat de concubinage

Pour l'obtenir, à la mairie ou au commissariat de police du domicile, il faut :

• deux témoins majeurs, français, non apparentés entre eux ni avec les concubins,

• une pièce d'identité,

• un justificatif de domicile connu,

• si l'un des concubins est étranger, il doit présenter son titre de séjour.

Pour la location d'un lieu de résidence, il est prudent, pour l'un comme pour l'autre des concubins, de faire établir le bail locatif aux deux noms. En cas de séparation, le concubin restant est assuré de garder son toit.

Chacun prend à sa charge pour moitié le loyer ainsi que sa part d'impôts et de charges locatives. Le congé de la résidence doit être donné par les deux concubins. Par contre, le propriétaire doit avertir les deux locataires séparément en cas de rupture du bail. Un bail aux deux noms est un atout supplémentaire pour obtenir un crédit d'équipement. Le concubinage prend fin par le départ de l'un des concubins.

## Le statut des enfants

*Un enfant né de parents non mariés a le statut d'enfant naturel.*

Le lien de filiation entre l'enfant et ses parents est établi par un acte personnel et volontaire de chacun : la reconnaissance. Cette reconnaissance peut résulter d'une déclaration devant un officier d'état civil ou d'un acte notarié avant la naissance, à la naissance, ou à tout moment de la vie de l'enfant.

L'enfant peut être reconnu par son père, ou par sa mère, ou par ses deux parents. La reconnaissance peut être simultanée ou successive. Lorsque le lien de filiation n'a pas été établi par la reconnaissance volontaire des parents, il peut être établi par la possession d'état.

La possession d'état est caractérisée par un ensemble de faits permettant d'établir une filiation. Elle peut être constatée à tout moment, et sa preuve apportée par tous les moyens. Le lien de filiation peut également être établi judiciairement par les actions en recherche de paternité ou de maternité.

## Le livret de famille

Toute mère célibataire peut demander un livret de famille à la mairie du lieu de naissance de son enfant (il est habituellement donné au moment du mariage). La date et le lieu de naissance de l'enfant seront inscrits dessus avec la mention « reconnu par », puis suivront les extraits de naissance de la mère et du père.

Si les concubins se marient, un nouveau livret leur sera remis et les enfants nés de leur couple seront automatiquement légitimés.

Si l'enfant n'a pas été reconnu par le père avant le mariage, celui-ci devra le faire séparément devant un officier d'état civil.

## L'autorité parentale

*La loi du 8 janvier 1993 a posé le principe de « l'autorité parentale conjointe ». La loi du 4 mars 2002 confirme ce principe, même en cas de séparation des parents.*

• L'autorité parentale est exercée conjointement (article 372 du Code civil) lorsque les deux parents :
— ont reconnu leur enfant avant qu'il ait atteint l'âge de 1 an,

### Quand les parents se séparent

En cas de rupture du PACS ou du concubinage si des enfants sont nés de cette union, les règles concernant l'autorité parentale continuent à s'appliquer. Lorsque le lien de filiation paternelle (par reconnaissance volontaire) n'a pas été établi, la mère peut, à la place de son enfant mineur, demander à ce que cette filiation soit établie judiciairement par une action en recherche de paternité.

Une fois le lien de filiation paternelle établi, la mère peut demander au père de participer à l'entretien de l'enfant (pension alimentaire).

De son côté, le père peut obtenir certains droits vis-à-vis de l'enfant, comme par exemple un droit de visite et d'hébergement.

L'enfant pourra lui-même exercer cette action dans les deux ans qui suivent sa majorité, si elle ne l'a pas été durant sa minorité.

De même, lorsque sa filiation n'a pas été établie vis-à-vis de sa mère, l'enfant peut, en principe, engager une action en recherche de maternité s'il existe des « présomptions ou indices graves » relatifs à sa filiation maternelle. Toutefois, lors de son accouchement, la mère peut demander que son identité soit gardée secrète.

— vivaient ensemble soit au moment de la reconnaissance simultanée, soit lors de la seconde reconnaissance (lorsque les parents ont effectué des reconnaissances successives).

• L'autorité parentale est exercée par un seul des parents :

— par le père ou par la mère lorsqu'il ou elle a reconnu seul(e) son enfant,

— par la mère lorsque les conditions d'exercice conjoint ne sont pas remplies.

Dans le cas où l'autorité parentale n'est pas exercée conjointement, alors que l'enfant a été reconnu par ses deux parents, ces derniers peuvent faire ensemble une déclaration d'autorité parentale conjointe devant le juge des tutelles.

• En cas de désaccord sur les conditions d'exercice de l'autorité parentale, chacun des parents peut saisir le juge aux affaires familiales. Celui-ci prend les mesures les plus conformes à l'intérêt de l'enfant. Il peut soit confier l'autorité parentale conjointement aux deux parents, soit seulement à l'un d'eux.

Quelle que soit la situation antérieure, si l'un des parents décède, l'autorité parentale est attribuée en entier au parent survivant, à condition que sa filiation avec l'enfant ait été établie.

# Les congés liés à la naissance

## Le congé de paternité

*Vous avez été 59 % en 2002 à profiter de ce congé (pp. 220-221), comptabilisant 14 jours : les salariés le prennent en totalité, les artisans sont ceux qui l'écourtent le plus. Ce congé est pris en majorité dans les deux premiers mois après la naissance.*

Le salarié n'est plus rémunéré mais il touche une indemnité.

## Le congé de maternité

*Divisé en deux périodes, sa durée varie selon le rang de l'enfant à venir et le nombre d'enfants à charge.*

• **En cas de grossesse à risque ou pathologique**, et sur prescription médicale, le repos prénatal peut être prolongé de deux semaines. Ces deux semaines supplémentaires peuvent être prises à tout moment de la grossesse.

— Si l'accouchement a eu lieu plus tôt que prévu, le repos postnatal est prolongé d'autant. Si l'accouchement se produit alors qu'aucun congé de maternité n'a été pris, le repos postnatal est de seize semaines après l'accouchement.

— Si l'accouchement a lieu plus tard que prévu, la durée du congé postnatal sera maintenue.

• **En cas de grossesse multiple**, il est possible d'ajouter quatre semaines au congé prénatal, mais la période postnatale en est réduite d'autant, à moins que la jeune maman ne demande une prolongation de ce congé pour raison médicale. Si la future maman a déjà un ou deux enfants à charge, le congé prénatal peut être augmenté de deux semaines sans justification médicale.

• **En cas de difficulté :**

— Si, en raison d'une difficulté à l'accouchement ou d'une naissance prématurée, le bébé est encore hospitalisé six semaines après l'accouchement, il est possible de reprendre le travail et de garder les deux semaines restantes du congé postnatal pour accueillir l'enfant lors du retour à la maison. Cette disposition est soumise à l'accord du centre de Sécurité sociale. À partir de la naissance d'un troisième enfant, le congé postnatal est de 18 semaines.

| Nombre d'enfants à charge | Naissances(s) nouvelle(s) | Congé prénatal | Congé postnatal |
|---|---|---|---|
| 0 | • naissance simple<br>• jumeaux<br>• triplés et + | 6 semaines<br>12 semaines<br>24 semaines | 10 semaines<br>22 semaines<br>22 semaines |
| 1 | • naissance simple<br>• jumeaux<br>• triplés et + | 6 semaines<br>12 semaines<br>24 semaines | 10 semaines<br>22 semaines<br>22 semaines |
| 2 | • naissance simple<br>• jumeaux<br>• triplés et + | 8 semaines<br>12 semaines<br>24 semaines | 18 semaines<br>22 semaines<br>22 semaines |

## Le congé pour adoption

Les parents adoptifs ont droit à 10 semaines de congé à partir de la date où l'enfant est arrivé dans la famille.
Si cet enfant est le troisième de la famille, ce congé est porté à 18 semaines et, si l'adoption est multiple, à 22 semaines.
Il peut être pris par la mère ou le père, est fractionnable en deux à condition qu'il ne soit pas de moins de 4 semaines.
Si c'est la mère qui en profite, le père a droit aux 15 jours accordés à tout nouveau papa. Les indemnités journalières sont calculées sur la même base que celles accordées pour une maternité. Toutes les clauses du droit du travail liées à la maternité s'appliquent également en cas d'adoption d'un enfant.

— Si le bébé est toujours hospitalisé six semaines après sa naissance, la mère peut reprendre son emploi et garder le solde de ses congés de maternité pour le moment où l'enfant rentrera chez lui.

Pendant ses congés de maternité, la future maman, puis la mère, touche des indemnités journalières.

## Le congé parental d'éducation

*Pour en bénéficier, il faut justifier de 1 an d'ancienneté dans l'entreprise à la date de naissance de l'enfant. Il peut s'appliquer à la mère comme au père.*
Ce congé initial est de un an, mais il peut être prolongé deux fois, jusqu'aux 3 ans de l'enfant, que le parent travaille à plein temps ou à mi-temps. Ce congé est sans solde et peut s'appliquer à l'un ou l'autre des parents, ensemble ou l'un après l'autre. À son retour, celui qui a bénéficié d'un congé parental retrouvera son poste ou un poste similaire. Selon la date à laquelle la décision est prise, les formalités à accomplir sont différentes :

• si le congé parental prolonge immédiatement le congé de maternité, il faut avertir l'employeur par lettre recommandée avec accusé de réception, au moins un mois avant la fin du congé de maternité ;

• si le congé parental ne suit pas immédiatement le congé de maternité, il faut informer l'employeur (selon le même principe) au moins deux mois avant la date du début du congé souhaité. Il doit bien sûr être pris dans les trois ans qui suivent la naissance de l'enfant ;

• si le congé parental d'éducation se transforme en travail à mi-temps ou inversement, la demande doit être faite au moins un mois avant la date prévue.

Dans une entreprise de plus de cent salariés, le congé parental d'éducation ne peut être refusé. À l'inverse, dans une entreprise de moins de cent salariés, l'employeur peut le refuser s'il estime que l'absence du salarié qui en fait la demande est préjudiciable à l'entreprise. Ce refus doit alors être notifié par lettre explicative, remise en main propre contre décharge, ou par courrier recommandé avec accusé de réception. Cette disposition s'applique aussi en cas d'adoption.
Dans la fonction publique, le congé parental peut être obtenu d'emblée pour 3 ans. Les parents adoptifs peuvent en bénéficier à condition qu'il soit pris dans

les 3 ans qui suivent l'arrivée de l'enfant dans la famille ou dans les six ans si l'adoption porte sur plusieurs enfants.

## Le congé pour enfant malade

*Sur justification d'un certificat médical, le père ou la mère d'un enfant malade peut prendre un congé non rémunéré, dans la mesure où il ne dépasse pas 5 jours, si l'enfant a moins de 1 an ou si le salarié assume la charge de trois enfants, ou plus, de moins de 16 ans.*

Certaines entreprises ont institué des conventions collectives plus confortables ouvrant droit à davantage de jours d'absence ou à une rémunération de ces congés.

### Allocation de présence parentale (en cas de longue maladie) (APP)

Cette aide est destinée à permettre à l'un des parents d'interrompre momentanément son activité professionnelle pour soigner un enfant gravement malade ou accidenté s'il a entre 0 et 20 ans. Elle est attribuée sans condition de ressource et quel que soit le type d'activité exercée. Elle est versée pour quatre mois, renouvelable deux fois.

Pendant toute la durée du versement, le contrat de travail et la protection sociale sont maintenus. L'allocation est versée aussitôt après l'arrêt de travail. Son montant est variable selon le degré d'activité conservée.

# Le suivi de la maternité

## La déclaration de grossesse

*Pour bénéficier de tous les avantages et de tous les droits que donne une grossesse, il est indispensable de la déclarer dans les 14 premières semaines (soit avant la fin du troisième mois).*

Cette reconnaissance officielle est faite par le médecin. Ce praticien peut être un médecin généraliste, un gynécologue, ou un médecin de PMI (protection maternelle et infantile). À l'issue de cette visite, il remet aux futurs parents un formulaire signé, composé de quatre feuillets.

## Les visites obligatoires

*Ces visites sont au nombre de sept.*

La première visite a lieu obligatoirement avant la fin du troisième mois. Seul un médecin est habilité à la faire.

Les autres visites obligatoires ont lieu à peu près une fois par mois, dès le début du quatrième mois jusqu'à l'accouchement.

## Qu'est-ce que l'assurance maternité ?

*Grâce à cette «assurance», la future maman devient un assuré social particulier.* Elle donne droit :

• aux **indemnités journalières** pendant les congés de maternité ;
• au **remboursement** :
— des différents frais de santé occasionnés par la grossesse et par l'accouchement ;
— des actes médicaux correspondant aux visites obligatoires, ainsi que des radio-

graphies et examens (remboursés à 100 % selon le tarif de la Sécurité sociale et gratuits dans les dispensaires et les PMI) ;
— des autres frais médicaux engagés à partir du sixième mois de grossesse jusqu'à la date de l'accouchement ;
— des frais médicaux occasionnés par une fausse couche ;
— des séances de préparation à l'accouchement ;
— des frais de transport en ambulance ou toute forme d'assistance médicale, du domicile à la maternité ou à l'hôpital, si l'état de santé l'exige ;
— des frais d'hospitalisation et d'accouchement selon le type d'établissement (conventionné, agréé, etc.) ;
— de l'examen postnatal ;
— de l'examen facultatif du père.

### Le remboursement des soins de l'enfant

Durant sa première année, l'enfant bénéficie de l'assurance maternité qui rembourse tous les frais correspondant aux examens médicaux obligatoires et à une éventuelle hospitalisation.
Après, toutes les visites médicales, les soins et les médicaments prescrits sont remboursés au titre de l'assurance maladie.

# Les prestations

*Depuis le 1ᵉʳ janvier 2004, les prestations dues à la naissance ont totalement changé. La réforme institue une allocation de base jusqu'à ce que l'enfant ait 3 ans, un complément de libre choix d'activité lorsque l'un des parents choisit de cesser momentanément une activité professionnelle pour élever son enfant, un complément de libre choix du mode de garde lorsque la mère décide, après son congé de maternité, de reprendre une activité professionnelle nécessitant l'emploi d'une assistante maternelle ou d'un(e) employé(e) à domicile.*

## La prestation d'accueil du jeune enfant ( PAJE)

*L'allocation de base est versée aux parents de la naissance de l'enfant à ses 3 ans. Elle est soumise à un plafond de revenus et au respect des examens médicaux obligatoires de l'enfant.*

### À savoir

Pour bénéficier de toute prestation versée par la Caisse d'allocations familiales, il faut résider en France et remplir, selon les allocations, certaines conditions de ressources. Ces allocations sont, en grande majorité, versées tous les mois. En cas de naissance multiple, jumeaux, triplés ou plus, la plupart des allocations et des aides étant généralement attribuées par enfant, leur montant est multiplié par le nombre d'enfants.
Un service **3615 CAF** ou le site **www.caf.fr** vous permettent d'obtenir des informations générales et spécifiques.

Pour l'obtenir vous devez fournir une déclaration de ressource. Le plafond de ressource est modulé en fonction du nombre d'enfants à charge et il est plus élevé lorsque les deux parents travaillent. Son montant est plus de 168 € par mois. En cas de naissances multiples, l'allocation de base sera versée pour chacun des enfants.

## Le complément de libre choix d'activité

*Il est attribué lorsque l'un des parents décide de ne plus exercer d'activité professionnelle ou de travailler à temps partiel pour s'occuper d'un enfant de moins de 3 ans.*
Le parent qui arrête de travailler devra avoir exercé une activité professionnelle :
— de 2 ans dans les deux ans qui précèdent la naissance d'un premier enfant,
— de 4 ans s'il s'agit d'un deuxième enfant,
— de 5 ans pour les enfants de rang trois ou plus.
Les deux parents peuvent bénéficier chacun de ce complément à taux partiel dans la limite du montant du taux plein qui est d'environ 350 € par mois.
À taux partiel, le montant des allocations est calculé sur deux taux, selon que la réduction d'activité correspond à un mi-temps ou à une activité professionnelle représentant 50 à 80 % d'un travail à plein temps.
Pour les familles de deux enfants et plus, le cumul, pendant deux mois, de la PAJE à taux plein et d'un revenu professionnel est possible, lorsqu'il y a reprise de l'activité professionnelle.
En cas de naissances multiples : triplés et plus, le versement est prolongé jusqu'à l'âge de 6 ans.

## Majoration

Le complément de libre choix d'activité peut être majoré pour les personnes n'ayant pas droit à l'allocation de base en raison de conditions de ressources trop élevées. Ces parents perçoivent l'équivalent du cumul de l'allocation de base et du complément de libre choix d'activité.

## Le complément de libre choix du mode de garde

*Il s'adresse aux parents qui ont un enfant ou plus confié à la garde d'une assistante maternelle ou dont la garde a lieu à domicile.* Ce complément est multiplié par le nombre d'enfants gardés par une assistante maternelle agréée mais versé par famille en cas de garde à domicile.

Son versement est lié à l'exercice d'une activité professionnelle procurant un minimum de revenus :
• pour les salariés, vivant en couple, le revenu minimal est fixé à environ 730 € ;
• pour les personnes élevant seules leur enfant, il est fixé à environ 360 € ;
• pour les non-salariés, c'est l'affiliation à l'Assurance vieillesse et l'acquittement du dernier terme de cotisations exigibles qui sont pris en compte.

Cette aide prend en charge :
• tout ou partie des cotisations sociales en fonction des revenus :
– soit la totalité des cotisations liées à l'emploi d'une assistante maternelle si sa rémunération ne dépasse pas 5 fois le SMIC par heure et par enfant gardé,
– soit 50 % des cotisations pour une

## Cas particuliers

▶ **Vous bénéficiez d'un complément de libre choix d'activité à taux partiel :**
• l'un des parents exerce une activité égale ou supérieure à 50 %, le complément de libre choix de garde prend en charge la totalité des cotisations sociales pour la garde par une assistante maternelle et 50 % de celles-ci en cas de garde à domicile.
Vous percevez également une aide compensatrice du coût de la garde divisé par deux ;
• l'un des parents exerce 50 à 80 % de son activité, le complément de garde à taux plein est attribué.
▶ **Votre mode de garde est original :**
• Votre enfant est gardé au cours du même mois par une assistante maternelle et par une personne à domicile : les cotisations sociales sont prises en charge au titre de chaque emploi dans les conditions de droit commun. Pour le calcul de la prise en charge partielle

de la rémunération, les rémunérations des deux emplois sont totalisées.
• Vous avez plusieurs enfants et des modes de garde différents pour chacun : les cotisations sociales sont prises en charge au titre de chaque emploi dans les conditions de droit commun. Une prise en charge partielle de la rémunération est versée pour chaque enfant gardé par une assistante maternelle, calculée en fonction des salaires et indemnités versées pour la garde des enfants concernés. Le même dispositif est applicable pour la garde à domicile.
▶ **En cas d'adoption** L'adoption d'un enfant ouvre droit à l'allocation de base. Elle est versée pendant la même durée que pour les enfants naturels (soit 36 mensualités) assurant ainsi à l'enfant adopté les mêmes droits qu'à l'enfant naturel. Les compléments de libre choix d'activité et de libre choix du mode de garde s'appliquent de manière identique que lorsqu'il y a une naissance.

garde à domicile, mais dans la limite d'un plafond mensuel d'environ 395 € ;

• 85 % du salaire net de la personne qui assure la garde des enfants, dans la limite d'un plafond variable selon les revenus des parents. Trois plafonds sont retenus pour un versement mensuel :

— d'environ 350 € si les ressources de la famille sont au plus égales à 45 % du plafond de ressources de l'allocation de base, augmentée de la majoration pour double activité,

— d'environ 250 € si les ressources sont supérieures à 45 % de ce plafond ainsi défini et inférieures au montant de ce plafond,

— d'environ 150 € si les ressources sont supérieures à ce dernier plafond.

## Les autres prestations

### Les allocations familiales (AF)

*Le montant de ces allocations varie avec le nombre d'enfants, à la condition d'avoir deux enfants à charge n'ayant pas dépassé l'âge de 18 ans (20 ans pour les étudiants).*

---

**Montant du versement mensuel :**

– pour deux enfants : plus de 115 €,
– pour trois enfants : plus de 260 €,
– pour quatre enfants : un peu plus de 415 €,
– par enfant en plus : plus de 150 €,
À ces montants s'ajoutent plus de 32 € pour un enfant âgé de 11 à 16 ans et plus de 58 € pour chaque enfant de plus de 16 ans. Ces majorations ne s'appliquent qu'au deuxième enfant lorsque la famille compte deux enfants, et à tous les enfants lorsqu'elle a au moins trois enfants à charge.

---

*Pour le versement de ces allocations, les ressources ne sont pas prises en compte.*

Les couples peuvent choisir celui qui percevra les prestations ; faute de choix, l'organisme débiteur les verse à la mère. En cas de séparation, ces prestations sont en général versées à la personne qui assure la charge des enfants.

### Le complément familial (CF)

*Sous certaines conditions, le complément familial est versé aux personnes mariées, célibataires ou divorcées qui assument la charge d'au moins trois enfants âgés de plus de 3 ans et de moins de 21 ans pour les étudiants, et dont les revenus sont modestes. Ce complément est suspendu dès qu'il n'y a plus que deux enfants à charge.*

Montant : plus de 150 € par mois, quel que soit le nombre d'enfants à charge, ce montant pouvant être moindre si les ressources dépassent de peu le plafond.

### L'allocation de présence parentale

*Elle permet de compenser une partie de la perte de revenus liés à l'arrêt de travail du parent qui, en raison de la maladie de son enfant, cesse, en totalité ou en partie, de travailler.*

### L'allocation de logement social (ALS)

*Elle n'est pas versée à toutes les familles et ne peut pas être cumulée avec d'autres allocations logement.*

---

**Montant**

Il varie selon qu'il y a un ou deux parents concernés et en fonction du taux de cessation d'activité. Les deux parents peuvent réduire leur activité, dans ce cas, ils cumulent deux aides à taux réduit.

Sous ces conditions, une famille peut recevoir chaque mois une allocation logement, dont le montant varie avec sa situation, le loyer sans les charges, ses ressources, et la zone géographique dans laquelle elle habite. L'allocation peut aussi être versée directement au propriétaire ou à l'organisme prêteur. Son montant peut aller jusqu'à 75 % du loyer ou des mensualités de remboursement. Elle s'ajoute aux prestations familiales.

## L'aide personnalisée au logement (APL)

*Cette aide est accessible à tous sans condition de situation de famille, avec ou sans activité professionnelle et quelle que soit la nationalité.*

Les locataires comme les propriétaires peuvent en bénéficier, à condition que le logement soit leur résidence principale et à usage exclusif d'habitation.

### Conditions

Pour avoir droit à cette allocation, il faut :

– habiter un logement disposant d'un certain confort ainsi que d'une superficie minimale de 16 m$^2$ pour deux personnes et de 9 m$^2$ par personne supplémentaire. Si le logement appartient à un immeuble collectif et ne remplit pas les conditions demandées de salubrité au moment de la demande, l'allocation peut être accordée pour une durée d'un an à titre exceptionnel. S'il s'agit d'une maison, si les conditions de superficie ne sont pas remplies au moment de la demande, l'aide peut être accordée, toujours à titre exceptionnel, pour deux ans ;

– payer un loyer ou des mensualités de remboursement de prêt, et y consacrer un pourcentage minimal de ses ressources.
Si vous êtes locataire, vous ne devez avoir aucun lien direct de parenté avec le propriétaire ;

– ne pas dépasser un certain montant de ressources (revenus des personnes qui y vivent) : 812 fois le montant du Smic horaire brut.

### Conditions

Pour avoir droit à cette allocation, il faut :
– pour les accédants à la propriété : avoir souscrit un prêt d'accession sociale (PAS) ou un prêt conventionné (PC). Cette condition n'est pas exigée s'il s'agit
d'un logement HLM ou appartenant à une société d'économie mixte,
– pour les locataires : avoir signé avec leur propriétaire un bail conforme à une convention établie avec celui-ci et l'État.

Son montant est variable selon :
– les ressources des personnes vivant dans le logement ;
– le nombre de personnes à charge, notamment le nombre d'enfants ;
– les charges occasionnées par le logement ;
– la région habitée ;
– pour les accédants à la propriété, la nature de leur achat, le mode de financement et la date de la signature de leur prêt.

L'APL est versée tous les mois, généralement au bailleur ou à l'organisme prêteur et vient en déduction des charges de l'occupant.

## L'allocation logement
## à caractère familial (ALF)

*Cette aide s'adresse à ceux qui ne peuvent pas prétendre à l'APL.*

### Conditions

Pour avoir droit à cette allocation, il faut :
– attendre un enfant ou avoir au moins un enfant, ou encore être mariés depuis moins de cinq ans, le mariage ayant eu lieu avant les 40 ans de chacun des conjoints,
– être locataire ou en accession à la propriété d'un appartement répondant à des normes d'équipement et de surface,
– percevoir une prestation familiale : PAJE, allocations familiales, complément familial, AES.

Son montant est variable :
– il est calculé sur les mêmes critères que l'APL,
– il est le plus souvent versé directement aux locataires ou aux propriétaires, mais il peut, avec votre accord, être versé au bailleur ou à l'organisme de crédit.

## L'allocation parentale
## d'éducation (APE)

*Sans conditions de ressources, elle est versée lors de la naissance du troisième enfant lorsque le père ou la mère n'exerce plus momentanément ou définitivement une activité professionnelle.*

Si l'un ou l'autre reprend une activité à temps plein ou partiel, elle sera conservée pendant deux mois encore si l'enfant a entre 18 et 30 mois.
Pour les naissances multiples d'au moins trois enfants, l'APE est prolongée jusqu'à ce que les enfants aient 6 ans.

### Conditions

Pour avoir droit à cette aide, il faut :
– avoir travaillé au moins deux années pendant les dix ans qui précèdent la dernière naissance ou celle du troisième enfant,
– résider en France,
– remplir la demande de prestations qui sera systématiquement adressée par la Caisse d'allocations familiales.
Cette allocation est versée à partir du 3e mois jusqu'aux 3 ans du troisième ou du dernier enfant.
Attention, elle n'est cumulable ni avec l'APJE ni avec les indemnités journalières de maladie ou de chômage.

Son montant est d'environ :
– 502 € pour un arrêt de travail à 100 %,
– 332 € pour une activité inférieure ou égale à un mi-temps,
– 2511 € pour une activité représentant 50 à 80 % de la durée de travail.
Chacun des parents peut bénéficier d'une APE à taux partiel si l'un comme l'autre réduit son temps de travail.

En cas de reprise partielle du travail, l'APE est encore versée si les enfants ont plus de 18 mois et moins de 60 mois.
En cas de nouvelle naissance, les droits à l'APE sont réouverts.

## L'allocation
## d'éducation spéciale (AES)

*C'est une aide supplémentaire pour élever un enfant handicapé de moins de 20 ans dont le handicap est :*
– d'au moins 80 %,
– estimé entre 50 % et 80 %, si l'enfant est admis dans un établissement, pris en

charge par un service d'éducation spéciale ou bénéficie de soins à domicile. Les enfants handicapés en internat, dont les frais de séjour sont pris intégralement en charge par l'assurance maladie, l'État ou l'aide sociale n'y ont pas droit.

Toute demande doit être adressée à la Commission départementale de l'éducation spécialisée (CDES), accompagnée des certificats médicaux et, le cas échéant, de la photocopie de la carte d'invalidité.

Si cette allocation est accordée, le versement s'effectue chaque mois à compter du 1er jour du mois qui suit la demande. Un complément peut s'ajouter à l'allocation ; il varie selon l'importance du handicap.

Il existe un montant de base et six compléments correspondant à six degrés d'importance du handicap.

## Les aides locales

*Un certain nombre de municipalités accordent des aides particulières à leurs habitants.*

Ainsi, à Paris, il existe une aide aux familles pour l'amélioration de l'habitat. Cette aide s'adresse spécifiquement aux Parisiens, qu'ils soient locataires ou propriétaires. Elle permet d'aider au financement de travaux d'amélioration de l'habitat.

La demande d'aide doit être déposée à la section du CASVP de l'arrondissement où se situe le logement :
– pour les parties privatives, avant le début des travaux.
– pour les parties communes, avant la fin des travaux.

### Conditions

Pour avoir droit à cette aide, il faut :
– être parisien, locataire ou propriétaire,
– habiter le même logement depuis au moins trois ans et y demeurer encore trois ans après les travaux,
– être imposé sur le revenu de moins de 1000 €,
– entreprendre des travaux bien spécifiques dont la liste a été établie par le Centre d'action sociale de la ville de Paris, CASVP,
– avoir au moins un enfant à charge pour les travaux dans les parties privatives.

Son montant varie selon la nature des travaux et bien sûr selon les sommes engagées pour les réaliser. Cette aide est soumise à des plafonds.

# L'embryon et la loi

## Les lois de bioéthique

*Les découvertes en matière de génétique, les procréations médicalement assistées, soulèvent bien sûr de nouvelles questions tant sur le plan juridique qu'éthique.*

Pour les juristes, le statut de l'embryon humain n'est pas défini et à aucun moment la loi ne dit clairement quand commence la vie. Le fœtus n'est pas une personne et l'enfant n'existe en réalité qu'après la naissance.

Depuis le 30 mai 2001, la loi autorise l'avortement volontaire à 12 semaines de grossesse (14 semaines d'aménorrhée). L'avortement thérapeutique, pour des raisons médicales, est lui possible jusqu'à la fin de la grossesse. Il est décidé après le diagnostic de deux médecins qui attestent que la vie de la mère est en danger ou que les examens médicaux laissent fortement suspecter un enfant porteur de malformations gravement handicapantes. Ces règles permettent aussi de pouvoir pratiquer ce que médicalement on appelle la réduction embryonnaire.

Depuis peu, un médicament, le RU 486®, dite pilule du lendemain, permet d'interrompre une grossesse avant la 5e semaine, mais il est préférable qu'elle soit utilisée dans les quelques jours qui suivent la fécondation.

**En France**, trois lois s'appliquent aux problèmes de la reproduction :

• **La loi du 29 juillet 1994** donne quelques grandes règles de bioéthique. Elle s'intéresse au don et à l'utilisation des éléments et produits du corps humain, à l'assistance médicale, à la procréation, au diagnostic prénatal.

• **En mars 1998**, cette loi a été complétée pour permettre le diagnostic pré-implantatoire. Elle autorise le diagnostic prénatal par un laboratoire autorisé dans le cas des grossesses « naturelles » mais ne l'autorise qu'à titre exceptionnel sur les cellules prélevées sur l'embryon in vitro et dans des conditions très précises (p. 92).

• **En décembre 2003**, la loi autorise les parents qui ont un enfant atteint d'une maladie incurable, le condamnant à très brève échéance, à avoir recours, en cas de seconde grossesse, à une fécondation in vitro suivie d'un diagnostic pré-implantatoire aux fins de sélectionner un embryon indemne de la maladie.

Une seconde étape est désormais possible, celle qui consiste à soigner un aîné malade grâce à un prélèvement de cellules souches sur le cordon du cadet qui vient de naître à la suite d'une sélection embryonnaire pour compatibilité. Ces deux dispositions ont été prises à titre expérimental.

### Un organisme de contrôle et de conseils

L'agence de bio médecine a été créée en mai 2005. Elle évalue les projets de recherche, émet des avis et délivre les autorisations nécessaires.
Son rôle est également d'apporter une certaine cohérence dans les pratiques et les interdits actuels, comme l'élargissement des conditions d'accès aux fécondations artificielles. Cette agence aura aussi un rôle de conseil auprès des autorités sanitaires et politiques.

En août 2004 une loi bioéthique valable pour 5 ans a été adoptée. Elle interdit le clonage reproductif ou thérapeutique. Elle ouvre la possibilité de faire des recherches à titre dérogatoire sur les embryons congelés en surnombre, qui ne font pas l'objet d'un projet parental et sur les cellules souches.

Elle accepte l'élargissement du diagnostic préimplantatoire dans le cadre d'une aide médicale à la procréation, afin de choisir un embryon indemne de la maladie du groupe tissulaire HLA compatible et pour tenter de sauver un aîné atteint d'une maladie génétique incurable.

Elle n'autorise ni l'aide médicale à la procréation pour les couples non mariés qui ne justifieraient pas de 2 ans de vie commune, ni l'implantation d'un embryon congelé chez une femme dont le compagnon est décédé.

## Les PMA et la loi

*Dans notre pays, les centres habilités à pratiquer les procréations médicalement assistées doivent être reconnus par une commission d'experts, la Commission nationale de médecine et de biologie de la reproduction et du diagnostic prénatal.*

Leur avis permet la délivrance d'une autorisation valable 5 ans par le ministre de la Santé. Chaque établissement et laboratoire doivent présenter tous les ans un rapport annuel d'activité permettant son évaluation. Tous les dons de gamètes et d'embryons doivent être consignés dans un registre.

Le médecin qui excerce dans ce type d'établissement doit être nommément agréé et c'est sous sa responsabilité que sont pratiqués les actes cliniques et biologiques. Comme pour les établissements, son agrément est de 5 ans, délivré par la Commission nationale de

### En Europe

Les lois sur la bioéthique sont très disparates en Europe. La loi française interdit aujourd'hui toute recherche et expérimentation sur l'embryon humain conçu in vitro notamment à des fins eugéniques. Si la France a fait le choix d'une législation très restrictive, ce n'est pas le cas en Angleterre et en Espagne où, notamment, des recherches sur l'embryon humain sont autorisées jusqu'au quatorzième jour du développement sous certaines conditions et sous le contrôle d'un comité d'éthique. La Belgique ne s'est toujours pas dotée d'une législation alors que l'Allemagne interdit toute forme de recherche sur l'embryon humain.

### Champ d'action des PMA

La loi sur les PMA fixe le champ d'action des PMA qui ont pour but de pallier une stérilité médicalement reconnue ou d'éviter la transmission à l'enfant d'une maladie particulièrement grave et incurable. Elles s'appliquent à des couples, hommes et femmes en âge de procréer, vivants et consentants. Les dons de sperme, d'ovules ou d'embryons sont autorisés et assimilés aux dons d'organes : ils doivent être gratuits et faire l'objet d'un «consentement éclairé».

Les embryons congelés non réimplantés sont conservés à la demande des couples pour une durée de 5 ans sauf s'ils changent d'avis.

médecine et de biologie de la reproduction et du diagnostic prénatal.

Selon la nature des actes pratiqués, le praticien devra être en possession d'une formation ou d'une expérience dans ce domaine.

Le médecin a l'obligation d'avoir plusieurs entretiens avec le couple venu en consultation, afin de lui exposer les raisons du choix de la méthode qu'il leur propose, ses avantages et ses inconvénients, et les résultats escomptés exprimés en taux de naissances attendues par cycle traité ou en taux cumulatif sur une période fixée selon la technique employée. Il doit enfin leur remettre un dossier guide et une information sur l'adoption.

Tout manquement à la loi et aux règles est susceptible d'entraîner une sanction administrative. Tout exercice illégal de la médecine de la reproduction est passible d'emprisonnement et d'une forte amende.

## Des patients soumis à des règles

*Pour avoir accès à une PMA, un couple doit être marié ou vivre en concubinage depuis 2 ans.*

Pour ces derniers, la preuve peut être apportée sous forme d'un certificat mais aussi de témoignages verbaux ou écrits. De plus, le couple doit être en âge de procréer, apporter la preuve médicale de sa stérilité

### Religions et embryon

Les religions chrétienne, judaïque, musulmane et bouddhique se sont exprimées sur le statut que chacune d'entre elles veut donner à l'embryon. Leurs positions ont une incidence sur les pratiques médicales comme l'interruption médicale ou volontaire de grossesse et sur les techniques de procréation médicalement assistées.

• **L'église catholique** - L'embryon possède une âme, toute atteinte à son intégrité, qu'il soit vivant ou non, est donc un crime. Pourtant l'église catholique ne va pas jusqu'à donner à l'embryon le statut de personne, elle affirme simplement qu'il est, dès sa conception, sous le regard de Dieu, et exige qu'il soit considéré « comme » une personne humaine.

• **Les églises réformées** - Leur position repose sur un principe : le couple humain, la procréation humaine, l'enfance humaine ne se mesurent pas

seulement en termes de processus biologiques. Ce principe leur permet d'établir que les techniques de procréation médicalement assistée sont de simples « parenthèses techniques » dans l'apparition de la vie.

• **L'islam et le judaïsme** - Cette position du respect du cas par cas est encore plus affirmée dans les deux grandes autres religions que sont l'islam et le judaïsme. L'islam comme le judaïsme supposent une animation différée de l'embryon. Pour ces deux religions, si la vie a un caractère sacré, elle comporte un état de latence – de 40 jours selon le Talmud, de 40 ou 120 jours dans les textes islamiques – où la science peut trouver sa place.

• **La religion bouddhiste** - Cette religion étant celle de la liberté et de la tolérance, elle ne pose pas d'interdit. Elle laisse ses disciples libres de décider d'avoir recours ou non aux progrès scientifiques.

ou de sa qualité de porteur d'une maladie héréditaire grave pour l'enfant à naître et enfin apparaître comme très motivé. Le couple s'engagera par écrit en signant un formulaire de «consentement à l'assistance médicale à la procréation».

## Le don de gamètes et d'embryons soumis aussi à des règles

*Tout d'abord, le don doit être gratuit et anonyme. À cela, il faut ajouter que le donneur ou la donneuse et son conjoint doivent donner leur accord par écrit, avoir un ou plusieurs enfants et se montrer très motivés.*

Le don de gamètes d'une même personne ne peut être à l'origine de plus de 5 enfants afin de limiter les risques de consanguinité. L'insémination artificielle ne peut être faite avec un sperme frais ou un mélange de spermes. Les gamètes destinés au don doivent subir des examens biologiques permettant de s'assurer qu'elles sont exemptes des virus 1 et 2 de l'immunodéficience humaine, des virus HTLV 1 et 2, des marqueurs biologiques des hépatites B et C, du CMV (cytomégalovirus) et enfin de la syphilis. Les embryons destinés à être «adoptés» doivent être soumis à des tests de dépistage de maladies infectieuses.

La receveuse de gamètes ou d'embryons doit consentir au don par écrit devant un juge ou un notaire. Celui-ci a pour mission d'expliquer les conséquences juridiques de ce geste sur la filiation. Un acte authentique est alors établi. Ce consentement peut être remis en cause à tout moment par l'un des membres du couple.

### De quoi serez-vous remboursés ?

Les traitements de la stérilité sont pris en charge à 100 % par l'Assurance maladie dans la limite de quatre tentatives et à condition que la femme ait moins de 42 ans. Les actes doivent être pratiqués dans des centres agréés après une entente préalable avec l'équipe médicale et la Caisse de Sécurité sociale. Voici un ordre de grandeur des coûts de ces traitements. Ils sont susceptibles de variations importantes d'un cas à un autre, et les prix donnés ne le sont qu'à titre indicatif. Ils peuvent varier à la hausse ou à la baisse dans des proportions allant parfois jusqu'à 50 %.

À titre indicatif, sachez qu'une fécondation in vitro a un prix de revient de 3 000 € et qu'une ICSI a sensiblement le même coût. Une insémination avec donneur est beaucoup moins onéreuse, 450 € environ.

Le caryotype fœtal est remboursé à 100 % à condition qu'il soit prescrit chez une femme de 38 ans et plus, en cas d'anomalie chromosomique parentale, d'antécédent de caryotype anormal au cours de précédentes grossesses, de maladie génétique liée au sexe, lorsque des signes échographiques font apparaître des anomalies et enfin pour les grossesses dépistées comme étant à risque par les dosages des marqueurs sériques.

Pour prétendre à un don d'embryon, le couple receveur doit être reconnu comme souffrant d'une double stérilité : absence d'ovules pour la femme, sperme infécond pour l'homme.

## Le régime des PMA

*Les soins relatifs aux procréations médicalement assistées entrent dans le cadre de l'assurance maladie. Certains sont remboursés, d'autres non.*

Mais avant tout, il faut être affilié à un régime général de couverture sociale auquel peut s'ajouter une mutuelle complémentaire. Le régime de Sécurité sociale concerne les salariés, les chômeurs. Les personnes non salariés, tels que les agriculteurs, les artisans, les commerçants, les membres de professions libérales, les travailleurs indépendants, ont des régimes de protection sociale qui leur sont propres.

Enfin, certaines personnes ont des régimes spéciaux, c'est le cas par exemple des militaires, des agents de la SNCF ou des étudiants, et de ceux et celles affiliés à la couverture Maladie universelle. Seules les personnes immatriculées et affiliées peuvent prétendre aux remboursements de certains frais médicaux. Mais il faut avoir cotisé déjà un temps défini pour un salaire ou un revenu précis. Les personnes à la charge du cotisant, les ayants droit tels que conjoint et enfants (avec une limite d'âge), sont couverts par la même assurance.

# ARRÊTER DE FUMER

Les consultations d'aide au sevrage tabagique sont nombreuses, tant à l'hôpital qu'en dispensaire ou en cabinet privé. La consultation d'un médecin généraliste peut être aussi suffisante.

Il existe aujourd'hui quantité de méthodes pour arrêter de fumer. Toutes n'ont pas la même efficacité, par contre toutes demandent une grande motivation.

• **Les patchs et les timbres.** Ils libèrent dans l'organisme de la nicotine à doses variables selon le degré d'addiction. Les patchs sont proposés en divers dosages, de 21 à 5 mg, afin de permettre un sevrage progressif sur 3 mois. Ils se collent le matin et se gardent, selon les produits, de 16 à 24 heures. Leur taux de réussite est scientifiquement établi entre 16 et 20 %.

• **Les gommes à mâcher.** Elles apportent de la nicotine à l'organisme sous forme buccale. Elles existent en divers dosage, de 2 à 4 mg de nicotine, et leur nombre est parfaitement modulable. Les gommes doivent être utilisées en moyenne 3 mois et ne pas dépasser 6 mois. Le taux de réussite de cette méthode est établi scientifiquement à 19 %. Les gommes maintiennent une certaine gestuelle, importante chez le fumeur, et peuvent être utilisées en complément de patchs, pour calmer une brusque envie de fumer.

• **Les inhalateurs.** Ce sont de petits porte-cigarettes contenant une cartouche qui délivre 5 mg de nicotine par inspiration. Dès que l'envie de fumer se fait ressentir, il suffit d'inhaler ce produit. Ces inhalateurs agissent sur la dépendance et la gestuelle, ils sont souvent utilisés en complément des patchs.

• **Les comprimés.** Le principe est toujours la diffusion de nicotine dans l'organisme par l'intermédiaire de comprimés que l'on laisse fondre sous la langue. Le taux de réussite se situe autour de 19 %.

• **Les médicaments.** Le Zyban® est une spécialité agissant sur certains neuro-médiateurs cérébraux. C'est un anti-dépresseur qui combat les symptômes liés au sevrage. Son taux de réussite est de 20 % et il doit être prescrit par un médecin. Son action touche la dépendance au tabac et les raisons psychiques qui conduisent à fumer.

• **Les méthodes comportementales et cognitives.** Elles ont pour objectif de faire comprendre aux fumeurs pourquoi ils fument. Ce sont des groupes de paroles qui réunissent 8 à 12 personnes pour des séances de 30 minutes. Pour être efficace, cette méthode requiert 5 à 7 séances, et peut être utilisée en préparation d'un sevrage, pendant celui-ci ou en cas de rechute.

• **L'acupuncture.** Son principe consiste à activer des réseaux d'énergie en implantant de fines aiguilles sur des points précis du corps. L'auriculothérapie repose sur le même principe, le fil posé sur le pavillon d'une des oreilles doit être gardé 2 à 3 semaines. L'efficacité de cette méthode est contestée scientifiquement mais prouvée pour ceux qui ont ainsi arrêté de fumer.

• **L'hypnose.** Depuis longtemps utilisée en médecine, cette méthode consiste à faire dormir le fumeur avec l'objectif de le déconditionner du tabac. Elle ne donne pas de résultats sur tous et peut être associée à une méthode avec patchs ou gommes.

• **L'homéopathie.** Dans la lutte contre le tabagisme, son principe reste le même : donner à l'organisme à des doses infinitésimales les substances qui provoquent le symptôme, dans ce cas l'envie de fumer. La substance utilisée est de l'extrait de « tabacum ». L'efficacité de l'homéopathie n'a pas été scientifiquement prouvée.

**MISE EN GARDE**

➤ Il semble que les cigarettes à base de plantes doivent être évitées, elles contiendraient des substances cancérigènes et néfastes sur le plan cardiaque.

# GLOSSAIRE MÉDICAL

## A

**Accident maternel** : sous ce terme sont regroupées toutes les complications pouvant intervenir au cours de l'accouchement et mettant en danger la vie de la mère. Les accidents maternels les plus fréquents sont habituellement dus à des problèmes vasculaires ou hémorragiques et parfois à un mauvais diagnostic antérieur ou à une manœuvre obstétricale dangereuse.

Accoucher dans une maternité bien équipée, sous la responsabilité d'une équipe prête à intervenir au bon moment ou capable de diriger au plus vite les cas qu'elle ne peut pas traiter vers un établissement spécialisé, est la meilleure prévention.

**Acide folique** : vitamine que l'on trouve dans le foie et la plupart des végétaux verts, indispensable pour un bon déroulement de la grossesse.

**Acrosome** : petit sac qui coiffe le noyau de chaque spermatozoïde. Rempli d'enzymes, il permet la pénétration du gamète mâle dans l'ovule.

**Adhésiolyse** : opération consistant à éliminer les adhérences gênant la perméabilité des trompes.

**ADN ou acide désoxyribonucléique** : substance appartenant au noyau de la cellule et constituant notamment les chromosomes.

**Agglutinine** : anticorps réagissant en présence d'un antigène correspondant. L'agglutination est un phénomène biologique qui caractérise l'accolement de cellules ou de microbes sous l'action d'un corps dit agglutinine. L'étude de l'agglutination permet le diagnostic de l'attaque virale ou microbienne.

**Albumine** : protéine pouvant avoir diverses origines. Celle qui est synthétisée par le foie est la sérumalbumine. Le taux de cette albumine est constant dans le sang. Tout changement dans ce taux est signe de mauvais fonctionnement organique.

**Alpha-fœtoprotéine** : nom d'une protéine que l'on trouve dans le sang et dont l'élévation invite à pratiquer une échographie à la recherche d'une anomalie fœtale.

**Aménorrhée** : absence des règles chez la femme.

**Amnios** : fine membrane qui tapisse la cavité où flotte le fœtus, entourant aussi le cordon ombilical jusqu'à sa jonction avec le fœtus. Elle est séparée de la paroi utérine par une autre membrane, le chorion.

**Anaphrodisie** : désir sexuel totalement absent ou se manifestant très rarement.

**Anastomose tubérine** : ablation d'une partie de la trompe endommagée et assemblage des extrémités saines.

**Androgynie** : nouvelle spécialité traitant de problèmes de sexualité et de fertilité chez l'homme.

**Anémie** : réduction du nombre de globules rouges. Les causes peuvent être nombreuses. Se signale par une peau très pâle.

**Anérection** : impossibilité de parvenir à une érection.

**Anticorps** : substance produite par l'organisme pour se défendre de l'attaque de virus ou de microbes appelés antigènes. À chaque antigène correspond un anticorps qu'il rend inactif.

**ARN ou acide ribonucléique** : acide nucléique du cytoplasme et du noyau cellulaire. Son rôle est important dans le transport des messages génétiques et la synthèse des protéines.

**Autosomes** : variété de chromosomes ne déterminant pas le sexe de l'individu. L'homme possède 44 chromosomes autosomes et 2 chromosomes sexuels (XX ou XY). Les altérations des chromosomes autosomes provoquent des maladies héréditaires touchant les deux sexes.

### B

**Béance de l'isthme** : ouverture anormale du col de l'utérus.

**Bébé-éprouvette** : formulation populaire pour parler des enfants obtenus par fécondation in vitro.

**Biopsie** : prélèvement d'un fragment de tissu en vue d'analyse. Le tissu prélevé est analysé au microscope ou au microscope électronique, étudié sur le plan chimique ou mis en culture, par exemple pour l'étude d'un caryotype. On pratique des biopsies de l'endomètre et du testicule.

### C

**Canal galactophore** : canal par lequel est conduit le lait produit par la glande mammaire.

**Caryotype** : étude des chromosomes d'une cellule permettant le diagnostic d'une maladie génétique.

**Cecos ou banque de sperme** (Centre d'étude et de conservation des œufs et du sperme) : organisme chargé de récolter les dons, de préparer le sperme pour en faire des «paillettes» et de les fournir aux centres pratiquant l'insémination avec donneur. Les contrôles génétiques et sanitaires sont de leur responsabilité.

**Céphalhématome** : épanchement sanguin situé entre l'os du crâne et le périoste. Assez rare mais peut se voir même après un accouchement normal. Se résorbe naturellement.

**Chorion** : tissu enveloppant le fœtus, servant d'appui à l'amnios et soudé à la muqueuse utérine. De nature différente au niveau de l'implantation de l'œuf dans la cavité utérine (chorion placentaire) et dans les autres parties (chorion lisse). Le chorion placentaire a de très nombreux vaisseaux sanguins où s'implantent les villosités choriales, en contact direct avec la muqueuse utérine.

**Chromatine** : substance présente dans toute cellule vivante. Lors de la division cellulaire, c'est la chromatine qui est à l'origine de la formation des chromosomes.

**Chromosome** : élément en forme de bâtonnet, présent dans toute cellule vivante. Sur les chromosomes, on trouve les gènes, matériel héréditaire de tout être vivant. Chaque espèce a un nombre de chromosomes déterminé. Toute différence entraîne une anomalie, dite maladie génétique.

**Cœlioscopie** : examen pratiqué avec un endoscope, tube optique muni d'un éclairage pour examiner les organes internes abdominaux et pelviens. L'endoscope est introduit par le nombril.

**Colostrum** : liquide jaunâtre sécrété par la

glande mammaire avant que ne se produise la sécrétion de lait. Il est très riche en protéines, sels minéraux et anticorps maternels.

**Corps jaune** : partie de l'ovaire qui sécrète la progestérone ; sa fonction est transitoire et périodique. C'est une véritable glande endocrine qui, s'il n'y a pas fécondation, se flétrit et dégénère.

**Cryoconservation** : conservation des cellules mâles ou femelles et des embryons dans de petits tubes plongés dans de l'azote liquide à moins 196°.

**Curetage** : à l'aide d'une curette, on enlève les fragments de tissu restés accrochés à la paroi utérine, surtout après un avortement spontané.

**Cycle menstruel** : manifestation physiologique caractéristique de l'appareil génital de la femme. Dans la grande majorité des cas, le cycle menstruel dure 28 jours, aboutissant aux menstruations ; ce mécanisme est essentiellement placé sous la commande de l'hypophyse.

**Cytomégalovirus** : ce virus, fréquent dans les communautés de jeunes enfants, a la particularité de rester plusieurs mois présent dans leur salive et leurs urines. Son dépistage n'est pas obligatoire mais conseillé aux futures mamans. En effet, le virus peut se transmettre de la mère au fœtus et, dans quelques cas rares, il peut être à l'origine de troubles de l'audition qui se révèlent tardivement dans l'enfance. La prévention passe par le lavage fréquent des mains, notamment après les changes, et par quelques précautions avec les enfants fréquentant la crèche : ne pas utiliser leurs ustensiles de repas, ne pas « goûter » les biberons, ne pas utiliser leurs accessoires de toilette, ne pas les embrasser sur la bouche.

## D

**Déshydratation** : perte d'eau importante du corps. Peut, chez le nourrisson, mettre sa vie en danger.

**Diamètre bipariétal** : mesure d'un os pariétal à l'autre. Ils sont situés de part et d'autre du crâne autour d'une ligne médiane située entre l'occipital en arrière et le frontal en avant.

**Doppler** : appareil permettant de mesurer la vitesse de circulation du sang dans les vaisseaux. Son principe est la réflexion sur les globules rouges d'ultrasons qu'il émet.

**Dorsalgie** : douleur du dos au niveau de la colonne vertébrale.

**Dyspareunie** : les rapports sexuels sont douloureux pour la femme.

**Dysplasie de la hanche** : déformation osseuse de la hanche due à une malformation embryonnaire.

## E

**Ectoblaste** : feuillet de l'embryon à l'origine de la peau et du système nerveux.

**Embryogenèse** : formation des différents organes de l'organisme humain.

**Embryon** : chez l'homme, on parle d'embryon de la fécondation à 3 mois de gestation où il devient fœtus.

**Endoblaste** : feuillet intérieur du disque embryonnaire. À l'origine, pour une part, de la formation de l'intestin primitif, puis du tympan, d'une partie de l'appareil respiratoire, des amygdales, de la thyroïde, du foie, du pancréas, du thymus et de la vessie.

**Endométriose** : affection signalée par la présence de muqueuse utérine hors de sa localisation normale : sur le muscle utérin, les trompes, les ovaires, sur le péritoine ou la vessie.

**Endorphine** : substance sécrétée par l'hypophyse et les tissus nerveux pour atténuer la douleur.

**Épididyme** : organe constitué d'un fin canal, situé sur le testicule et qui reçoit les spermatozoïdes. C'est là qu'ils deviennent mobiles et fécondants.

**Eugénisme** : nom de la « science » dont le but est d'améliorer l'espèce humaine, et consistant à ne garder que les êtres « parfaits ».

**Exsanguino-transfusion** : remplacement du sang de l'enfant dès sa naissance par le sang d'un donneur, notamment dans les cas d'incompatibilité entre les Rhésus maternel et fœtal. L'opération se fait par l'intermédiaire de la veine ombilicale.

## F

**Fécondation in vitro (FIV)** : technique qui consiste à provoquer la fécondation en éprouvette puis à réimplanter dans l'utérus maternel l'œuf ainsi obtenu.

— Le GIFT (Gamete Intra Fallopian Transfer) : la fécondation est obtenue dans les trompes maternelles après y avoir replacé les ovocytes préalablement ponctionnés et les spermatozoïdes « préparés » au laboratoire.

— Le ZIFT (Zygote Intra Tallopian Transfer) : la fécondation est réalisée en éprouvette, l'œuf est réimplanté sous 24 ou 48 heures dans la trompe.

**Fibrome ou fibromyome de l'utérus** : tumeur bénigne qui se forme à partir du muscle utérin.

**Fœtoscopie** : examen permettant de voir le fœtus in utéro par introduction d'un endoscope (appareil muni d'un éclairage) à travers la paroi utérine.

**Follicule de De Graaf** : ensemble de cellules déterminant une cavité à la surface de l'ovaire, où se forme l'ovule.

**Folliculine** : hormone sécrétée par l'ovaire.

**Fontanelles** : espaces non soudés entre les os du crâne du nouveau-né, reliés entre eux par des membranes. Il y a au total trois fontanelles.

**FSH (Folliculo Stimulating Hormone)** : hormone folliculo-stimulante.

## G

**Gammaglobuline** : globuline du sérum sanguin. Elle est le support de la majorité des anticorps. Elle est aussi utilisée en prévention de certaines maladies infectieuses.

**Gène** : minuscule fragment d'ADN qui conditionne la synthèse des protéines. L'homme est constitué de 30 000 gènes.

**Génome** : ensemble des caractères héréditaires contenus dans l'ADN d'une espèce.

**Glaire cervicale** : sécrétion produite par les tissus du col de l'utérus au moment de l'ovulation. Ce liquide transparent, de la consistance du blanc d'œuf, joue à la fois le rôle de filtre et de conducteur. La glaire cervicale guide les spermatozoïdes vers l'utérus et les trompes. Pendant la grossesse, cette glaire s'épaissit et protège le fœtus de toute infection. Le jour de la naissance ou les quelques jours qui la précèdent, elle redevient souple et abondante ; elle est alors expulsée. C'est ce qu'on appelle le bouchon muqueux.

**Gonade** : organe destiné à fournir des cellules reproductrices. La gonade mâle est le testicule, la gonade femelle est l'ovaire.

**Gonadotrophine chorionique ou hormone gonadotrope (HCG)** : elle est produite par le placenta ; on la dose dans les urines. Elle témoigne de la grossesse.

**Gravidique** : qui a rapport à la grossesse.

**Glycogène** : substance sucrée dont se charge l'endomètre afin de se préparer à recevoir l'œuf fécondé. Elle est sous l'influence de la progestérone.

## H

**HCG** : voir gonadotrophine chorionique.

**Hématome rétro-placentaire** : hémorragie plus ou moins grave selon son étendue, pouvant aller jusqu'au décollement du placenta. Elle met en danger la vie de l'enfant.

**Hémoglobine** : protéine colorée caractéristique des globules rouges, assurant le transport de l'oxygène.

**Hémophilie** : maladie héréditaire du sang touchant uniquement les garçons mais transmise par les femmes. Se caractérise par des difficultés de coagulation.

**Hémorroïde** : dilatation d'une veine de la paroi rectale. Elle peut être interne ou externe. Elle est favorisée durant la grossesse par la compression du système veineux.

**Hépatite** : inflammation du foie due à des substances toxiques mais aussi à des virus ou à une infection. La plus fréquente est l'hépatite virale qui est due soit au virus A, soit au virus B ou C.

**Hétérozygote** : se dit d'un caractère génétique porté par l'individu mais non exprimé.

**Hormone** : substance chimique produite par les glandes endocrines. Elle joue un rôle essentiel dans le fonctionnement du corps.

**Hydramnios** : quantité anormale de liquide amniotique qui augmente. Cette abondance excessive a des causes multiples, liées à la formation ou à la non-résorption de ce liquide.

**Hyperglycémie** : taux de glucose dans le sang anormalement élevé révélant un diabète dit sucré.

**Hypoglycémie** : chute brutale du taux de glucose dans le sang, pouvant entraîner des malaises.

**Hypophyse** : glande endocrine située sous l'encéphale et qui produit de nombreuses hormones. Elle commande notamment les ovaires et la plupart des glandes de notre corps. Sous l'effet du LHRH (hypothalamus), elle libère deux autres hormones, la FSH et la LH ; l'une est destinée à faire grandir et mûrir le follicule qui contient l'ovule, l'autre agit sur le follicule pour libérer l'ovule et en modifier certaines cellules afin de donner naissance au corps jaune.

**Hypotension** : abaissement au-dessous de la normale de la tension artérielle.

**Hypothalamus** : il est situé à la base du cerveau et régule tout le système hormonal ; il contrôle la température du corps, l'appétit, le poids, les émotions. Il traduit les influx nerveux venus du cerveau et de toute autre partie du corps ; ses agents de liaison : les hormones. La substance hormonale qu'il libère, le LHRH, atteint toutes les 90 minutes l'hypophyse par l'intermédiaire du sang. L'hypothalamus a encore un rôle régulateur dans toute la sécrétion hormonale de l'organisme.

**Hypotrophe** : qualificatif attribué à un enfant de petit poids.

**Hypoxémie** : diminution du taux d'oxygène dans le sang.

## I

**IAC** : insémination avec le sperme du conjoint.

**IAD** : insémination avec le sperme d'un donneur.

**ICSI (Intracytoplasmic Sperm Injection)** : cette technique consiste à féconder l'ovule en introduisant un spermatozoïde prélevé par biopsie testiculaire ou un spermatide directement dans le noyau de l'ovule.

**Ictère ou jaunisse physiologique** : il se manifeste chez beaucoup de nouveau-nés dans les trois premiers jours de la vie. Il est dû à une lente mise en route du foie, il est à distinguer de la jaunisse due à une incompatibilité sanguine fœto-maternelle.

**Immunité** : capacité de résister à une maladie infectieuse ou parasitaire. Elle peut être naturelle ou acquise, notamment par le vaccin.

**Immunoglobuline** : anticorps qui assure l'immunité. Elle est présente à l'état naturel dans le sang.

**Insuline** : hormone qui a pour effet de faire baisser le taux de glycémie. L'insuline est employée dans le traitement du diabète.

**Interruption thérapeutique de grossesse** : arrêt volontaire de la grossesse pour des raisons médicales, en cas de danger pour la vie de la mère ou si l'on a la certitude de voir naître un enfant gravement malformé. En France, elle peut être pratiquée à tout moment de la grossesse.

**Interruption volontaire de la grossesse** : doit être pratiquée avant la 14e semaine d'aménorrhée.

## K

**Kyste** : cavité pathologique située dans un tissu ou un organe, tel l'ovaire. Il peut être dû à un problème pathologique : la rupture du follicule libérant l'ovule ne se fait pas et le follicule continue à grossir. Il peut également être organique ; il est alors permanent et sa taille ne varie pas quel que soit le moment du cycle.

## L

**Liquide céphalo-rachidien** : liquide qui baigne les ventricules cérébraux et la moelle épinière.

**Listériose** : maladie infectieuse due à un germe qui se transmet à l'homme par l'intermédiaire de la viande contaminée et se dépiste essentiellement dans le sang maternel lors d'un syndrome grippal.

## M

**Maturation in vitro (MIV)** : technique de PMA qui traite les stérilités de nature ovarienne et qui consiste, après prélèvement, à provoquer la maturation des ovocytes in vitro avant la pratique d'une ICSI.

**Méconium** : substance constituée de bile, de débris épithéliaux et de mucus qui emplit les intestins de l'enfant au cours de sa vie in utéro. Elle est évacuée dans les premiers jours qui suivent la naissance. Son évacuation in utéro est souvent la manifestation d'une souffrance fœtale.

**Méiose** : mécanisme très particulier qui

permet aux gamètes mâles et femelles de ne diviser que 23 chromosomes à partir des 46 cellules mères.

**Mésoblaste** : feuillet intermédiaire de l'embryon.

**Métabolisme** : phénomène de construction et de dégradation organique des cellules du corps humain, complexe et incessant.

**Métrorragie** : saignement anormal.

**Morula** : premier stade du développement embryonnaire.

**Mucoviscidose** : maladie héréditaire récessive qui se manifeste par une altération des sécrétions des muqueuses. Cette maladie atteint les appareils respiratoire, digestif, pancréatique et hépatique. L'évolution de cette maladie est souvent fatale. Un enfant sur 3 500 en est atteint. Malheureusement son dépistage est souvent tardif : 60 % avant 1 an et 90 % à 5 ans. Le dépistage précoce existe et s'il ne permet pas de guérir l'enfant, il aide à améliorer sensiblement sa qualité de vie. Depuis 2001, la Caisse nationale de l'assurance maladie des travailleurs salariés a décidé de financer sur trois ans la mise en œuvre progressive d'un dépistage systématique chez les nouveau-nés. Après accord des parents, il consiste, à trois ou quatre jours de vie, à prélever une goutte de sang au talon. Cet examen sera mis en place en priorité dans les régions équipées d'un réseau de soins spécialisés. Un régime alimentaire particulier, des manœuvres de kinésie respiratoire quotidienne, un traitement antibiotique font espérer une meilleure qualité de vie.

**Multigeste** : qui a eu plusieurs grossesses.

**Multipare** : qui a eu plusieurs enfants.

**Myopathie** : maladie des fibres musculaires. La plus connue, d'origine héréditaire, la myopathie de Duchenne, est transmise par la femme et n'atteint que les garçons. En revanche, la myopathie facio-scapulo humérale atteint les deux sexes.

## N

**Néonatalogie** : spécialité médicale s'intéressant au nouveau-né et à l'enfant né prématurément.

**Neurone** : cellule nerveuse comprenant un corps central, l'axone, et des prolongements, les dendrites.

## O

**Ocytocine** : hormone d'origine posthypophysaire qui renforce d'une manière générale la contraction des muscles et plus particulièrement celle du muscle utérin.

**Ocytocique** : médicament qui renforce l'efficacité des contractions.

**Œdème** : infiltration de liquide dans les tissus conjonctifs, provoquant un gonflement.

**Œstrogènes** : hormones sécrétées par l'ovaire, par les surrénales, par le placenta et, chez l'homme, en faible quantité par les testicules.

**Œstradiol** : catégorie d'hormone appartenant aux œstrogènes.

**Oligo-amnios** : manque de liquide amniotique en fin de grossesse (moins de 200 $cm^3$).

**Oligo-éléments** : éléments minéraux présents dans l'organisme. Certains jouent un rôle important dans le fonctionnement de la cellule. Parmi les oligo-éléments : le fluor, l'iode, le magnésium, le manganèse…

**Ovocyte** : cellule femelle de reproduction n'ayant pas encore effectué les deux phases de méiose.

**Ovule** : cellule née de l'ovaire après maturation d'un follicule. Gamète femelle.

## P

**Parturiente** : nom donné à la femme enceinte.

**Périnéoplastie** : réparation chirurgicale du périnée.

**Péritoine** : membrane qui tapisse l'abdomen, en contact avec les intestins.

**pH** : cotation pour mesurer l'acidité ou l'alcalinité d'un liquide. On peut mesurer ainsi le pH du sang et celui des urines. Le sperme, de pH alcalin, rencontre dans le vagin un pH normalement acide ; plus ce milieu sera acide, moins il sera favorable à la survie des spermatozoïdes.

**Phlébite** : inflammation d'une veine avec formation d'un caillot bouchant celle-ci.

**Placenta prævia** : c'est une implantation trop basse et donc anormale du placenta. Il s'ensuit des hémorragies souvent graves, bien qu'indolores, au cours de la grossesse. Elles nécessitent une hospitalisation immédiate.

**Placenta recouvrant** : le placenta est inséré contre le col utérin et le recouvre.

**Plancher pelvien** : région située en bas du petit bassin et constituant un plancher musculaire qui soutient les organes génitaux externes et l'anus.

**PMA** : procréation médicalement assistée est le terme générique qualifiant toutes les techniques médicales permettant à un couple de procréer.

**Polypes** : tumeurs bénignes s'installant sur les muqueuses des cavités naturelles.

**Primipare/primigeste** : femme ayant pour la première fois un enfant ou une grossesse.

**Présentation** : position de l'enfant au moment de la naissance.

**Procidence du cordon** : position du cordon devant la tête de l'enfant. Dans certains cas, il peut sortir hors de la vulve avant l'enfant, le mettant dans une situation délicate.

**Progestérone** : hormone sexuelle de la femme, sécrétée par l'ovaire après l'ovulation.

**Prolactine** : hormone de l'allaitement.

**Prolapsus** : nom scientifique donné à la descente d'organes ; descente de l'utérus et du vagin à la suite d'un relâchement des muscles du périnée.

**Prophylaxie** : thérapeutique destinée à prévenir la maladie.

**Prostaglandine** : substance (présente notamment dans le liquide séminal) qui, selon sa nature, agit sur le muscle utérin en le relâchant ou en en augmentant sa tonicité.

**Protéine plasmatique** : protéine contenue dans le plasma sanguin.

**Protéinurie** : recherche d'albumine dans les urines.

**Ptyalisme** : sécrétion excessive de salive.

## R

**Radiopelvimétrie** : radiographie permettant de mesurer le diamètre du bassin.

**Rétention placentaire** : le placenta reste anormalement collé à la paroi utérine après l'accouchement.

**Révision utérine** : examen effectué après

la délivrance pour vérifier qu'aucune partie du placenta et des diverses membranes n'est restée accolée à la paroi utérine.

## S

**Score d'Apgar** : série de tests pratiqués à la naissance, aboutissant à une notation et permettant d'appréhender les possibilités de l'enfant à s'adapter à sa nouvelle vie.

**Séquençage** : lecture lettre par lettre des bases qui forment l'ADN. Un fragment d'ADN est constitué de l'enchaînement de centaines d'exemplaires de quatre constituants désignés par les lettres A, C, G, T. Le séquençage consiste à déterminer l'ordre et l'enchaînement de ces lettres en découpant l'ADN en petits bouts, puis en reconstituant le puzzle.

**Spéculum** : instrument permettant d'élargir les cavités du corps. En obstétrique, le spéculum permet de voir la cavité vaginale et le col de l'utérus.

**Spermatide** : cellule qui sera à l'origine de la naissance d'un spermatozoïde.

**Spermatozoïde** : gamète mâle composé d'une tête, porteuse du patrimoine génétique, et d'un flagelle, assurant sa mobilité.

**Spermogramme** : étude au microscope du nombre des spermatozoïdes et de leur mobilité dans un éjaculat.

**Spina bifida** : malformation de la colonne vertébrale touchant souvent aussi la mœlle épinière.

**Synapse** : partie de la cellule nerveuse qui assure le contact entre deux neurones.

## T

**Tératogène** : qui peut être cause de malformations. Les facteurs tératogènes peuvent être génétiques ou dus à une agression au cours du développement fœtal.

**Test de Guthrie** : il se pratique systématiquement dans les premiers jours de la vie. Quelques gouttes de sang prélevées au talon du nouveau-né vont permettre de dépister une maladie rare mais grave : la phénylcétonurie qui atteint le cerveau. Prise à temps, elle se soigne très facilement par un régime alimentaire consistant à éliminer la plupart des apports en protéines. Associé à ce test, un autre examen sert à dépister l'hypothyroïdie (insuffisance en hormones thyroïdiennes) ; un dépistage et un traitement précoces permettent le bon développement mental de l'enfant.

**Testostérone** : hormone mâle sécrétée par les cellules de Leydig situées dans les testicules.

**Tétracyclines** : nom de divers antibiotiques.

**Thalassémie** : désordre sanguin entraînant des maladies graves, observées le plus souvent sur le pourtour de la Méditerranée.

**Toucher vaginal** : toucher de la cavité vaginale avec deux doigts, pour étudier le col de l'utérus.

**Toxémie gravidique** : perturbation grave en fin de grossesse, se manifestant par un œdème, la présence d'albumine et une hypertension. Doit être diagnostiquée très tôt pour que la future maman puisse poursuivre normalement sa grossesse.

**Tranchées** : contractions après l'accouchement, déclenchées par la tétée du bébé. Plus il y a eu de grossesses, plus elles sont douloureuses.

## V

**Vaginisme** : contraction douloureuse et involontaire du muscle du vagin due à des troubles psychiques ou organiques.

**Vaginite** : inflammation de la muqueuse du vagin.

**Varice** : dilatation anormale et permanente d'une veine.

**Vernix caseosa** : substance blanche et grasse qui couvre la peau du bébé à la naissance.

**Version** : intervention obstétricale destinée à modifier la présentation de l'enfant. Elle peut se pratiquer à travers la paroi abdominale ou par manipulation directe au moment de l'accouchement.

**Villosités placentaires** : franges vasculaires par lesquelles s'effectuent les échanges mère-enfant au niveau du placenta.

# CARNET D'ADRESSES

## ▶ Consultations de tabacologie

Hôpital A. Chenevrier
Consultation du Pr Lagrue
94010 Créteil

Tabac Info service
Tél. : 0 825 309 310
Comité français d'éducation pour la santé
Minitel : 3615 Tabac Info
Site : www.tabac-info-service.fr

Comité national contre le tabagisme
Minitel : 3615 Tabatel
Site : www.cnt.org

Association française de thérapie
comportementale et cognitive
100, rue de la Santé
75014 Paris
Tél. : 01 45 88 78 60

## ▶ Urgences

**Drogue/alcool/tabac
Info service**

Écoute Alcool : 0 811 913 030,
tous les jours de 14 h à 2 h.

Écoute Cannabis : 0 811 812 020,
tous les jours de 8 h à 20 h.

Drogues Info Service : 0 800 231 313,
sur Internet : www.drogues-gouv.fr

## ▶ Groupes de pères

• Maternité des Lilas
14, rue du Coq-Français
93260 Les Lilas
Tél. : 01 49 72 64 65

• Cliniques des Bluets
9, rue des Bluets
75011 Paris
Tél. : 01 53 36 41 00

• Maternité de l'hôpital
Saint Vincent-de-Paul
82, avenue Denfert-Rochereau
75014 Paris
Tél. : 01 40 48 81 33

• Maternité du Blanc-Mesnil
7, avenue Henri-Barbusse
93150 Le Blanc- Mesnil
Tél. : 01 45 91 55 65

• Le Mouvement de la condition paternelle
9, rue Jacques-Hillairet
75012 Paris
Tel : 01 43 41 45 18.
Cet organisme peut vous donner
des adresses en province.

## ▶ Dépistage pré-implantatoire

**Il existe en France trois centres habilités
à pratiquer le DPI :**

Hôpital Antoine-Béclère
Hôpital Necker
157, rue de la Porte-de-Trivaux
92141 Clamart Cedex
Tél. : 01 45 37 44 44

CHU de Strasbourg
Avenue de Molière
67098 Strasbourg
Tel : 03 88 12 80 80

CHU de Montpellier
191, avenue Doyen-Gaston
Girard - 39059 Montpellier cedex
Tél. : 04 67 33 67 33

## ▶ Diagnostic prénatal

Hôpitaux universitaires de Strasbourg
Hôpital de Hautepierre
1, avenue Molière
67098 Strasbourg

Maison de santé protestante de Bordeaux-Bagatelle, BP 48
201, rue Robespierre
33401 Talence cedex

CHU de Bordeaux
12, rue Dubernat
33404 Talence

CHU de Clermont-Ferrand
Maternité de l'Hôtel-Dieu
Rue Montalembert, BP 69
63003 Clermont-Ferrand

CHU de Brest
Hôpital Morvan
5, avenue Foch
29609 Brest cedex

CHU de Saint-Brieuc
Pavillon de la femme
et de l'enfant,
10, place Marcel-Proust
BP 2367 22023 Saint-Brieuc cedex 1

CHU de Rennes
Rue Henri-Le-Guillou
35033 Rennes cedex 9

CHU de Dijon
1, bd Jeanne-d'Arc
BP 1542
21034 Dijon cedex

CHU de Tours
3, bd Tonnelé
37044 Tours cedex 1

CHR d'Orléans,
Hôpital Porte-Madeleine

BP 2439 - 45032 Orléans cedex 1
Institut de puériculture de Paris
26, bd Brune - 75014 Paris

Hôpital Saint-Antoine
184, rue du fg Saint-Antoine
75012 Paris

Hôpital Saint-Vincent-de-Paul
82, rue Denfert-Rochereau
75014 Paris

Hôpital Necker
149, rue de Sèvres
75743 Paris cedex 15

Hôpital Robert-Debré
48, bd Sérurier
75019 Paris

Hôpital Antoine-Béclère
157, rue de la Porte-de-Trivaux
92141 Clamart cedex

CHI Poissy-Saint-Germain
10, rue du Champ-Gaillard
BP 3082 - 78303 Poissy cedex

CHU de Nîmes
5, rue Hoche
30029 Nîmes cedex

CHU de Montpellier
191, avenue Doyen-Gaston-Giraud
Centre administratif A.-Benech
34295 Montpellier cedex

Maternité régionale A.-Pinard
10, rue Heydenreich, BP 4213
54042 Nancy cedex

CHU de Toulouse
Hôtel-Dieu Saint-Jacques
2, rue Viguerie
31052 Toulouse cedex

Hôpital Jeanne-de-Flandre
Clinique de gynécologie obstétrique
et néonatalogie
2, avenue Oscar-Lambert
59037 Lille cedex

CHU de Caen
Hôpital Clémenceau
Avenue Clémenceau
14033 Caen cedex

CHU de Rouen
1, rue de Germont
76031 Rouen cedex

CHU du Havre
55 bis, rue Gustave-Flaubert
BP 24
76083 Le Havre

CHU de Nantes
5, allée de l'Île-Gloriette
44093 Nantes cedex 1

CHU d'Amiens
124, rue Camille-Desmoulins
80000 Amiens

CHU de Poitiers
BP 577
86021 Poitiers cedex

CHU de Grenoble
BP 217
38043 Grenoble cedex

Hôpital Édouard-Herriot
Place d'Arsonval
69437 Lyon cedex 4

Hôpital de l'Hôtel-Dieu
61, quai Jules-Courmont
69002 Lyon

Hôpital de la Croix-Rousse
97, grande-rue de la Croix-Rousse
69317 Lyon cedex 4

CHD Félix-Guyon-Bellepierre
97405 Saint-Denis-la-Réunion

CHU de Fort-de-France
La Maynard, BP 632
67261 Fort de France cedex

CHU de Point-à-Pitre
97159 Point-à-Pitre cedex

## ▶ Aide aux parents

**Inter-Service Parents :**
Paris - Tél. : 01 44 93 44 93
Strasbourg - Tél. : 03 88 35 26 06
(« famille conseil »)
Colmar - Tél. : 03 89 24 25 00
Grenoble - Tél. : 04 76 87 54 82
Metz - Tél. : 03 87 69 04 56
Lyon - Tél. : 04 72 00 05 30

**Conseils médicaux et psychologiques
pour tout ce qui concerne la petite enfance :**

Institut de puériculture (renseignements
par téléphone uniquement)
26, bd Brune - 75014 Paris
Tél. : 01 40 44 39 39

Allô Maman Bébé
Tél. : 08 36 68 34 36
(serveur vocal)

Grossesse-secours
51, rue Jeanne-d'Arc
75013 Paris
Tél. : 01 45 84 55 91

Association nationale d'entraide des parents
de naissances multiples
26, bd Brune
75014 Paris
Tél. : 01 44 53 06 03

Vous permettra d'obtenir des adresses proches de votre domicile.

Association des collectifs enfants-parents (ACEPE)
15, rue du Charolais - 75012 Paris
Tél. : 01 44 73 85 20
Fax : 01 44 73 85 39

Fédération nationale des associations pour l'aide aux mères et aux familles à domicile
80, rue de la Roquette
75011 Paris
Tél. : 01 49 23 75 50

## ▌ Trouver un mode de garde

**Les adresses des crèches et des assistantes maternelles sont à la disposition des parents dans la plupart des mairies et aux bureaux des Directions de l'action sociale de l'enfant et de la santé.**

DASES
94-96, quai de la Rapée
75570 Paris Cedex 12
Tél. : 01 43 47 77 77

Dépann'Famille
23, rue de la Sourdière
75001 Paris
Tél. : 01 42 96 58 32

Paris Service Familles
6, rue Bardinet
75014 Paris
Tél. : 01 56 53 59 50

ACEPP ( Association des collectifs enfants-parents-professionnels)
15, rue du Charolais
75012 Paris
Tél. : 01 44 73 85 20
Minitel : 3616 ACEPP

Union nationale des associations familiales
Tél. : 01 40 16 12 76
Pour obtenir des renseignements sur les possibilités de garde en crèches, proches de votre domicile.

## ▌ Renseignements administratifs

**Centres d'informations et de renseignements administratifs (CIRA)**
Un seul numéro pour toute la France :
0 821 080 910

## ▌ Services minitel

3614 APHP
(Assistance publique des hôpitaux parisiens)

3614 MISASOL

(Ministère Emploi et Solidarité, secrétariat d'état à la Santé)

3615 CAF (Caisse des allocations familiales)

3615 LASECU (Sécurité sociale)

## ▌ Sites Internet

www.enfance.com
www.babyfrance.com
www.bebearrive.com
www.bebenet.com
www.caf.fr
www.lamaternite.com
www.femiweb.com
www.ptitbout.com
www.voilabebe.com
www.9moisetplus.fr

## ▶ Conseils génétiques

06 NICE Hôpital Lenval
Tél. : 04 92 03 03 92
Hôpital Archet Tél. : 04 92 03 62 43

13 MARSEILLE
Hôpital de la Timone
Tél. : 04 91 38 60 00

14 CAEN CHR
Tél. : 02 31 27 27 27

21 DIJON Hôpital du Bocage
Tél. : 03 80 29 33 00

29 BREST Hôpital Morvan CHU
Tél. : 02 98 22 33 81

31 TOULOUSE Hôpital La Grave
Tél. : 05 61 77 90 56

33 BORDEAUX  Hôpital Pellegrin
Tél. : 05 56 79 55 79

34 MONTPELLIER
Hôpital Arnaud-de-Villeneuve
Tél. : 04 67 33 58 17

35 RENNES
Hôpital de Pontchaillou
Tél. : 02 99 28 43 21

37 TOURS Hôpital de Bretonneau
Tél. : 02 47 47 47 47

38 LA TRONCHE
Hôpital des Sablons
Tél. : 04 76 76 75 75

42 SAINT-ÉTIENNE Hôpital
Tél. : 04 77 82 80 00

44 NANTES
Pavillon de la mère et de l'enfant
Tél. : 02 40 08 33 33

49 ANGERS Hôpital
Tél. : 02 41 35 36 37

50 CHERBOURG
Hôpital Louis-Pasteur
Tél. : 02 33 20 76 60

54 NANCY VANDOEUVRE
Centre de transfusion
Tél. : 03 83 44 62 62

56 VANNES
Hôpital Prosper-Chubert
Tél. : 02 97 01 42 35

58 NEVERS Hôpital
Tél. : 03 86 68 31 09

59 LILLE
Hôpital Jeanne-de-Flandre
Tél. : 03 20 44 40 18
Hôpital Saint-Antoine Féron-Vrau
Tél. : 03 20 78 31 31

63 CLERMONT-FERRAND
CHU Hôtel-Dieu
Tél. : 04 73 31 80 00

67 STRASBOURG
Institut de puériculture
Tél. : 03 88 11 67 32
Hôpital de Hautepierre
Tél. : 03 88 12 80 00

68 MULHOUSE
Hôpital Hasenrain
Tél. : 03 89 64 74 74

69 LYON Hôtel-Dieu
Tél. : 04 72 41 32 93
Hôpital Debrousse
Tél. : 04 72 38 56 15

73 CHAMBÉRY
Hôpital
Tél. : 04 79 96 50 50

75 PARIS
Hôpital Necker des enfants malades
Tél. : 01 44 49 40 00

Hôpital Pitié-Salpétrière
Tél. : 01 42 16 24 42
76 BOIS-GUILLAUME
Centre de transfusion
Tél. : 02 35 60 50 50

78 VERSAILLES
Hôpital André-Mignot
Tél. : 01 39 63 91 33

80 AMIENS Hôpital Nord
Tél. : 03 22 66 80 00

87 LIMOGES
Faculté de médecine et pharmacie
Tél. : 05 55 43 58 00

92 CLAMART
Hôpital Antoine-Béclère
Tél. : 01 45 37 44 44

94 CRÉTEIL
Hôpital Henri-Mondor
Tél. : 01 49 81 21 11

3615 LASECU (Sécurité sociale)

## ▌ Médicaments

**Pour connaître les effets tératogènes des médicaments.**

Centre de pharmacovigilance
27, rue de Chaligny, 75012 Paris
Tél. : 01 43 47 54 69

## ▌ Mort subite du nourrisson

**Aide aux parents d'enfants victimes de la mort subite.**

CAIRN-Professeur Dehan
Hôpital Antoine-Béclère 1
57, rue de la porte-de-Trivaux
92141 Clamart
Tél. : 01 45 37 44 44
Tél. : 01 45 37 48 37

# BIBLIOGRAPHIE

- Ch. Castelain-Meunier, *La paternité*, PUF, collection « Que sais-je ? ».

- *Conjugalité, parentalité : quel paradoxe ?* Érès, collection « Spirale », dirigée par Paul Marciano, n° 26.

- *Le père, l'homme et le masculin en périnatalité*, Érès, collection « Spirale », dirigée par Paul Marciano, n° 11.

- B. Fonty, *Les pères n'ont rien à faire dans les maternités*, First.

- D. Marquet, *Père*, Albin Michel.

- R. Frydman, *Dieu, la médecine et l'embryon*, Odile Jacob.

- R. Teboul, *Neuf mois pour être père*, Calman-Lévy.

- G. Strouk, C. Vilder-Bonmpard, *Je vais être papa*, éd. du Rocher.

- M.-F. Sarramon, H. Grandjean, *Le fœtus et son image*, Flammarion, collection Dominos.

- J. Le Camus, *Le vrai rôle du père*, Odile Jacob.

- G. Delaissi de Parseval, *La part du père*, Le Seuil.

- F. Hurstel, *La déchirure paternelle*, PUF, collection L'Éducateur.

- L. Nilsson, L. Hamberger, *Naître*, Hachette.

- A. Dufour, A. Leduc, *Massages*, Hachette.

**Des mêmes auteurs aux éditions Hachette :**

- R. Frydman et Ch. Schilte : *Vouloir un enfant* ; *Attendre bébé*.

- M. Rufo et Ch. Schilte : *Élever bébé*.

# INDEX

Imprimé en Allemagne par GGP Media GmbH
Dépôt légal août 2010
ISBN : 978-2-501-05087-6
40.8942.1/06